REGARDS CROISÉS

Ce que manager dans les services veut dire

Sous la direction de François MAYAUX,
avec la collaboration d'Éric Vogler

Ce que manager dans les services veut dire

Éditions
d'Organisation

Éditions d'Organisation
1, rue Thénard
75005 Paris
Connectez-vous sur le site :
www.editions-organisation.com

DANS LA MÊME COLLECTION

SOMMAIRE

Deuxième partie

Les managers services ont la parole

La collection « Regards croisés » : des ouvrages qui se veulent différents

Malgré toute leur utilité, les livres de management classiques, généralement écrits par des experts, oscillent souvent entre la théorie et les éclairages pratiques, sans faire le tour d'un sujet de façon complète et objective. Résultat, le lecteur doit lire plusieurs ouvrages pour cerner une question sans pour autant alors nécessairement posséder des repères simples et pouvoir prendre du recul.

Une collection informative qui fait « l'état de l'art » sur un sujet, en mixant la pédagogie, le « vécu » et l'expertise. Des ouvrages haut de gamme sur le fond et la forme qui se lisent et se gardent dans une bibliothèque. Ils ne concurrencent pas les ouvrages classiques sur le même sujet. Au contraire, ils préparent leur lecture.

Grands repères, en 200 pages environ, le lecteur obtient un maximum d'informations et d'éclairages, sans esprit de chapelle ou de dogme. Les chapitres sont organisés autour de questions simples qui permettent de rentrer très facilement dans le sujet.

Sur le terrain, une dizaine de cas d'entreprises sont sur le « grill ». Elles exposent leur approche, mais aussi leurs attentes et leurs difficultés.

Avis d'experts, 9 spécialistes venus d'horizons divers ont la parole : consultant, universitaire, historien, sociologue, philosophe, psychanalyste... La richesse et la diversité de leurs points de vue don-nent des éclairages inédits et permettent d'aller plus loin.

Les auteurs

L'ensemble de ce livre collectif a été coordonné par **François Mayaux**, diplômé ESC Lyon, docteur en sciences de gestion, professeur à E.M.LYON, directeur associé de la société de conseil Alteria. Il est aussi le coauteur du chapitre introductif et des chapitres sur le marketing et la qualité de service.

Éric Vogler, diplômé ESC Lyon, docteur en sciences de gestion, professeur à E.M.LYON, a coordonné l'enquête auprès des managers services ayant donné matière à la deuxième partie de ce livre. Il est aussi le coauteur du chapitre introductif et l'auteur du chapitre sur la stratégie.

Les autres auteurs sont également enseignants à E.M.LYON :

- **Brigitte Auriacombe**, diplômée ESC Lyon, DEA en sciences de gestion, précédemment directrice marketing d'une société de service, est le coauteur des chapitres sur le marketing et la qualité.
- **Emmanuelle Dontenwill**, diplômée ICN, DEA en sciences de gestion, responsable pédagogique du « Mastère Marketing et Management des Entreprises », est l'auteur du chapitre sur le développement durable.
- **Hector Ormando**, Maîtrise en psychologie du travail, *Master of Arts in Management Education (Lancaster University)*, est l'auteur du chapitre sur le management des hommes et des organisations.
- **Audrey Rouzies**, DEA en sciences de gestion, a piloté l'enquête auprès des managers services ayant donné matière à la deuxième partie de ce livre, et en a rédigé la synthèse.
- **Christian Simon**, diplômé du MBA E.M.LYON, précédemment directeur commercial d'une société de service, est l'auteur du chapitre sur le management commercial.
- **Véronique Vignon**, diplômée de l'IEP de Lyon et de l'ESC Lyon, est l'auteur du chapitre sur le pilotage de la performance.

Remerciements

Nos remerciements vont en premier lieu à nos étudiants, et en particulier aux participants du « Mastère Marketing et Management des Services » (promotion 2005) qui ont assuré les entretiens avec les managers services. Nous remercions également toutes les organisations de services avec lesquelles nous avons collaboré (en recherche, conseil, et formation permanente) depuis vingt ans, particulièrement les entreprises dont les dossiers sont présentés dans ce livre ainsi que les cinq cadres dont les interviews figurent dans la deuxième partie.

Ce livre est dédié à notre collègue Jean-Paul Flipo, auteur pionnier dans le domaine du management et du marketing des services.

Introduction

Agences de voyages, banques, hôtels, sociétés de travail temporaire, de conseil, d'ingénierie, de formation, de restauration, de transport… Que peuvent donc avoir en commun des entreprises de secteurs si divers ? Quels que soient leurs clientèles et environnements, ce sont toutes des prestataires de services. Or, une entreprise de services n'est pas de même nature qu'une entreprise industrielle ou qu'une entreprise fabriquant des biens de grande consommation. Sinon, ce livre n'aurait pas de raison d'être !

La différence se situe tout d'abord dans la nature de l'offre proposée. Le premier objectif de ce chapitre introductif sera donc de répertorier les grandes caractéristiques des services qui expliquent la nécessité d'un *management particulier.*

Une autre différence concerne le mode d'organisation et de développement de l'entreprise. Une société de services est généralement organisée en réseau, ce qui donne un poids tout particulier au niveau opérationnel. Décrire cette *organisation originale* et en évaluer les principales conséquences en termes de management sera le deuxième objectif de ce chapitre.

Dans ce contexte spécifique, l'encadrement intermédiaire devient le maillon essentiel. Nous évoquerons justement, dans une troisième partie, l'importance, les rôles et les contraintes des *managers intermédiaires* auxquels ce livre s'adresse tout particulièrement.

À l'issue de ces trois parties, le lecteur pourra mieux saisir les enjeux spécifiques du management des services.

■ Un management particulier

Consacrer un livre au management des entreprises de services s'appuie sur un postulat : les services présentent des spécificités importantes donnant aux entreprises prestataires des traits communs et différenciateurs. Quatre spécificités sont classiquement mises en avant (Flipo et al., 1991) : l'intangibilité du service, la simultanéité de la production et de la consommation du service, l'hétérogénéité du service, et enfin l'importance du personnel en contact avec le client.

Les spécificités des services

Intangibilité

Le produit est un bien, un « output » tangible, qui sort à un moment déterminé d'un processus de production, et qu'on ne peut que difficilement modifier après sa production. Il dispose de caractéristiques bien définies : un ordinateur possède une certaine mémoire, un téléviseur tant de lignes de définition, un bureau est en chêne clair... Le distributeur d'un produit va donc pouvoir s'appuyer sur des spécifications techniques, physiques, tangibles, pour le vendre.

Au contraire, le service est un acte (ou une succession d'actes). Il relève ainsi de l'expérience qu'en fait un client. C'est un process, c'est-à-dire une période de temps pendant laquelle le prestataire et le client se côtoient, vivent ou travaillent ensemble. C'est donc avant tout du temps qui passe (manger au restaurant, voir un film, se faire arracher une dent, mener une mission de conseil, etc.). Mais comment vendre un process, du temps qui passe, une période qui n'est pas encore « inventée » où tout peut arriver ? Comment un client peut-il être véri-tablement sûr de la qualité d'une pièce de théâtre dont un ami lui a pourtant parlé en grand bien ? Tout peut arriver, rien n'est sûr… L'important n'est pas dans les détails physiques de la prestation, qui souvent existent, mais dans ce qui est intangible : les livres, les tables, la salle, le professeur même, sont bien des éléments tangibles d'une prestation de formation, mais l'important n'est-il pas l'acquisition et l'intégration de connaissances, éléments ô combien intangibles ? Face à cette intangibilité, il est bien difficile de communiquer (il faut pouvoir montrer quelque chose…), de fixer un prix (comment faire comprendre au client le prix d'une mission de conseil ?), de gérer la qualité d'une prestation (comment s'engager sur quelque chose qui n'existe pas encore, qui reste à construire, en l'absence de critères physiques, techniques, mesurables ?).

Simultanéité de la production et de la consommation

Si le service est un process en fabrication, et non pas un bien fini issu d'une fabrication initiale, ce process a des caractéristiques également étonnantes : en contribuant à le produire, le client le consomme au même moment ! Pendant que le client participe à la prestation de cinéma en ne bougeant plus, en étant silencieux, en regardant le film, en réagissant parfois (par des rires ou des larmes), bref en vivant l'instant qu'il a acheté, le prestataire produit la prestation, et le client la consomme en temps réel ! Le professeur parle, l'élève écoute et réagit : la formation se crée et se consomme aussitôt. Il est donc impossible de stocker du service : comment stocker des vacances au ski, une soirée sympathique au cinéma ? Le prestataire doit gérer un nouveau venu dans son « usine » : le client lui-même ! Celui-ci coproduit le service, parfois en l'absence de tout personnel : il nettoie seul sa voiture en manipulant lui-même et sans aide des machines. Il se repère dans une cafétéria, se sert lui-même les plats, porte le plateau, trouve une place, débarrasse son plateau. C'est lui qui va bientôt éteindre la lumière…

Hétérogénéité du service

Une des conséquences de la participation du client à la fabrication du service est l'hétérogénéité du service qui est fabriqué : comment assurer au client une qualité de prestation qu'il va lui-même contribuer à créer ? Un élève posant des questions intéressantes, faisant part de son expérience, va enrichir le cours et élever la qualité de la formation. Un comptable d'une entreprise refusant de collaborer correctement avec un expert-comptable va au contraire détruire de la valeur et rendre le résultat décevant. Par ailleurs, le personnel en contact est un facteur important de la réussite du « moment » qu'est venu acheter le client. Le sourire sympathique du serveur est pour beaucoup dans une soirée réussie au restaurant. La part humaine dans le service rend la prestation difficile à garantir *a priori* ; tout dépendra de ce qui se passera pendant le « process ».

Importance du personnel en contact

On l'a compris avec ce qui précède, le personnel en contact avec le client joue souvent un rôle clé pour l'entreprise de services. Il représente l'entreprise aux yeux du client, c'est lui qui crée le service (avec de l'équipement certes, avec l'aide du client pour sûr, mais en étant le chef d'orchestre, le coordinateur, de tous ces éléments). Il communique l'image de l'entreprise jusque dans son habillement. Rien d'étonnant dès lors que ce soit dans les services particulièrement que les uniformes prennent tout leur sens. La qualité de la prestation repose pour une grande partie sur les épaules du personnel en contact, ou plutôt sur son large sourire. Il constitue également un enjeu clé pour la maîtrise des coûts, les frais de personnel représentant souvent plus des trois quarts de la structure de charges d'une prestation.

La plupart de ces spécificités des entreprises de services, présentées succinctement ici, ont des implications importantes sur l'exercice concret des différentes fonctions de l'entreprise. La simultanéité de la production et de la consommation du service par exemple, peut conduire le responsable marketing à se doter d'un outil de prévision et de management des ventes pour lisser les pics de demande (trop ou pas assez de clients) par les variations du prix, outil connu sous l'expression de *yield management*. Le responsable des ressources humaines devra prendre en compte la capacité relationnelle d'un candidat destiné à devenir personnel en contact, c'est-à-dire ambassadeur de son entreprise auprès des clients. Ces quelques exemples montrent à quel point les caractéristiques des services impliquent la nécessité d'un management particulier.

Le système de servuction

Représenter visuellement le système de fabrication d'un service permet de résumer en grande partie les spécificités des services et de mieux appréhender l'originalité du management à l'œuvre dans ces entreprises.

La simultanéité de la production et de la consommation du service, en mettant au centre de la production du service, non seulement le personnel en contact avec le client, mais également le client lui-même, modifie les « ingrédients » du système de production traditionnel. L'intangibilité d'une prestation oblige à intégrer, dans le système de production, le concept de service (ce que l'on vend au client, ou ce qu'on lui promet de vendre). On ne peut pas fabriquer un service si le personnel ne sait quoi fabriquer, et le client quoi coproduire…

On doit à deux chercheurs français (Eiglier et Langeard, 1987) l'invention du néologisme de « servuction » pour exprimer cette révolution dans la façon d'appréhender le système de production d'un service. Ce système de servuction est présenté dans la figure 1.

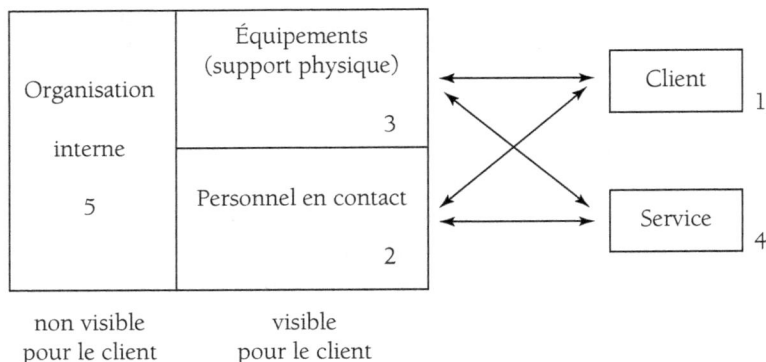

Figure 1 - Le système de servuction (Eiglier et Langeard, 1987)

Ce schéma apporte de nombreuses précisions utiles pour mieux décrire et comprendre le processus particulier de la fabrication d'un service. Présentons rapidement chacune de ses cinq composantes.

Le client (1)

Il est intégré dans le système de production car il coproduit la prestation. Il est donc coresponsable de la qualité réalisée. Il travaille parfois seul avec une machine (en se servant à la pompe par exemple), parfois en équipe avec d'autres clients (simplement en attendant en file ordonnée son entrée au cinéma), ou avec le personnel en contact (lors d'une mission d'audit par exemple, en classant les factures fournisseurs ou en présentant à l'auditeur les spécificités du secteur), parfois même sous les ordres de ce personnel (il faut ouvrir la bouche sans discuter quand le dentiste le demande !).

Le personnel en contact (2)

Il assume pour partie la réalisation du service, en lien avec du personnel en base arrière (voir paragraphe plus bas), avec des machines ou avec le client lui-même. Certaines de ses actions sont totalement transparentes aux yeux du client alors qu'à d'autres moments, il est en relation proche et prolongée avec celui-ci. Il lui arrive également d'avoir à coordonner les actions de coproduction des clients, de les « manager » pour qu'elle soient efficaces. Ce rôle a été particulièrement illustré quand la SNCF a décidé de mettre des hôtesses à côté des automates délivrant des billets pour aider les clients à maîtriser cette technologie après l'échec du lancement de cette formule.

Les éléments tangibles (3)

Les équipements et supports physiques de la prestation interviennent bien sûr dans la qualité de la production d'un service. Faire cours en amphithéâtre ou en petites salles ne donne pas le même résultat d'apprentissage. La décoration des restaurants Planet Hollywood a un impact évident sur le service aux tables, sur l'ambiance générale, sur le comportement et la perception des clients présents. Ces éléments tangibles doivent être en cohérence avec le concept de service et le positionnement du prestataire. Alors qu'un grand espace sonore convient parfaitement à une brasserie, des bougies et des nappes à carreaux sont plus adaptées à une pizzeria car correspondent aux codes habituels. Les supports physiques de la servuction doivent être également bien adaptés aux personnes qui les côtoieront et les utiliseront (clients et personnel en contact).

Le concept de service (4)

Il est tout d'abord ce qui « déclenche » la production et lui donne un sens : faut-il sortir la poubelle dans la rue ou les éboueurs s'en occuperont-ils ? Faut-il se servir ou attendre d'être servi dans cette cafétéria ? Un concept clair de service permet d'expliquer au client à la fois ce qu'il peut attendre de la prestation, son rôle en tant que coproducteur, le travail du personnel en contact, l'interaction entre ce personnel et lui, la signification du décor dans lequel la prestation se déroule.

Le service est bien le résultat attendu du système de servuction, tout comme le produit est l'output désiré du système de production. L'expression « rendre service » est à ce niveau très parlante, car elle permet de distinguer les différentes manières dont on peut s'y prendre, c'est-à-dire le processus (la servuction), et le résultat final (le service rendu *in fine*).

Le système d'organisation interne (5)

Dans le système de servuction, l'entreprise de services est représentée en deux parties. La ligne de visibilité sépare ce qui est visible par le client, le *front-office* (« ligne avant » en bon français) de la partie non visible, le *back-office*. C'est cette « base arrière », également appelée système d'organisation interne, qui constitue la dernière partie du système. En projetant son cas personnel, le lecteur de ce livre a sans doute compris que de nombreuses difficultés, voire des tensions, pouvaient naître des relations entre *front et back office*, aux logiques de gestion et aux cultures souvent très différentes.

Nous ne pouvons que conseiller à un manager d'une société de services d'essayer de représenter son propre système de servuction. Il pourra ainsi pointer des enjeux cruciaux pour son entreprise, aussi bien au niveau de chacune des cinq composantes du système, que dans leurs interrelations plus ou moins positives et cohérentes.

■ Une organisation originale

Une organisation en réseau

La nécessaire présence du client dans le processus de « production » du service, voire sa participation physique ou intellectuelle, transforme la vision tant de la distribution que de la gestion des opérations (ou gestion de production). Comme nous l'avons vu précédemment, l'entreprise de services doit souvent intégrer dans son processus de production l'interaction de son personnel avec le client, le travail même de son client, et son interaction avec les lieux et les machines mises à sa disposition (libre-service, automates). Cette servuction implique une nécessaire proximité de l'entreprise avec le client : distribution et production se confondent et se réalisent souvent au même moment que la consommation.

L'entreprise de services est donc généralement amenée à développer un réseau d'unités de « production-distribution », démultipliant les points de production sur un vaste territoire, dont la gestion complexe est, dans le monde « classique » de l'industrie, du ressort de partenaires externes à l'entreprise, les distributeurs. L'interface client-prestataire explique donc la forme structurelle particulière des entreprises de services : une organisation en réseau, dite aussi *réticulaire* (Mills et Margulies, 1980).

Ainsi, le développement d'un prestataire passe souvent par une multiplication des unités opérationnelles de servuction, chacune desservant un marché local dans un contexte concurrentiel souvent spécifique. On utilise d'ailleurs l'expression d'Entreprises de Services à Réseau (ESR) pour décrire cette réalité qui peut être illustrée par les agences bancaires, les hôtels, des agences de travail temporaire, des magasins…

Certes, l'apparition de nouvelles technologies comme internet semble contester ce modèle classique de développement. L'interface client-prestataire ne nécessite plus forcément un contact physique mais peut trouver une alternative dans un « réseau virtuel ». Nous aurons l'occasion dans ce livre de revenir sur l'impact de ces nouvelles technologies qui, effectivement, bousculent souvent certaines règles établies. Il reste que le réseau virtuel ne tue pas obligatoirement le réseau physique d'agences ou d'établissements. De nombreuses entreprises cherchent au contraire à trouver des complémentarités (dans le temps et en fonction des types de clients) entre ces différents processus de servuction. Ce que les banques dénomment fréquemment une « stratégie multi-canal » illustre bien cette recherche de complémentarité. Dans le domaine de l'éducation, les institutions de formations sont vite revenues de l'utopie du pur « distanciel » (enseignement à distance) pour proposer des formules mixtes présentiel-distanciel plus réalistes et efficaces.

De plus, de nombreux services ne peuvent être consommés virtuellement. Il est difficile par exemple de manger sur internet, de séjourner au Maroc sur internet, ou de faire nettoyer ses bureaux sur internet. Dans ces cas fréquents, l'utilisation des nouvelles technologies permet surtout de faciliter l'accès à l'information, de commander ou de réserver la prestation, de profiter de tarifs moins élevés, voire de bénéficier de certains services périphériques. Le service de base, quant à lui, nécessite encore une présence physique s'appuyant toujours sur un réseau classique.

Le poids du terrain

S'il faut être proche du client, c'est non seulement pour lui vendre le service (logique de distribution où l'unité opérationnelle est avant tout une vitrine) mais aussi (et surtout) pour l'intégrer dans la production du service. Le client réalise parfois des tâches indispensables au bon déroulement de la production du service, tâches pour lesquelles il n'a généralement pas été formé. C'est alors au personnel en contact de faciliter la coproduction de son client.

Les relations fréquentes entre le personnel en contact et le client sont autant de « moments de vérité » (Normann, 1994) pour l'entreprise de services. À cette occasion, le client peut constater très concrètement si les promesses de son prestataire sont effectivement tenues. La disponibilité dont se vante telle banque est-elle bien incarnée par la disponibilité de son personnel en contact ? La courtoisie qui sert de base à la communication de cette chaîne hôtelière est-elle effectivement un trait caractéristique de tous ses employés ? Le service ne peut mentir car il s'expérimente concrètement dans une relation souvent interpersonnelle.

Le personnel en contact a donc une légitimité et un statut particulier dans les entreprises de services à réseau, qu'on peut retrouver pour partie seulement dans les commerciaux des entreprises industrielles et de biens de consommation (qui ne gèrent que très partiellement la production, et n'ont pas à travailler avec le client dans le cadre de la production du bien, qui est achevée avant sa vente).

Par ses relations avec le client, le personnel en contact a généralement une bonne perception du marché et de la concurrence. Il vit au quotidien les difficultés mais aussi les richesses de son métier de service. Ce n'est pas pour rien que le passage sur le terrain est généralement un passage obligé, même pour des diplômés d'écoles de management prestigieuses...

Les trois cercles de l'entreprise de services

Le modèle Flexiforme (Mills et al., 1983) schématise la structure des entreprises de services en réseau. Sa base repose sur l'interface client-prestataire. Il décrit la forme structurelle du réseau comme une série de trois cercles concentriques :

- le cœur est occupé par le siège, avec les fonctions support classiques (chargées des opérations administratives et des activités de coordination entre les unités opérationnelles) ;
- le cercle intermédiaire regroupe les managers d'unités ;
- le cercle extérieur accueille les unités opérationnelles (le personnel en contact) et les clients coproducteurs (c'est le « *front-office* »).

On constate dans de nombreuses sociétés que ce sont bien les unités opérationnelles qui ont le plus de pouvoir et de légitimité. Ces unités disposent généralement d'une certaine autonomie dans une logique de centre de profit. Ce sont en quelque sorte des « mini-entreprises » souvent assez différentes les unes des autres, du fait des spécificités des contextes locaux (en premier chef des caractéristiques et des attentes particulières des clients).

Ce modèle montre bien la place essentielle des responsables d'unités opérationnelles (ou responsables d'agences dans le vocabulaire le plus courant des entreprises). C'est au rôle de cet encadrement intermédiaire que nous allons maintenant nous intéresser.

■ Le maillon clé :
le manager intermédiaire

S'il est assez facile de se représenter le cadre intermédiaire comme étant le maillon entre la direction générale et les acteurs opérationnels, il n'existe pas de définition précise de son statut et de son rôle. Il est « en dessous » de la direction générale et « au-dessus » des cadres opérationnels et des acteurs du terrain. Il a une place pivot entre activités quotidiennes des unités et activités stratégiques de la hiérarchie.

La position des auteurs de ce livre est d'assimiler le niveau de *cadre intermédiaire à celui de responsable de centre de profit* dans les entreprises de services en réseau. Ce niveau correspond dans le vocabulaire courant à celui de responsable d'agence. Il a souvent à gérer un encadrement opérationnel (il n'est pas lui-même dans ce rôle-là, mais les exceptions sont légion…) et représente pour la direction générale le niveau pertinent de la mise en œuvre de la stratégie : il est le hussard, la base du déploiement de la stratégie du siège dans tous les domaines : marketing, pilotage commercial, gestion des ressources humaines, etc.

Ses rôles

Le modèle des « quatre facettes » (*Four Faces*) de Keys et Bell (1982) décrit précisément les relations que doit gérer le cadre intermédiaire dans son environnement organisationnel. Il est également utile dans la description des compétences nécessaires à l'exercice de la responsabilité d'un *middle manager*.

Dans sa relation avec chaque groupe, le cadre intermédiaire doit avoir recours à une face différente, nécessitant des compétences spécifiques. Son rôle dans l'organisation est donc multi-facettes, lui permettant de gérer les quatre types de relations suivantes :

– hiérarchique (« montante ») ;
– opérationnelle (« descendante ») ;

– « latérale » avec ses pairs de même niveau ;
– « externe » avec son environnement concurrentiel et institutionnel.
La figure 2 représente visuellement ces quatre facettes.

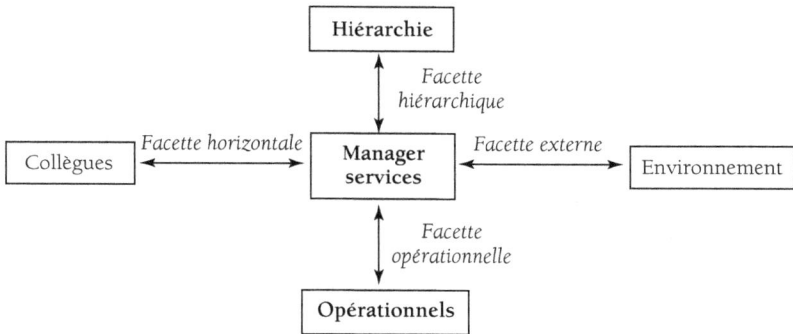

Figure 2 – Les quatre facettes du manager services (d'après Keys et Bell, 1982)

Avec ses supérieurs, le manager services doit développer des capacités de communication et pouvoir créer des coalitions en interne afin de soutenir ses projets. Il doit aussi connaître les critères sur lesquels sa performance sera évaluée.

Lorsqu'il est en relation avec ses subordonnés, le manager services doit maîtriser des compétences de management d'équipe (adopter un discours « bilingue » pour traduire les intentions de la hiérarchie en plans opérationnels et motiver ses collaborateurs). Il doit également savoir coordonner et allouer les ressources.

Keys et Bell estiment que, suivant les organisations, le cadre intermédiaire passe entre un tiers et trois quarts de son temps en relation avec ses pairs. Cette proportion est d'autant plus importante que l'entreprise fonctionne en management par projet. Dans ce cas, le cadre intermédiaire doit savoir gérer les conflits entre spécialistes et intégrer leurs points de vue souvent divergents. Le contact avec les pairs est alors essentiellement politique et ne peut que difficilement se baser sur une relation d'autorité.

Le rôle du manager services dans ses relations avec l'extérieur s'apparente à celui de « manager sécant » (Crozier et Friedberg, 1977), ou *boundary spanning manager* (Hegarty et Hoffman, 1987). D'une part, il doit analyser l'environnement (collecte d'information) et se former un point de vue le plus extérieur possible sur les dysfonctionnements de son organisation. D'autre part, il a un rôle institutionnel de représentation et d'image de son entreprise et de son agence.

Il est intéressant de compléter cette vision « statique » avec un modèle observant les rôles du *middle manager* dans une perspective de changement organisationnel. Quatre grands rôles incombent au *middle manager* en période de changement (Huy, 2001) :

- un rôle d'entrepreneur (pour développer des idées entrepreneuriales améliorant la valeur ajoutée) ;
- un rôle de communicateur (pour diffuser les informations de la hiérarchie, via ses réseaux informels par exemple) ;
- un rôle de thérapeute (pour aider les employés à gérer le stress lié au changement) ;
- un rôle de funambule (chargé de maintenir l'équilibre entre l'inertie et le changement radical).

Ces quatre rôles rejoignent en filigrane les quatre facettes exposées précédemment. Par exemple, la facette hiérarchique est concernée par le rôle de communicateur, et la facette opérationnelle par les rôles de funambule et de thérapeute.

En synthèse, le manager services est compressé entre deux étaux : le pouvoir du personnel dans son agence tirant sa légitimité de son contact étroit avec le client et de son efficacité opérationnelle (ses succès « se voient »), et l'autorité du siège, à la légitimité formelle. Cette déchirure s'illustre aussi par une urgence quotidienne conduisant à « boucher les trous » organisationnels du « navire » agence, à écoper avec ses « marins » et partager leur sort sous la pression constante d'éléments adverses (les clients, les fournisseurs, voire les fonctionnels du siège). C'est le capitaine au milieu de son équipage, tenant bon avec lui dans la tourmente. Mais c'est aussi un capitaine discutant avec les armateurs, tourné vers la négociation de choix stratégiques (quelle route maritime prendre ? Avec quel équipage et quel stock de nourriture ?), prenant le temps de la réflexion avant de s'engager plus avant dans l'action.

Deux temps (réflexion puis action), deux interlocuteurs (le siège et les opérationnels), deux logiques (mise en œuvre de la stratégie, efficacité opérationnelle), deux horizons temporels (long terme – un an – pour le siège, court terme – parfois la semaine – avec le personnel d'agence), et finalement deux métiers pour un même patron : schizophrène ?

Entre autonomie et dépendance

Le jeu d'influences entre les acteurs du réseau d'une entreprise de services est plus complexe qu'ailleurs. La répartition du pouvoir est en effet plus difficile à comprendre. Le siège est loin des clients et des concurrents, et le sait. Il a besoin des opérationnels pour bien comprendre l'environnement de l'entreprise. Le management opérationnel et son propre management (l'encadrement intermédiaire) peuvent alors jouer de leur influence pour obtenir plus d'autonomie et plus de pouvoir, et ce d'autant plus que les entreprises de services à réseau sont souvent décentralisées afin de s'adapter au mieux à des contextes locaux spécifiques.

Les *middle managers* ont donc, dans ce contexte particulier des entreprises de services à réseau, un terrain fertile à l'exercice d'une autonomie qui ne leur est que rarement discutée par un siège trop lointain et trop peu légitime (sans prise directe avec l'environnement). Malgré son rôle clé dans les organisations de services à réseau et cette forte autonomie qui le positionne comme le véritable patron d'une petite entreprise-agence, le manager d'agence ne se voit offrir que peu d'outils managériaux et doit le plus souvent adapter lui-même des méthodes et des outils de gestion bâtis pour un niveau global de gestion d'entreprise (*corporate*), donc pour le siège. Ce livre veut justement apporter une contribution pour combler ce manque et offrir au manager services une palette de méthodes et d'outils adaptés afin de gérer au mieux son centre de profit au sein du réseau.

Références bibliographiques

CROZIER M. et FRIEDBERG E. (1977), *L'Acteur et le Système*, Éditions du Seuil.

EIGLIER P. et LANGEARD E. (1987), *Servuction : le marketing des services*, Ediscience International.

FLIPO J.P. et DUMOULIN C. (eds) (1991), *Entreprises de services : 7 facteurs clés de réussite*, Éditions d'Organisation.

HEGARTY W.H. et HOFFMANN R. (1997), « Who influences strategic decisions ? », *Long Range Planning*, vol. 30, N° 2, p. 75-86.

HUY Q. (2001), In praise of middle manager, *Harvard Business Review*, Vol.79, N° 8, p. 72-80.

KEYS B. et BELL R. (1982), The four faces of fully functioning middle manager, *California Management Review*, Vol. 24, p. 59-67.

MILLS. P.K. et MARGULIES N. (1980), Toward a Core Typology of Service Organizations, *Academy of Management Review*, 5 (2), p. 255-265.

MILLS. P.K., CHASE R.B. et MARGULIES N. (1983), Motivating the client/employee system as a service production strategy, *Academy of Management Review*, Vol. 8, p. 301-310.

NORMAN R. (1994), *Management des services – Théorie du moment de vérité dans les services*, Interéditions.

16 **R**

Première partie

Les enjeux du management des services

1 Le marketing des services : une perspective « glocale »

Le marketing est né dans l'univers des produits de grande consommation, d'où la référence constante pour illustrer cette discipline aux lessives et aux savonnettes, à Unilever ou à Procter & Gamble. L'apparition de la fonction marketing dans les entreprises industrielles (vendant des produits à d'autres entreprises) et dans les entreprises de services est plus récente. En particulier, il a souvent fallu attendre les années 1980 voire même 1990 pour que les sociétés de services françaises se dotent de directions marketing. Ce retard provient de trois sources essentielles.

Tout d'abord, de nombreux secteurs des services se sont structurés récemment et ont connu longtemps des taux de croissance particulièrement élevés ne les incitant pas à formaliser une démarche marketing. Il suffit de penser que les premières entreprises de travail temporaire se sont créées dans les années 1950 (Bis) et 1960 (la première agence d'Ecco à Lyon ouvre ses portes en 1964), que la course à l'ouverture des guichets pour les banques date de la loi Debré en 1966, que les SSII se sont développées à partir des années 1970, que les grands opérateurs touristiques (Le Club Méditerranée, Nouvelles Frontières) ont connu leur essor pendant la même décennie, que dans les années 1980 les sociétés de collecte et de traitement des déchets ne parvenaient pas à répondre à la demande. L'essentiel dans un tel contexte était de définir son concept de service et de savoir le mettre en place et le commercialiser à travers le développement géographique de son réseau d'agences ou d'établissements. L'intérêt du marketing n'a commencé réellement à se manifester que lorsque la croissance s'est ralentie et que la situation concurrentielle s'est renforcée.

Par ailleurs, de nombreux managers de services doutaient de l'applicabilité de la démarche marketing à leur cas. Il est vrai que le vocabulaire marketing évoque souvent des réalités éloignées de celles vécues par les prestataires de services. Ainsi, pour ne prendre que quelques exemples, parler de politique produit, de chef de produit, de packaging, ou de grande distribution, ne renvoie pas spontanément à un contexte service.

Enfin, la relation au marché pour une entreprise de services est traditionnellement beaucoup moins centralisée que pour une société commercialisant des produits grand public. Ce constat est particulièrement net dans le cas très fréquent des entreprises de services à réseau, c'est-à-dire s'appuyant sur un réseau géographique d'agences et d'établissements. Les spécificités du marché local dans lequel est plongée une agence conduisent naturellement à des adaptations marketing et commerciales, et donc à une certaine hétérogénéité. Le marketing se déploie localement, porté par le terrain, à l'intérieur du réseau. Une direction marketing fonctionnelle au niveau du siège, signe évident de centralisation et d'homogénéisation, est donc moins évidente à mettre en place et doit gagner sa légitimité. Ces considérations proviennent d'une caractéristique notable des services : la participation du client à la prestation. Si le client participe concrètement à la réalisation du service par son attitude et son comportement, le service possède toujours une certaine part d'hétérogénéité qui rend plus difficile la mise en place d'outils marketing standard. Alors qu'un yaourt est

© Éditions d'Organisation

toujours un yaourt, une soirée au restaurant s'avère une expérience toujours un peu différente d'un client à l'autre.

Ces trois sources de difficulté pour le marketing des services ne sont pas insurmontables. Nous verrons en effet que la démarche marketing « tout terrain » peut être adaptée aux sociétés de services à condition de relever trois défis opérationnels spécifiques et de parvenir à gérer une dialectique national/local.

◼ Le marketing : une démarche tout terrain

Le marketing consiste à optimiser les échanges entre l'entreprise et ses marchés dans une situation de rivalité concurrentielle (Marion et al., 2003). Il est avant tout un état d'esprit, « l'orientation marché », qui se caractérise par trois traits principaux :

- l'entreprise a pour objectif de répondre à la demande du client : orientation clients.
- ceci doit notamment se traduire par la conception et le développement d'offres susceptibles de l'emporter sur la concurrence : orientation concurrents.
- cet objectif doit être commun à tous les membres de l'entreprise. Ce dernier point est encore plus crucial dans les services compte tenu de la proportion élevée du personnel qui se trouve en contact direct avec la clientèle.

Le marketing est ensuite une démarche décrite dans la figure 1 dont nous allons maintenant présenter les cinq étapes essentielles.

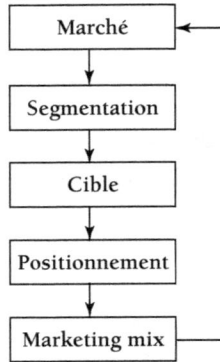

```
┌─────────────────┐
│     Marché      │◄───┐
└────────┬────────┘    │
         ▼             │
┌─────────────────┐    │
│  Segmentation   │    │
└────────┬────────┘    │
         ▼             │
┌─────────────────┐    │
│     Cible       │    │
└────────┬────────┘    │
         ▼             │
┌─────────────────┐    │
│  Positionnement │    │
└────────┬────────┘    │
         ▼             │
┌─────────────────┐    │
│  Marketing mix  ├────┘
└─────────────────┘
```

Figure 1 – La démarche générale du marketing

Il s'agit tout d'abord d'analyser le ou les *marchés* sur lesquels l'entreprise est présente. Comprendre les contraintes et les opportunités qui influencent ces marchés (en termes économiques, culturels, législatifs, concurrentiels…) constitue un prérequis indispensable. C'est là tout le rôle de la veille marketing et des études de marché.

On constatera alors l'hétérogénéité des demandes clients sur chacun des marchés visés, ce qui conduira à les segmenter. Cette étape de *segmentation* est sans doute le noyau dur de la démarche marketing tant elle détermine les phases ultérieures. Segmenter consiste à construire des groupes de clients (les segments) de telle manière que, d'une part, les individus d'un même groupe aient des caractéristiques sinon identiques du moins très proches, et que, d'autre part, les groupes soient aussi différents entre eux que possible. La segmentation constitue donc une façon de voir un marché et, comme toujours, il existe plusieurs façons de voir et donc plusieurs manières de segmenter. Ainsi, sur le marché des particuliers, une banque peut utiliser plusieurs critères de segmentation : l'âge, le niveau de revenu, la profession, la localisation géographique, l'ancienneté de la relation, le nombre et l'utilisation des produits détenus… Elle peut même croiser plusieurs de ces critères afin de caractériser plus finement l'hétérogénéité des attentes, l'essentiel étant de parvenir à une représentation à la fois claire et opérationnelle. Une bonne segmentation devra permettre en effet de parvenir à des segments identifiables, accessibles, d'une importance suffisante pour justifier des efforts marketing, et nécessitant une offre ou une action commerciale spécifique.

L'exemple de la segmentation définie par Sodexho dans les années 1990, permet d'illustrer notre propos. Cette entreprise se structure autour de plusieurs activités renvoyant à des réalités de marché différentes. Mentionnons notamment la restauration et les services aux collectivités, le chèque restaurant, et la gestion de base vie (gestion globale de l'ensemble des services nécessaires à la vie collective dans des lieux isolés comme une plate-forme pétrolière au large de l'Afrique, ou une mine aux confins de la Russie). Chacun de ces marchés nécessite un marketing différent et donc des modes de segmentation différents. Par exemple, la restauration et les services aux collectivités s'adressent à trois segments principaux qui exigent des offres différenciées : servir des repas dans un hôpital trois fois par jour et 365 jours par an (avec des menus diététiques, post-opératoires…) n'est pas assimilable à la livraison de repas à une école, une fois par jour pendant les seules périodes scolaires. Ce premier niveau de segmentation peut être encore affiné. Ainsi, pour ne prendre qu'un seul exemple, le segment de l'enseignement est sous-segmenté en enseignement public et privé. Cette distinction ne se justifie pas obligatoirement par des offres différentes (la qualité des offres est en effet comparable) mais par des logiques commerciales différentes : dans l'enseignement privé, ce sont le conseil d'administration et le directeur qui décident du choix d'un prestataire en restauration alors que, dans l'enseignement public, ce sont les élus qui sont en charge de cette décision. Le statut de ces élus variant selon la nature des établissements, il convient de procéder à une nouvelle sous-segmentation en distinguant les écoles primaires (de la responsabilité des communes), les collèges (conseils généraux) et les lycées (conseils régionaux).

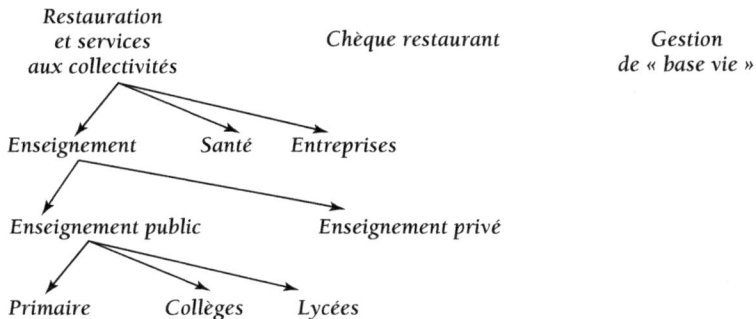

Figure 2 – Segmentation simplifiée utilisée par Sodexho

Mettre en évidence différents segments ne signifie pas obligatoirement vouloir tous les conquérir. L'étape suivante de la démarche marketing, celle du *ciblage*, consiste justement à choisir le ou les segments qui seront visés par l'entreprise en fonction :

- des attraits que ceux-ci représentent en valeur absolue : taille, taux de croissance, niveau de prix et de marge, intensité concurrentielle, investissements nécessaires...
- des atouts dont l'entreprise dispose pour y accéder : savoir-faire technique et humain, notoriété et image, historique...

Une fois les cibles identifiées, les responsables marketing sont fréquemment tentés de passer directement à un plan d'action. C'est oublier une étape certes difficile mais essentielle, constituée par la définition d'un *positionnement*. Il s'agit de définir l'image dont l'entreprise souhaite bénéficier auprès de la cible, comparativement à ses concurrents. Il faut bien comprendre que même si un positionnement n'est pas formalisé, les clients donneront néanmoins une position distinctive à l'entreprise. La question est donc de savoir si cette position perçue est cohérente ou non avec le positionnement voulu. Est-on perçu comme un généraliste ou un spécialiste ? comme un leader ou un challenger ? comme un suiveur ou un innovateur ? comme un acteur international ou régional ? comme un prestataire délivrant des services de haute qualité ou d'un niveau moyen sur le marché ? Ce choix de positionnement, évidemment honnête par rapport aux caractéristiques de l'entreprise et de son offre (sous peine de décevoir le client) doit être également valorisant et différenciant. Il s'appuie fréquemment sur la mise en évidence d'axes sur lesquels l'entreprise peut se distinguer de ses concurrents. C'est pourquoi, on utilise souvent en marketing des cartes de positionnement croisant (pour ne pas compliquer et parvenir à une représentation visuelle) deux de ces axes. À titre d'illustration de cette méthode, la figure 3 présente trois cartes de positionnement fréquemment utilisées dans trois secteurs de services.

Entreprises de conseil	Associations faisant appel à la générosité publique	Parcs de loisirs

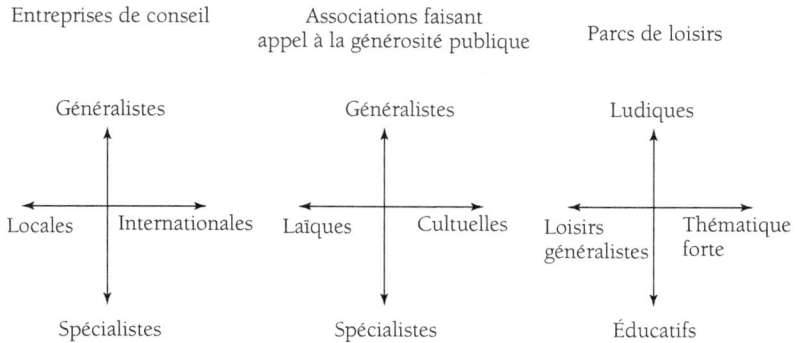

Figure 3 – Trois exemples de cartes de positionnement

La définition d'un positionnement s'avère en tout cas indispensable pour guider les actions marketing qui seront mises en œuvre par l'entreprise. Comment définir par exemple une politique de prix ou de communication sans positionnement précis ?

Ces choix de cibles et de positionnement effectués, le travail opérationnel peut commencer. Il s'agit de définir et de mettre en place les différents éléments d'actions marketing, ce que l'on dénomme le marketing mix. Cette appellation renvoie à la nécessaire cohérence (un bon mix) entre les différents éléments concernés. Selon un procédé mnémotechnique, le marketing mix est fréquemment défini par une liste dite des « 4 P » renvoyant à des termes anglais : *Product* (Produit), *Price* (Prix), *Place* (Distribution), *Promotion* (Communication). Dans le domaine des services, le premier élément doit bien sûr être modifié. Pour chacune des quatre composantes du marketing mix dans les services, il est possible de pointer les questionnements essentiels conduisant à des décisions à prendre :

– l'*offre de services* : quel est le service de base et les services périphériques qui seront proposés sur le segment cible concerné ? Quel est le niveau de qualité de cette offre ?

– le *prix* : quels seront les niveaux de prix fixés en tenant compte à la fois des coûts, du positionnement de l'entreprise, des pratiques des concurrents, et de l'acceptabilité par les clients ? Quels seront les remises et les délais de règlement pratiqués ?

- la *distribution* : quelle sera la stratégie d'implantation d'agences ou d'établissements ? Quelle forme juridique prendra ce réseau (intégré à l'entreprise, franchisé, délégué à des distributeurs indépendants, ou une combinaison des ces différentes modalités) ? Quelle architecture et quel design définira-t-on pour ces unités du réseau ? Quel pourrait être le rôle de nouveaux canaux de distribution comme internet ?
- la *communication* : quel message définir ? Quels supports utiliser (médias, marketing direct...) ? Quel budget consacrer ? Comment mesurer l'efficacité de ces actions ?

Certains auteurs et praticiens se plaisent à ajouter à cette liste un cinquième élément, un cinquième « P », *People*, le personnel en contact avec la clientèle qui est effectivement, comme nous le soulignerons plus bas, un vecteur essentiel du marketing dans les services.

La mise en œuvre du marketing mix de l'entreprise (et de ceux de ses concurrentes) aura bien sûr un impact sur le marché, ce qui nécessitera de recommencer régulièrement l'analyse marketing. La démarche marketing est donc itérative et sans fin. Elle se concrétise en général sous la forme d'un plan marketing annuel dont les différentes rubriques ne surprendront pas le lecteur : analyse du marché, segmentation, définition des cibles et du positionnement, politique d'offre, de prix, de distribution et de communication.

Ce paragraphe a permis en tout cas de mieux comprendre l'apport du marketing et de saisir que sa démarche peut s'appliquer, comme l'ont montré les exemples utilisés, aux entreprises de services. Le dossier sur l'entreprise Elior à la fin de ce chapitre fournira une illustration plus complète de cette « démarche tout terrain ». Il reste que le contexte particulier des services pose trois défis opérationnels supplémentaires...

■ Relever trois défis opérationnels

Les spécificités des services déjà évoquées conduisent le marketing à devoir relever trois défis principaux : tangibiliser le service, mobiliser le personnel en contact par le marketing interne, et optimiser la participation du client à la prestation.

Tangibiliser le service

Nous avons vu qu'un service se distingue d'un produit par son caractère essentiellement intangible. Un service ne peut en effet être vu, senti, essayé ou touché de la même manière qu'un produit. Il est immatériel dans le sens où il représente plus un acte, une performance, un processus qu'un objet. Un acheteur cherchera à acquérir le sentiment d'être rassuré, une actualisation de ses connaissances, des conseils, la maintenance de ses machines… mais ne pourra obtenir comme résultat de ces diverses prestations un objet tangible.

Généralement, un produit possède suffisamment de caractéristiques intrinsèques (design, fonctions, packaging…) pour se démarquer visiblement de ses concurrents. Ce n'est pas le cas du service. Ce constat implique que l'acheteur potentiel ne dispose pas d'autant de moyens de se rassurer dans le cas d'un service. Son risque perçu est donc en moyenne supérieur. Le processus d'achat sera en conséquence plus élevé, le client examinant avec attention les différentes alternatives possibles, sans compter qu'une alternative supplémentaire peut souvent être envisagée, celle du « faire soi-même ». Par exemple, de nombreuses organisations (administrations, entreprises, écoles) gèrent elles-mêmes la restauration de leur personnel ou de leurs convives sans faire appel à des prestataires spécialisés dans ce domaine comme Sodhexo ou Eurest.

Dans un tel contexte, un prestataire doit se fixer comme première mission d'instaurer la confiance, de réduire l'incertitude et le risque. La première recommandation du marketing des services est donc très opérationnelle : il convient de matérialiser le plus possible l'offre afin de contrer son caractère intangible.

Le service peut être assimilé à une « boîte noire ». Ce n'est qu'après l'avoir « subi » que le client sera réellement en mesure de se faire une idée de sa qualité. Il faut donc fournir aux clients des indices matériels attractifs et valorisants qui, en phase pré-achat, pourront faire la différence indépendamment de la qualité intrinsèque de la prestation. Un cabinet de conseil connaît par exemple l'importance de la qualité formelle du document remis, dans l'évaluation que fera le client de sa proposition : nombre de pages, utilisation de la couleur, mention des références, curriculum vitae des consultants, explicitation claire et visuelle de la méthodologie utilisée… Tous les moyens sont bons afin de rassurer le client et l'imagination doit être au pouvoir pour fournir des indices matériels différenciants.

Un prestataire de services doit donc déployer de nombreux efforts pour soigner les détails, tous les détails car il sait rarement lequel servira de base au jugement d'un client donné : papier à lettres, cartes de visites, esthétique des locaux, accueil au téléphone. Il s'agit de considérer que le client est à l'affût de tous les défauts, de tout ce qui pourrait créer une dissonance et amplifier ainsi son risque perçu. Un adage classiquement utilisé exprime bien cette attitude du client : « Dans les services ce qui va est un dû, ce qui ne va pas est vu ! »

Dans le même esprit, le prestataire doit savoir utiliser intelligemment tous les supports matériels de sa prestation. Si le service est immatériel, il utilise néanmoins des supports matériels pour se réaliser : un vidéo-projecteur et un *paper board* pour un organisme de formation, des plans pour un bureau d'étude, des camions pour un transporteur… Ces supports sont à considérer sous l'angle de leur valeur de signe (l'image qu'ils transmettent) et non pas uniquement selon leur valeur d'usage (la fonction qu'ils permettent de réaliser). Leur rôle consiste là encore à matérialiser d'une manière attractive l'offre et non pas seulement à permettre sa réalisation.

Mobiliser le personnel en contact
par le marketing interne

Lorsqu'un client achète du sirop, de la lessive ou un quelconque produit de consommation courante, il n'est que très rarement en relation avec un interlocuteur physique, salarié d'une entreprise commercialisant ces produits. Sauf s'il rencontre un problème et est amené alors à prendre contact avec le service consommateur ou le service après-vente.

Pour l'entreprise de production, le contact avec les clients s'effectue essentiellement par la force de vente qui regroupe en moyenne de 2 à 10 % de l'effectif et qui touche le plus souvent des intermédiaires (grossistes, distributeurs) et non le consommateur final. Pour une société de services, la situation s'avère bien différente : les employés en contact direct avec les clients finaux représentent souvent plus de la moitié et parfois la totalité des effectifs. Dans le cas d'une banque, par exemple, tout le personnel d'une agence (du guichetier au directeur) gère des contacts clients. Par son attitude et son comportement, le personnel en contact tangibilise le service aux yeux du client. Il lui faut posséder quatre types de compétences.

Une compétence technique

Il s'agit de la capacité à réaliser correctement la prestation. Par exemple, le conseiller clientèle d'une banque doit bien évidemment maîtriser l'offre bancaire et disposer du savoir-faire technique nécessaire. Un chauffeur routier doit d'abord rouler prudemment dans le respect des consignes qui lui sont données.

Une compétence commerciale

Le personnel en contact doit également savoir « vendre » le service, même si son rôle n'est pas directement commercial. Ainsi, l'opérateur

du service après-vente d'une entreprise commercialisant des photoco-
pieurs doit non seulement réaliser des interventions techniques rapides
et fiables mais aussi, par son comportement, créer un contact commercial positif.

Une compétence relationnelle

Au-delà d'une compétence strictement commerciale lui permettant
d'être à l'aise dans le contact physique ou téléphonique avec un interlocuteur, le personnel doit aussi être capable de gérer dans le temps la
relation avec le client. Par définition, ce personnel ne produit pas le
service, il le *coproduit* avec le client : sa compétence relationnelle est
donc indispensable pour faciliter la participation du client au service.
Tous les clients ne veulent et ne peuvent pas participer de la même
manière. Selon le temps dont il dispose, le désir qu'il a de s'impliquer
dans la prestation, les compétences techniques qu'il a développées,
etc., le personnel ne devra pas produire le service de manière identique. Une prestation de conseil, quel que soit le domaine, n'est pas
délivrée de la même façon selon l'expérience et l'expertise du client. Il
est courant d'effectuer une analogie entre les services et le théâtre. Le
café-théâtre offre peut-être une image encore plus juste : dans les
services – à l'instar d'un café-théâtre – les clients « montent sur
scène » ; les « bons » comédiens sont ceux qui savent, en temps réel,
s'adapter à ces amateurs (au sens noble) et les mettre à l'aise. Réussir
cette adaptation repose sur des compétences relationnelles indispensables telles que l'écoute, la pédagogie, l'empathie.

Une compétence institutionnelle

Le personnel en contact représente son entreprise et doit incarner ses
valeurs et ses promesses. Quelle légitimité aurait par exemple une
entreprise de service vantant la disponibilité et la courtoisie de ses
équipes si celles-ci n'incarnaient pas au quotidien ces qualités ? La
communication des entreprises de service est ainsi mise à l'épreuve du

terrain. Nous avons évoqué précédemment l'importance de la confiance dans la décision d'achat d'un service. Cette confiance en l'intégrité du prestataire se construit au fil de l'expérience de service, selon la cohérence que le client observe entre les mots (de la marque) et les actes (du personnel en contact). Les promesses faites par la marque de service doivent être, dans la plupart des cas, tenues par le personnel en contact, mettant ainsi la crédibilité de la marque de service entre les mains de celui-ci. La mise en scène relativement fréquente du personnel en contact dans les campagnes de communication des entreprises de services illustre bien sa contribution à l'identité de la marque et la confusion qui existe parfois entre les deux.

On comprend aisément la difficulté de maîtriser en même temps ces quatre formes de compétences alors que, dans l'industrie, un employé est souvent dédié à une seule de ces formes : l'ouvrier produit, le commercial vend… Cette nécessaire polyvalence est souvent source de tensions. L'attention commerciale portée à un client peut exiger du temps qui allongera la durée du contact et pourra par conséquent ralentir la réalisation de la prestation. La compétence institutionnelle demande au personnel d'être solidaire des erreurs commises par son entreprise et d'en assumer les conséquences face à des clients mécontents.

Contrairement à ce que l'on pourrait penser, le développement des nouvelles technologies de l'information et de la communication (NTIC) ne réduit pas les quatre rôles du personnel en contact et les quatre compétences afférentes. Bien au contraire, leur criticité ne fait que se renforcer. Pour de nombreux services, le développement de nouvelles modalités de production du service (internet, centres d'appels…) signifie que le nombre de personnes travaillant au contact des clients diminue. Ainsi, les compétences de chacune d'entre elles n'en sont que plus essentielles. Il suffit, par exemple, de comparer la livraison de courses à domicile avec la réalisation des courses en hypermarché. De plus, pour un même service les clients ont désormais souvent le choix. Par exemple, pour réaliser une opération bancaire, le client peut à sa guise soit se rendre à l'agence, soit utiliser un distributeur automatique ou réaliser l'opération à distance. Chacune de ces modalités présente des avantages et des inconvénients différents pour le client. S'il choisit de se rendre à l'agence, c'est probablement que les apports spécifiques à cette modalité (en particulier la souplesse procurée par les compétences relationnelles et la confiance renforcée par les compétences institutionnelles) sont spécialement recherchés et justifient les inconvénients propres à cette modalité (la nécessité de se déplacer et de se conformer à certaines tranches horaires).

Le personnel en contact doit donc être soutenu et accompagné par son entreprise pour être capable de faire face à d'inhérentes difficultés et tensions. C'est là tout le rôle de ce qu'on dénomme le marketing interne. Celui-ci vise à faire prendre conscience au personnel en contact avec la clientèle de son rôle décisif dans la qualité du service et dans la relation avec le client. Il consiste finalement à considérer que le personnel en contact est en quelque sorte le premier client de l'entreprise de service. Un client certes différent puisqu'il est en même temps employé et donc subordonné. Mais l'expérience montre bien que c'est seulement quand ce client interne est convaincu et en phase avec les objectifs de son entreprise, qu'il saura à son tour convaincre et fidéliser le client externe.

Vecteur essentiel du marketing externe, « ambassadeur » de son entreprise envers les clients, le personnel en contact est en même temps cible du marketing interne. Un statut dual qui constitue une des problématiques managériales centrales des services. Le dossier sur l'entreprise Adecco à la fin du chapitre suivant fournit une bonne illustration de la prise en compte de cette problématique.

Optimiser la participation du client à la prestation

L'acte de service est un acte interactif où le client « coproduit » la prestation. Contrairement à un bien matériel, le service n'est en effet pas totalement standardisable. La personnalité et la mentalité de l'usager, son humeur du moment, sa bonne volonté, ses capacités intellectuelles… influent directement sur la manière dont il utilise et perçoit le service proposé.

Certains clients souhaitent être associés au maximum à toutes les étapes de la prestation alors que d'autres, au contraire, veulent se décharger le plus possible d'un problème. Les approches marketing et commerciales seront dès lors très différentes. Pour les premiers, la participation est une source de valeur quand, pour les seconds, elle est perçue comme un coût. Ainsi, une entreprise sollicitant les prestations d'une société d'étude pourra considérer chaque étape de la prestation à laquelle elle participe comme une opportunité pour acquérir de nouvelles compétences et faire avancer sa réflexion sur un thème donné. Inversement, l'entreprise cliente pourra tout aussi bien percevoir chacune de ces étapes comme un fardeau ou un effort à fournir, consommateur de temps et de compétences. La participation du client peut donc être considérée comme un critère de segmentation particulièrement adapté à un contexte service.

Une remarque à la fois fondamentale et paradoxale s'impose à ce niveau. Plus la participation du client est active, plus la gestion de la qualité s'avérera difficile car le prestataire se trouvera, d'une certaine manière, dépossédé de la maîtrise de certaines étapes de la prestation. Mais, à l'inverse, plus le client participe, plus il se sentira associé et solidaire, et plus il « risque » d'évaluer positivement le service sous peine de déjuger son propre rôle et sa propre implication. En ce sens, la participation du client contribue à le fidéliser. Le consommateur ressentira en effet fortement tout ce qu'il lui faudra recommencer s'il choisit un nouveau prestataire. Par exemple, changer d'agence de publicité générera inévitablement des dysfonctionnements au départ de la nouvelle collaboration, et donc des pertes de temps et d'argent.

■ Concilier marketing national et marketing local

Un grand réseau bancaire posait récemment un constat inquiétant concernant sa clientèle grand public : si son taux de pénétration s'avérait satisfaisant sur les segments des 35-50 ans, des 50-60 ans et des seniors, il était par contre très faible chez les moins de 35 ans. Ce constat pouvait faire craindre à la direction marketing une difficulté de renouvellement de la clientèle dans le futur. Il fut donc décidé d'une grande campagne de communication nationale visant à se positionner davantage comme une banque proche des jeunes et proposant des offres adaptées à cette cible : prêts étudiants et installations, comptes et cartes jeunes, etc.

Cette campagne nationale se devait d'être relayée sur le terrain, par les différentes agences de ce réseau bancaire, en utilisant des actions de marketing direct et en installant des PLV (publicités sur le lieu de vente) spécialement conçues pour l'occasion. Des *incentives* avaient d'ailleurs été mises en place afin de motiver les agences. Leurs responsables et leurs conseillers clientèles devaient réaliser un certain nombre d'objectifs liés, par exemple, à un nombre d'ouverture de comptes jeunes ; l'atteinte et le dépassement de ces objectifs donnant lieu à des primes.

Or, quelques agences exprimèrent rapidement des doutes sur le bien-fondé de cette campagne de communication. Ayant réalisé une analyse marketing, elles avaient mis en évidence à leur niveau une position déjà forte sur ce segment des jeunes et, au contraire, des faiblesses sur d'autres classes d'âge. Comment pouvaient-elles atteindre les objectifs ambitieux de développement fixés dans une telle situation ? Étaient-elles obligées de consacrer une telle énergie pour un segment qu'elles n'estimaient pas prioritaire ?

Cet exemple met bien l'accent sur une difficulté fréquente du marketing dans le contexte d'une entreprise de services à réseau : comment concilier une vision marketing d'ensemble indispensable (il existait bien un problème général au niveau des jeunes pour cette banque) et la situation particulière de plusieurs agences sur leur marché local (leurs réticences étaient également justifiées) ? Aucune solution extrême ne peut être envisagée : imposer sans discussion des décisions marketing nationales conduirait à démobiliser certaines agences et, au contraire, laisser chaque agence indépendante dans ses choix marketing amènerait à un manque de cohérence dommageable. Mais, alors, comment concilier marketing national et marketing local ?

Dans le cas du réseau bancaire considéré, il fut décidé de mettre en place une structure marketing décentralisée avec la création de postes de « correspondants marketing » au niveau de groupes d'agences sur des territoires géographiques. Ces correspondants dûment formés avaient (et ont toujours) une double fonction : aider les agences à réaliser leur plan marketing adapté à la situation de leur marché local, et assurer une cohérence avec des objectifs nationaux définis par le marketing du siège (dit fonctionnel). Une telle initiative suppose d'accepter une certaine autonomie (et non indépendance) des agences. Il s'agit en fait d'allouer du pouvoir (les auteurs anglo-saxons parlent d'*empowerment*) au niveau local dans l'esprit du marketing interne évoqué précédemment. Afin de caractériser cette autonomie, mentionnons qu'un groupe d'agences a désormais le droit (après discussion marketing argumentée) de se désolidariser d'une campagne nationale inadaptée à sa situation et de récupérer le budget qui aurait été alloué localement à cette campagne pour des actions différentes.

La figure 4 permet de visualiser l'articulation nécessaire entre marketing national et local, et le rôle que joue le marketing interne à ce niveau.

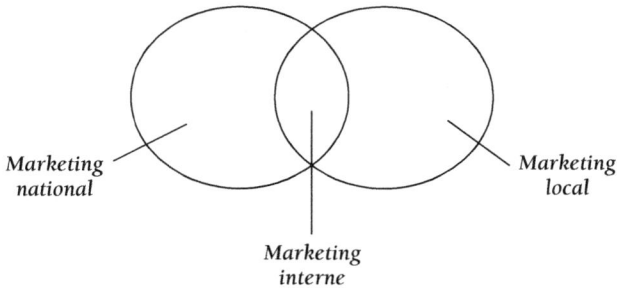

Figure 4 – L'articulation marketing national/marketing local

De nombreux autres exemples pourraient illustrer cette dialectique national/local dont la gestion se révèle souvent difficile. Certaines forces d'intégration poussent fréquemment à une centralisation jugée excessive par le réseau : volonté du siège de définir et de tenir une politique marketing unique et cohérente permettant des économies d'échelle et garantissant une image homogène, souci des acteurs fonctionnels de préserver et de ne pas partager un pouvoir de décision… À l'inverse, des forces d'adaptation locale se font entendre pour des raisons plus ou moins rationnelles d'ailleurs : des « baronnies locales » s'installent, des cadres réclament une autonomie d'action en invoquant la pression sur les résultats qu'ils ressentent (« je suis de plus en plus jugé sur mes résultats, laissez-moi choisir les moyens me permettant de les atteindre »), les discours managériaux sur la responsabilisation des acteurs voire sur « l'intrapreneurship » se développent…

Sur un plan *stricto sensu* marketing, il faut bien reconnaître que plusieurs facteurs prêchent pour une dose non négligeable d'adaptation locale. La situation concurrentielle n'est généralement pas la même d'un territoire géographique à l'autre et nécessite par conséquent des réponses adaptées. Des partenaires locaux aux niveaux économiques, sociaux et politiques, expriment des attentes vis-à-vis des entreprises conduisant celles-ci à concevoir et à conduire des actions marketing différenciées sur un territoire d'implantation donné. Il suffit de penser à des opérations de mécénat ou de solidarité souvent indispensables afin de permettre à une entreprise d'être perçue comme un acteur légitime et préoccupé par son environnement local, dans le cadre d'une politique de développement durable (voir le chapitre sur ce sujet). Surtout, les consommateurs apprécient les efforts déployés par les entreprises de services pour adapter davantage leurs offres à des situations locales. Par exemple, si une chaîne de restaurants doit savoir imposer un positionnement unique sur un plan national voire international, on appréciera aussi ses initiatives pour proposer des « plus » régionaux en termes notamment de décors ou de menus.

Optimiser une politique marketing dans un tel contexte consiste à trouver le meilleur dosage possible entre trois niveaux d'actions :

- les *actions globales* décidées au niveau du siège, mises en place sous son impulsion et déclinées à l'intérieur de l'ensemble du réseau ;
- les *actions locales* définies au niveau d'une agence et mises en œuvre sur un territoire géographique donné ;
- les *actions intermédiaires* issues soit d'une collaboration entre plusieurs unités du réseau (actions collectives ciblées) soit d'une aide technique venant du siège pour accompagner et donner de l'ampleur à une initiative locale (actions locales aidées).

Ces trois niveaux d'actions dessinent les contours d'un marketing que nous qualifions de « glocal » et que la figure 5 permet de mieux visualiser.

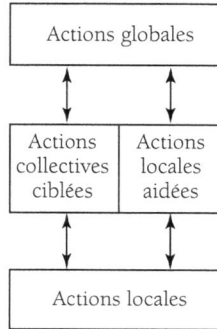

Figure 5 – Les trois niveaux d'un marketing « glocal »

Synthèse

La figure 6 permet de présenter d'une manière visuelle et synthétique les principaux apports de ce chapitre.

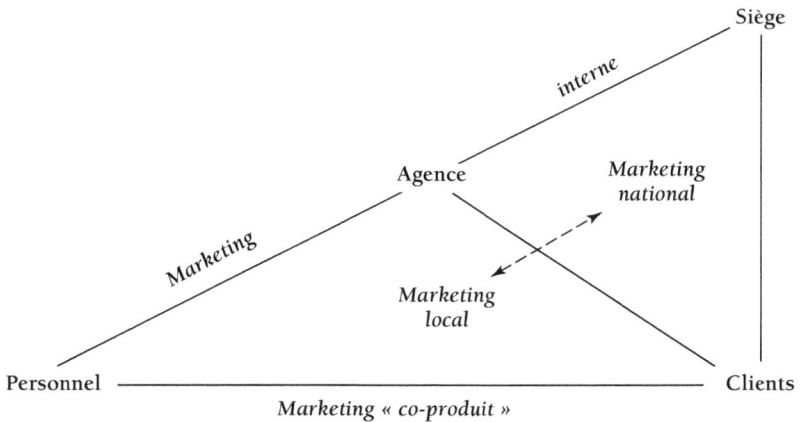

Figure 6 – Vision d'ensemble du marketing des services

Précisons que cette figure nécessiterait d'être enrichie afin de décrire plus complètement encore la complexité marketing d'une société de services.

Ainsi, pour une entreprise internationale se pose la question de l'harmonisation des différentes politiques marketing nationales : privilégie-t-on une approche marketing globale (la plus possible identique dans tous les pays d'implantation) ou, au contraire, une conception multi-domestique (valorisant les différences culturelles, économiques, sociologiques…) ? L'une et l'autre ont leurs avantages respectifs : économies d'échelle d'une part, meilleure adaptation à la demande d'autre part.

Sur un plan national, les deux échelons hiérarchiques mentionnés dans la figure 6, à savoir le siège et les agences, sont souvent complétés dans les grands groupes par des échelons intermédiaires qui renforcent encore la difficulté de parvenir à une cohérence entre tous les niveaux et entre tous les acteurs concernés. Par exemple, le rôle charnière des directions régionales sera largement analysé dans le chapitre sur la stratégie.

Références bibliographiques

BRECHIGNAC-ROUBAUD B. (1998), *Le marketing des services, du projet au plan marketing,* Paris, Éditions d'Organisation.

EIGLIER P. et LANGEARD E. (1987), *Servuction : le marketing des services,* Paris, Ediscience International.

LOVELOCK C., WIRTZ J., et LAPERT D. (2004), *Marketing des services,* Paris, Pearson Education.

MARION G., AZIMONT F., MAYAUX F., MICHEL D., PORTIER P., et REVAT R., (2003), *Antimanuel de marketing,* Paris, Éditions d'Organisation.

MAYAUX F. et REVAT R. (1994), *Marketing pour Associations : l'efficacité au service de vos valeurs,* Paris, Éditions Liaisons.

TARDIEU J.-M. et al. (2004), *Marketing et gestion des services,* Paris, Chiron éditeur.

Dossier : l'Union RelaiSoleil

Illustration d'un marketing « glocal »

Cette union de tourisme social qui a fêté ses vingt ans en 2004, regroupe autour de valeurs communes 22 associations affiliées représentant 31 villages vacances et résidences ainsi que trois campings, accueillant annuellement presque 100 000 vacanciers.

La raison d'être de cette union est de promouvoir l'offre des associations locales qui, chacune, ne dispose pas des moyens financiers suffisants pour se faire connaître nationalement. En regroupant leurs efforts, celles-ci peuvent par contre déployer des actions de communication de grande envergure comme l'édition et la diffusion de 170 000 brochures été et de 80 000 brochures hiver destinées à une clientèle de familles et de seniors. Ces actions globales sont indispensables pour créer un effet réseau et asseoir la notoriété et l'image de l'Union. Elles n'empêchent pas, bien au contraire, des actions marketing de proximité conçues et mises en œuvre localement par chacun des villages ou résidences à destination de différents publics : entreprises ou associations du lieu désireuses d'organiser des séminaires ou des séjours, prescripteurs locaux (comme les offices de tourisme, les centres départementaux de tourisme – CDT –, les médias régionaux)... De plus, certaines associations affiliées à l'Union et partageant les mêmes problématiques marketing, conduisent parfois des actions communes. Par exemple, des résidences particulièrement adaptées (en termes de confort, d'équipement et de localisation) à l'accueil d'une clientèle de seniors peuvent réaliser ensemble des opérations de marketing direct sur cette cible. Enfin, les services du siège sont amenés à apporter leur expertise et leurs conseils pour aider sur un plan logistique et technique (location de fichiers, choix de prestataires en communication) les initiatives souhaitées par différents villages afin d'accroître le taux d'occupation de leurs infrastructures.

L'environnement dans lequel évoluent les associations de tourisme social est particulièrement contraignant. La concurrence se développe aussi bien en provenance d'autres associations que d'entreprises de tourisme à but lucratif. Certaines évolutions sociologiques et comportementales bouleversent le modèle traditionnel du village vacances basé sur l'accueil communautaire (le « vivre ensemble ») de familles revenant régulièrement en pensions complètes sur une durée minimale d'une semaine : montée de l'individualisme, part croissante des courts séjours et des réservations de dernière minute, moindre fidélité des consommateurs, nouvelles géométries familiales...

Dans ce contexte difficile, l'Union RelaiSoleil doit s'appuyer sur une politique marketing efficace sans renier ses fondements mais, au contraire, en valorisant les caractéristiques du projet initial du tourisme social qui converge avec des valeurs progressant aujourd'hui dans notre société : désir de lien social, recherche d'authenticité, retour au terroir, tourisme éthique, développement local, etc. Cette politique peut prendre appui sur les trois niveaux d'actions d'un marketing « glocal ».

Dossier : RécréAZEN, Groupe Elior

Les services 100 % famille ![1]

Le Groupe Elior est le leader de la restauration sous contrat en France et le numéro trois en Europe. Cette activité regroupe des contrats de restauration collective ainsi que des contrats de restauration concédée sur trois principaux marchés : les autoroutes, les aéroports et les villes (musées, gares, parcs d'exposition). En 2002, Elior a lancé une nouvelle marque, RécréAZEN, regroupant un ensemble de services à l'attention des familles en voyage. Tout d'abord développée sur le marché des autoroutes, cette offre se diversifie aujourd'hui vers les aéroports et les gares. Pour comprendre les raisons ayant abouti à cette décision, nous allons nous appuyer sur les grandes étapes de la démarche marketing appliquée au marché des autoroutes. Ce dossier permettra de souligner l'indispensable cohérence entre ces étapes et illustrera certaines des spécificités du marketing des services.

Précisons qu'Elior est leader du marché de la restauration d'autoroute avec 47 % de part de marché en nombre de repas servis. Le Groupe est implanté sur 70 des 335 aires de services du réseau autoroutier national et gère deux cents restaurants ou points de vente sous plusieurs enseignes (L'Arche Cafétéria, Le Bœuf Jardinier, Pomme de Pain, L'Arche Café) complétées par des franchise (Quick, Paul...).

© Éditions d'Organisation

---

1. Merci à Pierre Toutel, diplômé ESC Lyon, directeur Marketing Restaurants et Services au sein du Marketing Elior France, pour sa précieuse collaboration.

Le marché : restauration d'autoroute ou services sur autoroute ?

En complément de leur service de base (« circuler »), les sociétés d'autoroutes proposent à leurs clients plusieurs services périphériques : restaurants, boutiques, stations-services, sanitaires, activités sportives de détente, etc. La plupart de ces services sont sous-concédés à des sociétés privées.

Historiquement, tout contribuait à séparer clairement les services aux véhicules des services aux personnes. Les processus d'attribution des contrats étaient différents et les sous-concessionnaires étaient issus de secteurs d'activité différents : restaurateurs d'un côté (Elior, Autogrill, Mc Donald's...), pétroliers de l'autre (Total, BP, Shell...). De plus, la conception des aires de services attribuait à chaque grand métier des espaces géographiques distincts sur l'aire. Pour toutes ces raisons, et ce jusqu'au milieu des années 1990, le cadre de référence de la stratégie marketing du Groupe sur ce marché était la restauration d'autoroute.

Mais cette définition du marché est devenue progressivement trop restrictive. En effet, dans le sillage de Total, les pétroliers ont proposé une offre de services à la personne plus étoffée et qualitative. Les boutiques se sont agrandies et les rayons alimentaires se sont développés. Les halls des stations-services se sont garnis de distributeurs automatiques de boissons, voire de formules de restauration rapide. Enfin, la qualité et l'entretien des sanitaires se sont largement améliorés. Alors que le marché de la restauration d'autoroute progressait de 5 % par an de 2000 à 2003, celui des services à la personne sur autoroute (incluant la restauration et les boutiques tant des pétroliers que des restaurateurs) progressait lui de 14 % par an !

Cette évolution a reflété la tendance à la déstructuration progressive des repas et la diversification des pratiques des automobilistes ouverts désormais à de nombreuses alternatives : préparer un pique-nique avant le départ, en acheter un dans une boutique, utiliser une formule de restauration rapide, prendre un repas assis dans un restaurant libre-service ou proposant un service à table. Les rayons alimentaires des boutiques des pétroliers sont ainsi devenus la principale menace concurrentielle – sous forme d'une offre de substitution – pour les restaurateurs. Comprendre la dynamique du marché de la « restauration » – au sens de *se restaurer* – imposait de dépasser une définition étroite et technique du marché fondée sur un secteur d'activité – la restauration – pour intégrer toutes les réponses envisagées par les clients.

La redéfinition du marché a eu trois conséquences pour l'analyse marketing : le nombre, la nature et la position des concurrents ont changé, l'hétérogénéité des clients potentiels a augmenté et, surtout, la position relative d'Elior est apparue beaucoup moins forte. En 2003, la part de marché d'Elior qui était de 49,8 % (en valeur) sur le marché de la restauration d'autoroute, n'était que de 25,4 % sur le marché élargi des services à la personne, en baisse de 1 % par rapport à l'année précédente. Qualitativement, le choix des familles comme cœur de cible et le positionnement d'Elior comme leader par la qualité des services (exprimé par la signature « Compagnons de l'autoroute ») se trouvaient donc sérieusement challengés, en particulier par Total.

Segmentation du marché et choix de cible

Plusieurs critères déterminent et expliquent la variété des comportements d'achat et de consommation vis-à-vis de la restauration d'autoroute. Trois sont couramment choisis pour distinguer des segments de clients ayant une bonne homogénéité interne : le type de véhicule (voiture, camion, autocar), les circonstances du déplacement (professionnel ou loisir), et la présence d'enfants.

Le segment des familles est constitué des personnes voyageant en voiture, dans des circonstances de loisirs et accompagnées d'un ou plusieurs enfants. Ce segment présente de nombreux attraits, à commencer par sa taille : 24 % des repas servis chaque année par Elior sur autoroute le sont à des familles. Une famille regroupe en moyenne quatre personnes. Plus que tout autre segment, les familles éprouvent le besoin de rythmer leurs trajets de pauses. De fait, on constate que sur l'ensemble des familles ayant pris l'autoroute pour les vacances, 75 % se sont arrêtées pour manger pendant le trajet (la moitié d'entre elles avait préparé un pique-nique avant le départ). Enfin, les parents constituent une population très sensible lorsqu'il est question de leurs enfants : ils sont en attente de conseils, d'accompagnement et de service. Aucun autre restaurateur d'autoroute n'ayant fait de la famille sa cible prioritaire, l'intensité concurrentielle sur ce segment était initialement faible. Fort de ses atouts de départ – un réseau de restaurants à l'atmosphère plutôt familiale – les restaurants sur autoroutes du Groupe ont depuis plus de vingt ans considéré les familles comme une cible prioritaire.

Toutefois, la redéfinition du marché évoquée précédemment imposa de repenser l'analyse, en particulier pour ce qui concerne l'intensité concurrentielle. Sur le marché des services sur autoroute, les attraits présentés par les familles sont bien compris par les différentes parties prenantes : sociétés d'autoroute, pétroliers, grandes marques du monde de l'enfance. Ainsi, pour le sous-segment des familles accompagnées de bébé, et pour ne citer que les principales offres, il existe les « Relais Bébé Nestlé » où des hôtesses accueillent les parents de bébé et proposent différents services gratuits. Ces « Relais Bébé » associent les marques Nestlé, Huggies et Fisher Price sur soixante-dix aires parmi les principales du réseau autoroutier français et sont ouverts tous les jours de juillet et août. Cette initiative déjà ancienne (1988) se prolonge à travers un partenariat avec Total se traduisant concrètement par la distribution pendant la même période de « Kits bébé » gratuits (repas, boisson, couches et cadeau) dans toutes les stations à l'enseigne Total. De plus, dans huit d'entre elles, des « Espaces Relais Nestlé » ont été installés, mettant à la disposition des familles des fours à micro-ondes, ainsi que des chaises bébé.

Si le passage du marché de la restauration au marché des services ne remet pas en cause la pertinence du choix des familles comme segment prioritaire, il souligne en revanche le caractère ambitieux de ce choix et l'obligation de définir un positionnement fort et distinctif.

Le marketing mix initial

La principale force d'Elior sur ce marché résidait dans la gamme de services proposés : menus juniors, aires de jeux intérieures et extérieures, mise à disposition de bandes dessinées, nursery (table à langer, sanitaires adaptés), accueil prioritaire à l'attention des personnes accompagnées de bébé. Seule ombre à ce premier élément du marketing mix : l'hétérogénéité. En effet, d'un site à l'autre, l'offre proposée n'était pas aussi complète, et sa mise en œuvre inégalement maîtrisée. Deuxième élément du marketing mix et deuxième atout : la distribution de l'offre. En étant présente 365 jours par an sur soixante-dix aires de services, l'offre familles des restaurants Elior était en effet la plus accessible de son marché.

La principale faiblesse tenait à la communication comme l'a montré une enquête réalisée en 2001 : 60 % des familles n'avaient pas vu la bibliothèque ou l'accueil prioritaire pour les personnes accompagnées de bébé, et seulement 20 % des parents avaient remarqué que l'aire de jeux intérieure était équipée de jouets Berchet.

La nouvelle approche marketing : RécréAZEN

Se fondant sur l'analyse qui précède, Elior a choisi de conserver les familles comme cible prioritaire. En revanche, les nouvelles frontières du marché ont conduit à revoir la formulation du positionnement, ainsi que sa mise en œuvre concrète à travers le marketing mix.

Positionnement

Difficile de devenir « la halte préférée des familles sur l'autoroute » quand 33 % des familles en voyage sur l'autoroute s'arrêtent encore au hasard ! Elior ne pouvait donc se contenter de son offre existante. Il lui fallait formuler un véritable positionnement vis-à-vis de cette cible précisant les bénéfices spécifiques procurés. Cette décision en appelait une autre : qui endosserait ce positionnement ? Le Groupe Elior ou une enseigne de restauration particulière ? Aucune de ses marques n'ayant vocation à être positionnée exclusivement vis-à-vis de la cible familles, l'entreprise a alors choisi de créer une nouvelle marque.

La formulation du positionnement devait refléter la dualité de la cible familles, composée d'enfants et d'adultes. Pour les premiers, une pause dans un trajet doit permettre de jouer, de se dégourdir et de s'amuser : c'est la promesse de récréation. Pour les seconds, cette pause doit permettre de se détendre, d'évacuer le stress lié au trajet, de se relaxer. Les parents ont besoin de sécurité et de réassurance pour ce qui concerne leurs enfants : c'est la promesse de repartir « zen ». RécréAZEN fut la marque créée par Elior pour exprimer ce positionnement original visant tout à la fois à séduire les enfants et à rassurer les parents.

La création d'une marque présentait plusieurs avantages. Le premier était de fédérer l'ensemble des initiatives prises vis-à-vis des familles et de les valoriser : RécréAZEN, seule marque de services à cibler la famille dans son ensemble. Le second était de pouvoir accueillir les différentes marques partenaires (Blédina, Pampers, Evian, Smoby, Dargaud) sans qu'aucune ne puisse préempter l'offre enfant d'Elior. Le troisième était de pouvoir communiquer cette offre, d'en augmenter la notoriété et ainsi d'accroître la part de marché d'Elior sur la cible des familles. Enfin, un dernier avantage fut de pouvoir développer cette offre sur d'autres marchés. Ainsi le positionnement de RécréAZEN est formulé de la manière suivante sur son site internet : « *Le spécialiste de l'accueil, de la détente et du repas des familles voyageant avec enfants sur autoroutes, gares ou aéroports.* »

Marketing mix

Cette partie ne présente que les principaux changements ayant été apportés au marketing mix précédent.

L'offre de services

Elle est segmentée par tranche d'âge des enfants : bébés (0 à 3 ans), enfants (3 à 6 ans), juniors (6 à 12 ans). Elle s'articule autour de trois types de services : la restauration, les loisirs et les jeux, l'hygiène et les sanitaires. Huit services en tout composent l'offre dont trois sont destinés aux familles avec des bébés : la table bébé (accueil privilégié pour ces familles), le menu bébé et la nursery. Les cinq autres s'adressent aux familles avec enfants ou juniors : le menu junior (3 à 12 ans), l'espace TV (3 à 12 ans), l'aire de jeux intérieure (2 à 6 ans), la bibliothèque (6 à 12 ans), les jeux de plein air.

Le processus – ou la servuction – de chacun des services élémentaires composant cette offre globale a été redéfini. Certains services (aire de jeux, bibliothèque) reposent quasi exclusivement sur le support physique. Le choix du mobilier et du matériel, de l'agencement et des couleurs, s'effectue alors dans une double perspective : concevoir un support de production du service efficace, confortable, attrayant et sécurisant pour les enfants et leurs parents, tout en soignant sa capacité à communiquer et à valoriser l'offre.

D'autres services nécessitent la présence de personnel pour coproduire la prestation de service. C'est en particulier le cas de la table bébé. Ici, la définition du service ne se limite pas au support physique, mais inclut également la définition des missions du personnel ainsi que ses différents rôles et compétences : où et comment l'accueil des familles avec bébé doit-il être réalisé ? Quel est le rôle des clients ? Quelle liberté leur est laissée pour adapter la servuction à leur besoin particulier ? Comment faire patienter les parents et leurs bébés lorsqu'il n'y a plus de place ? Comment s'adresser aux bébés ? à leurs parents ?... On comprend que ce service exige des compétences relationnelles particulières.

En complément, l'implantation de l'offre dans chaque site est désormais soumise à des règles précises. Les services qui reposent sur un support physique prégnant – aire de jeux intérieure, bibliothèque, table bébé – sont regroupés et implantés de manière très visible et accessible dès l'entrée dans le site.

La redéfinition de l'offre vise un double objectif : concevoir un marketing mix cohérent par rapport au positionnement de RécréAZEN, mais aussi améliorer l'homogénéité de la mise en œuvre sur l'ensemble du réseau. En définissant le *service voulu* de RécréAZEN, Elior souhaite mieux maîtriser le *service délivré*.

C'est dans cet objectif que des postes de « Relais Familles » ont été créés dans chaque site. Ceux-ci bénéficient d'une formation approfondie et sont eux-mêmes relais de cette formation auprès des équipes du site. Ils contribuent à la bonne articulation entre le marketing global de RécréAZEN et le marketing local de chaque site.

La distribution

La permanence de l'offre (365 jours par an) ainsi que l'étendue géographique (70 aires Elior équipées) étaient déjà des forces de l'offre enfants Elior. L'offre RécréAZEN est la seule offre aussi complète et proposée toute l'année ; les offres concurrentes attractives (Relais bébé Nestlé, Total) étant limitées aux seuls mois d'été.

Par ailleurs, en 2005 la marque RécréAZEN s'est affranchie de son marché d'origine, l'autoroute, pour pénétrer d'autres marchés du déplacement des familles : les gares et les aéroports.

La communication

Avec l'offre de services elle-même, il s'agit là de l'élément du marketing mix ayant le plus évolué. L'identité graphique de la marque RécréAZEN est déclinée sur toute la signalétique de l'offre. En particulier, la gamme de services est présentée dès l'entrée du site. De plus, la nouvelle charte graphique permet d'intégrer la marque partenaire tout en préservant la cohérence d'ensemble de RécréAZEN. Enfin, l'identité est également déclinée sur chaque élément de mobilier ou de décoration de la gamme de services.

2 La qualité du service et la relation client

La question spécifique de la qualité de service – par opposition à la qualité d'un produit – a contribué à fonder le champ du management et du marketing des services, dès le début des années 1980. En effet, la nature même des services pose d'emblée deux questions : comment définir la qualité d'un service ? Comment évaluer objectivement cette qualité ?

La difficulté d'évaluer objectivement la qualité d'un service perturbe aussi bien le prestataire de service que le client. En effet, cette difficulté est pour partie à l'origine du comportement d'achat des clients face aux services : le niveau de risque perçu est élevé, les services apparaissent indifférenciés, et les négociations – en particulier pour les services aux entreprises – se concentrent souvent sur le prix, variable objective et évaluable de l'offre. Par conséquent, ne pas laisser le client tâtonner tout seul dans le brouillard à la recherche de quelques indices de la qualité de service mais plutôt lui fournir des preuves concrètes de cette qualité, constitue un des enjeux du management de la qualité. L'adage traditionnel en matière de qualité « faire ce que l'on dit » ne suffit pas pour les services. Son complément « dire ce que l'on fait » est tout aussi essentiel. Qualité et communication sont intimement imbriquées dans les services.

Par ailleurs, qu'est-ce que la qualité d'un service ? S'agit-il de la conformité d'une prestation à une série de standards établis, ou au contraire, de la capacité d'une offre à répondre aux attentes spécifiques d'un client ? Ces deux visions de la qualité se traduisent par des pratiques différentes qui débordent du simple cadre de la qualité pour orienter globalement les pratiques managériales de l'entreprise de service. En s'inscrivant dans la logique de la standardisation des prestations, la première approche repose sur une culture de « respect des normes ». La voie de la personnalisation qui guide la deuxième vision, impose de déléguer la décision au plus près du client, et s'appuie donc essentiellement sur l'initiative opérationnelle. Dans la pratique, ces deux visions ne s'excluent pas mutuellement, et le défi auquel toute entreprise de service se trouve confrontée est de piloter l'équilibre entre ces deux logiques de la qualité et du management.

Aujourd'hui encore, à l'heure du marketing relationnel, de la gestion de la relation client (*Customer Relationship Marketing*, CRM) et du développement des stratégies de fidélisation, la problématique de la qualité de service reste une préoccupation centrale de nombreuses entreprises de services. En effet, toutes ces approches font implicitement l'hypothèse du « cercle vertueux de la qualité » : les améliorations de la qualité de service augmentent la satisfaction des clients ce qui se traduit par une plus grande fidélité de ces derniers. Cette fidélité impacte positivement la rentabilité, procurant ainsi à l'entreprise les ressources indispensables à sa stratégie qualité. Ainsi, la maîtrise de la qualité de service constitue la première étape de la mise en œuvre d'une stratégie de marketing relationnel.

Si cette série de causes et de conséquences apparaît logiquement fondée, dans la pratique, aucun de ces liens ne va de soi et trois questions deviennent alors cruciales. Les deux premières portent sur les prestations elles-mêmes :

– les améliorations de la qualité sont-elles perçues par les clients ?

— comment ces améliorations contribuent-elles à renforcer la satisfaction des clients ?

La troisième porte sur la relation entre le client et le prestataire :

— si la satisfaction influence la fidélité, qu'advient-il lorsque survient une défaillance du service ?

Afin d'instruire ces différentes questions, nous allons tout d'abord revenir sur la première difficulté évoquée – comment évaluer la qualité d'un service – et présenterons une version simplifiée du « modèle d'analyse des écarts » (Parasuraman et al., 1985). Ce modèle permet de comprendre comment un client forme son jugement sur la qualité – le concept de qualité perçue – et d'identifier les différents leviers d'action à la disposition du prestataire de service pour améliorer cette qualité perçue de son service.

Nous explorerons ensuite les deux visions de la qualité de service – standardisation et personnalisation – et proposerons un autre modèle : le modèle « tétraclasse » (Llosa, 1997). En soulignant que toutes les composantes d'une offre de services ne contribuent pas de la même manière à la satisfaction des clients, ce modèle offre un cadre pour instruire la question de l'équilibre entre standardisation et personnalisation de l'offre.

Dans une troisième partie, nous traiterons de la relation entre le client et le prestataire et insisterons sur un « moment de vérité » crucial de cette relation : la gestion des défaillances de service.

En guise de synthèse des différents enjeux du management de la qualité, nous présenterons alors une pratique qui connaît un développement important : les garanties de services. En conclusion nous reviendrons sur le rôle central du personnel en contact.

■ Évaluer la qualité de service : une question de point de vue

Parce que le service est une action, l'évaluation de la qualité peut être fondée sur deux approches différentes. La première consiste à se focaliser sur le résultat de l'action, la deuxième à se préoccuper de la manière de réaliser l'action (le processus de service ou la servuction). L'existence de ces deux dimensions – résultat et processus – est fréquemment une source de quiproquo entre prestataires et clients à propos de la qualité du service.

Prenons l'exemple d'un garage automobile qui assure l'entretien de véhicules pour des particuliers. S'appuyant sur la compétence technique de ses mécaniciens, la modernité de son équipement et l'efficacité de son organisation, le responsable du garage pourra légitimement considérer qu'il produit un service de qualité pour ses clients : les révisions et entretiens des véhicules qui lui sont confiés sont réalisés avec professionnalisme. Malheureusement, les clients sont en général dans l'impossibilité d'évaluer la qualité du résultat de la prestation rendue. Naturellement, ils ne peuvent l'évaluer *a priori*, au moment où ils achètent le service puisque ce résultat ne préexiste pas. Toutefois, même *a posteriori* l'évaluation s'avère difficile. En effet, l'absence de compétence technique de la grande majorité des clients les empêche d'évaluer la qualité de la prestation en terme de résultat objectif. Face à cette difficulté, les clients se fondent sur ce qui leur est donné à voir, c'est-à-dire la manière dont le service est rendu. C'est en effet le privilège de tout client de service de participer à la production du service et par là de pénétrer les installations du prestataire, de rencontrer le personnel en contact, d'utiliser les supports physiques et d'interagir avec ces différents éléments. La qualité du processus de service auquel participe le client est en conséquence particulièrement déterminante : à la fois parce qu'elle fait partie de la prestation, à la fois parce qu'elle sert d'indice au client pour évaluer le service dans son ensemble. C'est alors qu'un deuxième biais de jugement apparaît : dans de nombreux services, à l'instar de notre exemple de garage automobile, le client ne participe qu'à une toute petite partie de la prestation : il dépose sa voiture et précise éventuellement ce qui doit être fait au début du processus, il récupère sa voiture et paie à la fin. Il est en revanche complètement absent pendant les autres étapes de la prestation, étapes considérées à juste titre par le garagiste comme essentielles.

En résumé, l'évaluation de la qualité de service est très différente selon le point de vue que l'on adopte. En particulier, le client apparaît relativement démuni pour évaluer objectivement la qualité du service et ne peut se fonder que sur les éléments qu'il est capable évaluer : les étapes du service auxquelles il participe. Dans de nombreux cas, ces éléments sont pourtant considérés comme secondaires par le prestataire, car ils ne concernent pas le cœur du service et ne mobilisent pas ses principales compétences. Prendre conscience de l'existence de différents points de vue sur la qualité du service et admettre la légitimité de celui du client est une première étape qui ne va pas de soi mais qui est pourtant indispensable à toute tentative de management de la qualité de service.

Le modèle d'analyse des écarts présenté dans la figure 1 consiste précisément à reconnaître et distinguer quatre perspectives sur le service. Deux d'entre elles adoptent le point de vue du client : il s'agit du *service attendu* et du *service perçu*. Les deux autres se situent du point de vue du prestataire : le *service voulu* par l'entreprise et le *service délivré* par le réseau.

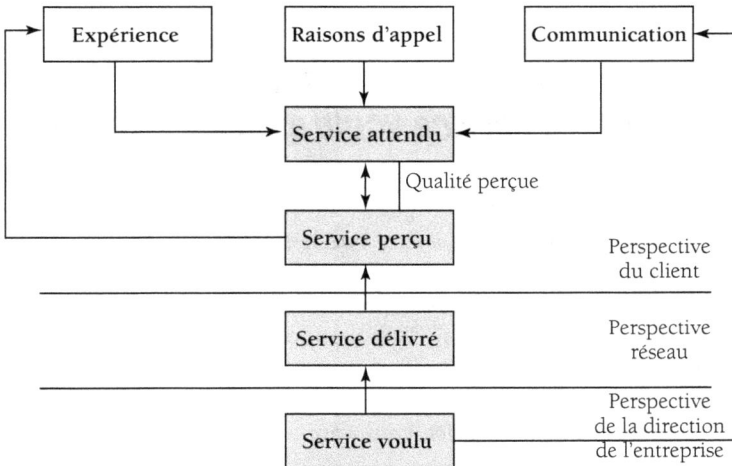

Figure 1 – Modèle d'analyse des écarts (adapté de Parasaruman et al.,1985)

La qualité de service dépend de l'écart entre le *service attendu* et le *service perçu* par le client. L'intérêt de ce modèle est de souligner que cet écart peut avoir différentes origines et, par conséquent, nécessiter différents remèdes.

Première cause possible :
écart entre le *service attendu* et le *service voulu*

La toute première question qui se pose lorsque la qualité perçue est insuffisante ou qu'elle se dégrade est : le *service voulu* par le prestataire traduit-il bien le *service attendu* par le segment de clients visés ? Le prestataire dispose-t-il d'études suffisamment riches et récentes pour lui permettre une bonne compréhension des attentes de ses clients ? Les normes et standards de la qualité voulue traduisent-ils ces attentes avec justesse ? Si la faiblesse de la qualité perçue a son origine dans le *service voulu*, la première action à engager par le prestataire sera d'améliorer sa compréhension des attentes clients à travers une étude qualitative réalisée auprès de clients typiques de la variété du ou des segments visés.

Deuxième cause possible :
écart entre le *service voulu* et le *service délivré*

Le *service délivré* par le réseau peut être différent du *service voulu* par l'entreprise de services, c'est-à-dire que le service mis en œuvre par le réseau n'est pas conforme à ce que le prestataire a conçu. Dans ce cas, la recherche de solution passe par l'identification des origines du phénomène observé : s'agit-il d'un manque d'information du réseau, d'un manque de formation, d'un manque de ressources ou d'un manque d'adhésion ? Faut-il revoir les pratiques opérationnelles ou bien est-ce la norme du service voulu qui ne convient pas ?

© Éditions d'Organisation

Troisième cause possible :
écart entre le *service délivré* et le *service perçu*

Le *service perçu* par le client peut être différent du service réellement *délivré* par le prestataire. C'était le cas dans notre exemple précédent du garage automobile. L'amélioration de la qualité de service perçue exige alors, et avant tout, des efforts de communication : il s'agit de mieux faire comprendre au client le service réellement délivré. Toutefois, ces efforts ne passent pas nécessairement par des moyens de communication traditionnels. Au contraire, il peut être parfois préférable de revoir la servuction afin de rendre visibles des étapes du service qui ne le sont pas *a priori* parce que le client n'y participe pas. C'est ce que fait DHL lorsqu'il permet à ses clients de suivre en temps réel le parcours de leur colis en cours d'expédition. C'est également ce que fait Voyageurs du Monde sur son site internet en présentant de façon très personnalisée chacun des conseillers voyageurs susceptibles d'élaborer une proposition sur mesure pour un client.

Quatrième cause possible : écart
entre le *service délivré* et la *communication*

Ce modèle met également en lumière les éléments qui influencent le *service attendu*, notamment la communication de l'entreprise de service. En particulier, une promesse trop ambitieuse peut suffire à dégrader la qualité perçue. En influençant les attentes des clients au-delà de ce que l'entreprise est capable de mettre en œuvre, cette promesse crée un écart entre le *service attendu* par les clients et le *service délivré* par le réseau.

■ Standardiser ou personnaliser ?

Intangibilité, inséparabilité et participation du client sont les trois caractéristiques les plus couramment citées pour distinguer les services. Ces trois critères sont parfois complétés par un quatrième – l'hétérogénéité – qui a engendré une controverse déjà ancienne qui oppose standardisation à personnalisation.

Hétérogénéité des services : talon d'Achille ou avantage concurrentiel ?

Pour certains chercheurs et praticiens, l'hétérogénéité est un défaut des services, une faiblesse par comparaison à la fiabilité et à la régularité des produits industriels. Cette hétérogénéité étant source de déception pour les clients, la finalité du management de la qualité doit être d'homogénéiser l'offre afin que celle-ci soit conforme à ce qui est attendu. Cette perspective se focalise avant tout sur le repérage rigoureux et exhaustif des différentes défaillances de services possibles : l'objectif poursuivi est celui du « zéro défaut ». Le modèle d'analyse des écarts présenté plus haut constitue un outil efficace pour mettre en œuvre ce type de stratégie. C'est cette perspective qui a dominé dans les années 1980, au démarrage des recherches sur la qualité de service. Ainsi, le Groupe Accor, créé en 1983 mais dont les origines remontent aux années 1960, a construit une partie de son succès sur la fiabilité de chacune de ses enseignes hôtelières. Les termes employés par ces différentes enseignes pour nommer leur standards de qualité dans les années 1980 ou 1990 sont éloquents : « boulons » pour Novotel, « balises » pour Ibis, « repères » pour Sofitel…

Pour d'autres, au contraire, l'hétérogénéité est la force des services. En effet, cette hétérogénéité est la conséquence naturelle de la participation des clients, et ne peut ni ne doit être réduite. L'hétérogénéité est ce qui permet d'adapter le service à la demande particulière et originale de chaque client. La finalité du management de la qualité consiste donc à favoriser la personnalisation de l'offre afin que celle-ci dépasse les attentes du client. Dans cette perspective, une offre conforme ou sans défaut est une offre simplement normale donc insuffisante pour être remarquée du client et pour modifier son comportement d'achat dans le sens, par exemple, d'une plus grande fidélité. Là encore le Groupe Accor nous fournit un exemple révélateur de cette deuxième approche de la qualité de service. Si la fiabilité de ses enseignes a longtemps constitué un des principaux atouts du Groupe, l'impact de cet atout s'est réduit dans le courant des années 1990, consécutivement aux progrès réalisés par la concurrence : la seule régularité de l'offre ne suffisait plus à faire la différence. C'est l'un des constats qui a poussé l'enseigne d'hôtellerie économique Ibis à vouloir améliorer la personnalisation de son offre. En lançant le « Contrat Satisfaction 15 minutes » à travers lequel l'enseigne promet de résoudre tout problème rencontré par un client en moins de 15 minutes et ce 24 h sur 24, Ibis souhaite valoriser auprès de ses clients sa capacité de réaction et de personnalisation de son offre vis-à-vis de chacun.

L'opposition entre standardisation et personnalisation peut constituer un critère pour distinguer deux grandes catégories de services : la nature même d'une activité peut imposer en effet de privilégier une approche ou l'autre. Ainsi, dans le cas des services de masse comme le transport, le nettoyage, la sécurité, voire la banque ou la restauration, où il s'agit de produire ou plutôt de reproduire le service à grande échelle, la logique de la standardisation est *a priori* dominante, tant pour permettre au prestataire de maîtriser ses coûts que pour répondre aux attentes des clients pour qui la conformité du service à un standard établi est essentielle : si tout colis expédié par DHL pour le compte d'un client est scanné onze fois pendant le trajet, c'est précisément pour démontrer à ce client la fiabilité absolue de son service. À l'inverse, pour un service professionnel comme celui rendu par un architecte, un juriste ou un consultant, la qualité ne peut se résumer à la conformité du service aux attentes des clients, précisément parce que ces attentes sont souvent peu claires au départ ! Cette deuxième catégorie de services se caractérise par la coproduction avec le client de prestations complexes, chacune adaptée à un problème particulier pour un client particulier. À quel standard établi faudrait-il que se conforme un conseil de juriste ou une recommandation d'un consultant ? Pour ce type de service, la personnalisation de l'offre s'impose comme la logique dominante de la qualité.

Dans la pratique, ces deux logiques ne doivent pas être opposées, mais plutôt articulées. En effet, dans le cas des services professionnels, la nécessaire personnalisation de la prestation n'interdit pas pour autant d'introduire quelques éléments allant dans le sens d'une homogénéisation de l'offre. Quels que soient le client et le projet, il existe des étapes récurrentes, par exemple : la re-formulation et la formalisation des attentes du client. Dans tous les cas, cette étape existe et contribue à la réussite ultérieure du projet. Rien n'interdit à un prestataire de services professionnels de cadrer la manière d'organiser cette étape. Inversement, pour un service de masse comme la restauration, la nécessaire standardisation d'une partie de la prestation n'interdit pas non plus de laisser une place à la personnalisation de l'offre qui sera légitimement attendue par certains clients. Mais alors, comment articuler ces deux logiques ? Cette question est d'autant plus épineuse que qualité et management sont fortement interdépendants. Savoir passer d'une logique à l'autre au quotidien, savoir arbitrer – selon les cas – entre la référence à une norme ou au contraire, s'affranchir des normes pour élaborer une réponse sur mesure pour un client particulier n'est pas chose aisée pour le personnel en contact et les managers opérationnels.

Le modèle « tétraclasse » de Llosa (1997) peut constituer, à ce niveau, une aide pertinente à la réflexion. Ce modèle organise les différentes composantes d'un service en quatre catégories – *clé, plus, basique et secondaire* – selon la perception que les clients ont de ces composantes. Le point de vue adopté est donc celui des clients dans toute leur subjectivité et non celui du prestataire qui a souvent sa propre vision, fondée sur des critères plus professionnels. Ces catégories d'éléments contribuant à la satisfaction client d'une manière différente ne doivent pas être managées de façon identique. Comme nous allons le voir, la standardisation semble préférable pour certains éléments, alors que, pour d'autres, la personnalisation devrait être privilégiée.

Éléments clés

Un élément clé obéit aux critères suivants : il est attendu par les clients et ceux-ci perçoivent un risque de défaillance de la part des prestataires le concernant. Pour ces deux raisons, ces éléments sont à la fois importants et discriminants : ils permettent de différencier deux prestations en concurrence. Par exemple, pour une entreprise qui délivre des cours de langue à l'attention d'une cible de managers qui en ont un usage professionnel, un élément clé de la prestation est la capacité du formateur à adapter les séances au contexte professionnel du client : un ingénieur en bâtiment et un publicitaire souhaiteront chacun approfondir le vocabulaire et la syntaxe propres à leurs univers professionnels respectifs. Cet élément est attendu par chacun d'eux avant de choisir un prestataire et ils pourront sur ce critère retenir le partenaire qui leur semble le plus adapté à leur attente. Ces éléments sont donc véritablement ceux sur lesquels se livre le combat concurrentiel.

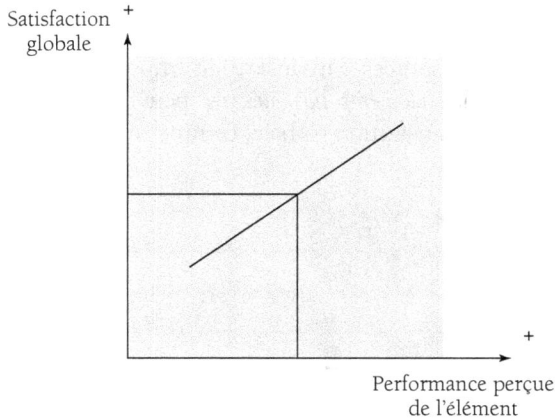

Figure 2 – Contribution des *éléments clés* à la satisfaction des clients

Parce qu'ils sont à la fois importants et discriminants, ces éléments auront un impact toujours élevé sur la satisfaction globale des clients. Lorsqu'ils seront jugés favorablement ils entraîneront à la hausse la satisfaction globale du client. Inversement, lorsqu'ils seront évalués négativement, la satisfaction globale en pâtira. Cet impact sur la satisfaction globale (décrit dans la figure 2) doit inciter l'entreprise de service à faire preuve d'une grande fiabilité sur ces éléments. Un niveau de performance supérieur aux concurrents constitue un avantage concurrentiel réel. Par conséquent, le prestataire aura intérêt à s'assurer que le *service délivré* est conforme au *service voulu* sur ces éléments, ce qui impose l'existence d'un minimum de normes ou de standards internes. Toutefois, ce type d'éléments n'est pas figé et l'entreprise devra régulièrement améliorer son niveau de performance : l'innovation est donc nécessaire, ce qui peut inciter à préserver une certaine marge de manœuvre pour le réseau.

Éléments basiques

Du point de vue des clients, ces éléments « vont de soi » : ils sont implicitement attendus mais, contrairement aux précédents, ils ne sont pas discriminants lorsqu'ils sont performants. Tous les prestataires doivent être capables de les fournir, c'est en tout cas ce que pensent les clients. Par conséquent, ceux-ci ne font guère attention à ce type d'éléments lorsqu'ils sont maîtrisés. Ils ne les remarquent que lorsqu'ils sont défaillants et deviennent alors des sources d'insatisfaction importante. Contrairement aux *éléments clés*, les *éléments basiques* ne peuvent donc avoir qu'un impact négatif sur la satisfaction globale, comme l'exprime la figure 3.

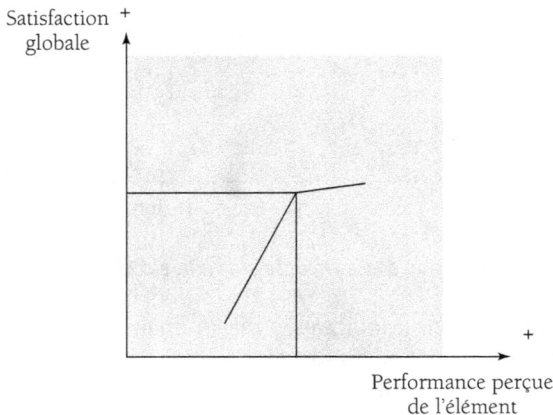

Figure 3 – Contribution des *éléments basiques* à la satisfaction des clients

Un *élément basique* de l'entreprise de formation en langue, est l'exactitude de la facturation : une facturation conforme à la prestation délivrée va de soi alors qu'une erreur à ce niveau serait source d'insatisfaction. Sur ce type d'éléments, le prestataire doit viser la conformité au standard de référence, ni plus, ni moins. Faire plus que ce qui est attendu est inutile, faire moins est dangereux. Pour les *éléments basiques*, c'est donc bien la logique de la standardisation qui s'impose.

Éléments plus

Il s'agit cette fois d'éléments qui ne sont pas attendus par les clients. Par conséquent, s'ils sont absents ou défaillants, les clients ne les remarquent pas. En revanche, lorsque les clients en font l'expérience, ils vivent une bonne surprise. Ces éléments sont essentiels pour augmenter la satisfaction des clients vis-à-vis d'une prestation de service : alors que les *éléments clés* et *basiques* assurent simplement la conformité de l'offre aux attentes, ce troisième type permet de dépasser les attentes, de marquer l'esprit du client et de différencier fortement l'offre de service. C'est ce qu'exprime la figure 4.

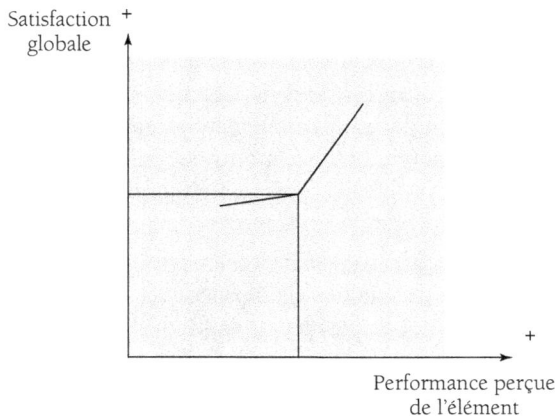

Figure 4 – Contribution des *éléments plus* à la satisfaction des clients

Ces éléments *plus* sont souvent le fruit de l'initiative du personnel en contact qui, grâce à sa connaissance des clients, est susceptible d'imaginer ces nouvelles idées. Il est par conséquent indispensable de laisser une marge de manœuvre importante pour permettre la personnalisation de l'offre et favoriser l'émergence de ce type d'initiatives. Naturellement, certaines aboutiront à des éléments secondaires mais d'autres, au contraire, permettront de construire les *éléments clés* du futur. C'est ce qui s'est passé pour l'accueil des familles accompagnées de bébé chez L'Arche, filiale du Groupe Elior (dossier présenté à la fin du chapitre précédent sur le marketing).

Les restaurants L'Arche sont des restaurants en libre-service implantés sur les aires d'autoroute françaises. Leur activité connaît une pointe à chaque période de vacances scolaires qui engendre une augmentation de l'attente inacceptable pour les familles accompagnées d'un enfant en bas âge : bébé ne peut attendre ! Observant ce phénomène, plusieurs directeurs de restaurants ont pris l'initiative, dès le début des années 1990, de concevoir une servuction adaptée à cette cible. Les parents accompagnés d'un bébé étaient accueillis dès leur arrivée. Un parent était alors installé à une table accueillant parents et bébés et se voyait gracieusement proposé petits pots, eau minérale, et aide par une personne dédiée pendant que l'autre parent empruntait la file d'attente pour choisir les repas de la famille. Ainsi, le temps d'attente initial devenait le temps du repas de bébé. Cette servuction adaptée à un segment particulier a connu un tel succès auprès de la cible que d'un *élément plus*, elle est progressivement devenue un *élément clé*. D'une bonne surprise, elle est devenue un élément attendu par les clients qui, lorsqu'ils ne la trouvaient pas, se montraient déçus. C'est pourquoi cette servuction s'est progressivement généralisée et professionnalisée pour devenir une promesse de l'enseigne.

La coexistence des quatre types d'éléments incite à développer une approche hybride de la qualité de service. La standardisation et le « respect des normes » doit permettre de sécuriser les éléments considérés comme *basiques* par les clients. Au contraire, l'initiative au plus près du client et la recherche de la personnalisation doivent favoriser l'émergence de nouveaux éléments considérés comme *plus* par les clients. Enfin, pour les *éléments clés*, la situation est moins tranchée. Un habile dosage entre standardisation et personnalisation devrait permettre d'assurer la conformité de l'offre sans interdire l'innovation indispensable sur ce type d'éléments.

Les différentes composantes d'une offre de services peuvent être placées dans le schéma suivant.

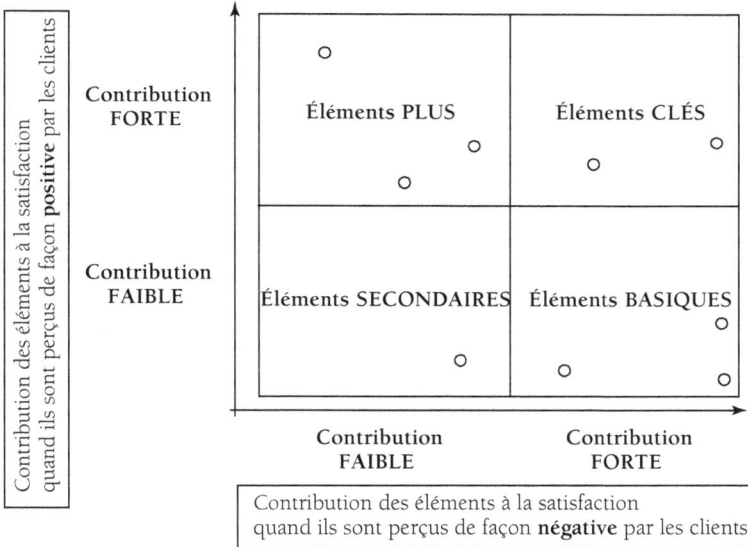

Figure 5 – Schéma de synthèse

■ La gestion des défaillances : un « moment de vérité »

Le « cercle vertueux » de la qualité établit un lien positif entre la satisfaction des clients et leur fidélité. Autrement dit, il suppose un lien entre la satisfaction et la relation qui se développe entre le client et le prestataire.

Parce que dans les services le client est non seulement acheteur mais aussi coproducteur, la fidélité est une source de valeur considérable pour l'entreprise de service. En effet, l'expérience accumulée par le client fidèle en fait un partenaire plus compétent, ce qui améliore sa capacité à coproduire. De plus, lorsque la fidélité du client est véritablement choisie et décidée par lui, elle se manifeste également par une attitude plus coopérative et loyale envers le prestataire. La valeur de ces clients fidèles se révèle en particulier lors des défaillances du service, c'est pourquoi celles-ci sont appelées « moments de vérité » dans la relation client/prestataire. Toutefois, si le comportement du client dans ce contexte est révélateur de sa fidélité envers le prestataire, le comportement du prestataire est également un indice de la valeur qu'il accorde au client. C'est pourquoi, la manière de traiter des réclamations sera pour le client déterminante de l'image qu'il se fait du prestataire ainsi que de l'avenir de la relation. Un traitement équitable des réclamations client est un préalable indispensable à toute ambition de gestion des relations clients.

Tout d'abord, soyons clairs : les défaillances de service ne peuvent être totalement supprimées. Parce que le service est une action de très nombreuses fois recommencée, il ne peut être infaillible. Sa faillibilité augmente en proportion de la participation humaine à la production du service, qu'il s'agisse du personnel en contact chez le prestataire ou du client.

Face à une défaillance de service, les deux réactions les plus courantes du client consistent à se plaindre auprès du prestataire ou à ne rien dire. Des études quantitatives réalisées par l'institut américain TARP dans les années 1980 et 1990 montrent que pour les services aux particuliers, 50 % des clients ne disent rien en cas de défaillance (25 % dans les services aux entreprises) alors que 45 % se plaignent auprès du prestataire (75 % dans les services aux entreprises), plus précisément auprès du personnel en contact. 5 % seulement adressent leur plainte au « service clients ». L'enjeu est de taille puisque ces mêmes études montrent que, parmi les clients qui n'expriment pas leur plainte, seuls 9 % restent fidèles au prestataire en cas de défaillance majeure et 37 % si la défaillance est mineure. Inversement, 95 % des clients ayant bénéficié d'un traitement rapide et efficace de leur problème restent fidèles à leur prestataire en cas de problème mineur, ce chiffre étant de 82 % en cas de problème majeur.

Une première priorité s'impose donc à toute entreprise qui souhaite favoriser la fidélité de ses clients : encourager l'expression des réclamations par les clients. Parmi les différents facteurs expliquant la faible propension des clients à se plaindre, nous en soulignerons trois. Le premier est la question de la légitimité de la plainte : les défaillances subjectives comme l'amabilité ou la compétence du personnel, génèrent beaucoup moins de plaintes que celles plus objectivables comme, par exemple, le retard d'un envoi. De ce fait, plus le prestataire aura clarifié son service, plus le client se sentira légitime à exprimer sa plainte. Un deuxième facteur limitant l'expression des réclamations est la question de l'effort à engager pour le client : plus il est difficile de réclamer, moins le client sera incité à le faire. On peut à ce titre s'étonner de constater que les services réclamations de certains grands opérateurs de téléphonie mobile ne sont accessibles que par courrier et non par téléphone ! Enfin, le dernier frein à lever pour favoriser l'expression des clients est d'assurer que le « jeu en vaut la chandelle », c'est-à-dire que le prestataire aura véritablement à cœur de résoudre le problème rencontré. Les démarches de garanties de services qui consistent à annoncer un engagement accompagné d'un dédommagement en cas de défaillance sont des démarches efficaces pour inciter les clients à prendre la parole : l'engagement clarifie le service (le client peut ainsi se sentir plus légitime à se plaindre) et le dédommagement annoncé signifie pour le client l'assurance d'obtenir réparation. Nous reviendrons largement sur ces démarches de garanties.

La deuxième priorité qui s'impose est la nécessité de préparer le personnel en contact à gérer ces situations difficiles puisque c'est à lui que les plaintes sont majoritairement adressées. Le traitement des réclamations doit ainsi privilégier une démarche décentralisée, le client ne s'adressant généralement à un service clients centralisé que si sa plainte n'a pas été traitée de manière satisfaisante sur le terrain. L'utilité des services clients centralisés consiste donc simplement à offrir une deuxième chance au prestataire de rétablir la situation vis-à-vis d'un client mécontent. Cette nécessité relève de l'obligation tant la qualité du traitement des réclamations détermine la suite de la relation clientèle. En effet, si le traitement est jugé inéquitable par le client, celui-ci engagera des actions plus dommageables pour un prestataire, comme adresser sa plainte à une association de consommateurs, un avocat ou déployer un bouche à oreille négatif. Ces comportements ne sont pour ainsi dire jamais initiés suite à la défaillance originelle mais sont consécutifs à la défaillance du traitement des réclamations.

La meilleure réponse à une défaillance de service est avant tout de réagir vite et, si possible, de corriger le problème rencontré. C'est ce que promet Ibis à travers son « contrat satisfaction 15 minutes ». En annonçant avant tout sa volonté de résoudre les incidents rencontrés par les clients, Ibis répond à la première préoccupation de ces derniers : bénéficier d'un service satisfaisant et non d'une gratuité. Fort de ce succès – évalué par la fréquence de déclenchement du « contrat satisfaction 15 minutes » – la direction de l'hôtellerie économique du Groupe Accor a voulu étendre cette démarche à une autre de ses enseignes : Etap Hôtel. L'absence de personnel pendant une partie de la nuit dans ces hôtels une étoile interdit de promettre la résolution des défaillances, la gratuité de la nuit devenant par conséquent le seul dédommagement possible en cas de problème. De fait, les clients sollicitant la garantie Etap Hôtel sont beaucoup moins nombreux que chez Ibis, et cela pour deux raisons. À la première déjà évoquée s'en ajoute une deuxième : dans la grande majorité des cas, le dédommagement est disproportionné par rapport à la défaillance. Même si ce déséquilibre s'opère en faveur du client, celui-ci le considère inadapté car inéquitable.

L'équité est le critère déterminant de la satisfaction des clients vis-à-vis d'un dédommagement, en particulier dans le cas où celui-ci est financier. En effet, il n'est pas toujours possible de corriger la défaillance du service, par exemple si elle concerne le respect d'un délai. L'équité ou le sentiment de justice résulte alors d'une double comparaison établie par le client : comparaison entre la perte que représente pour lui la défaillance du service et la perte financière du dédommagement pour le prestataire ; comparaison entre le dédommagement obtenu et celui qui serait proposé à un autre client face au même type de défaillance. La figure 6 résume l'impact du traitement des réclamations sur la relation client.

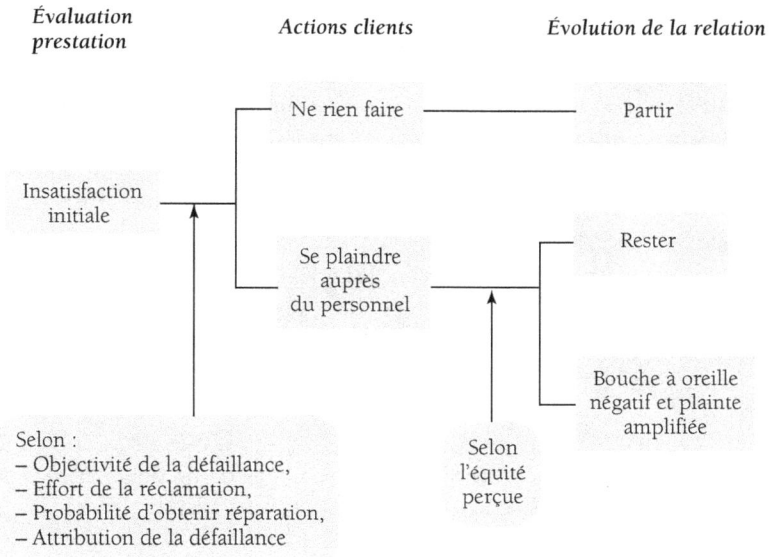

Figure 6 – Impact du traitement des réclamations sur la relation client

■ Un outil emblématique : les garanties de services

Depuis la fin des années 1980, un nombre croissant d'entreprises de services ont choisi d'accompagner leur offre d'une garantie, c'est-à-dire d'un ou plusieurs engagements complétés de dédommagements en cas de défaillance. Le succès de cet outil s'explique par sa grande adaptabilité et par sa capacité à traiter les principaux enjeux de la qualité. La garantie est en effet emblématique du management de la qualité de service pour trois raisons principales.

Un engagement de service consiste tout d'abord à communiquer explicitement au client le *service voulu* par le prestataire. Ce faisant, cet engagement va, en même temps, influencer le *service attendu* par le client dans un sens favorable à la prestation, mais aussi influencer le *service délivré* par le réseau sous la double « pression » des clients et de l'entreprise prestataire. Enfin, en attirant l'attention du client sur certains aspects de la prestation qu'il n'aurait peut-être pas remarqué autrement, l'engagement va également influencer le *service perçu*. Ainsi, la garantie est tout autant un moyen de communication qu'un outil au service de la qualité. Elle illustre donc parfaitement l'interdépendance entre ces deux enjeux dans les services.

Ensuite, la présence des deux variables – l'engagement et le dédommagement – démontre tant la nécessité de tout mettre en œuvre pour améliorer la qualité perçue à travers l'engagement que celle d'admettre le risque de défaillance et d'y apporter des réponses à travers le dédommagement.

Enfin, ces deux facettes se complètent pour agir sur le risque perçu et le réduire : l'engagement diminue la probabilité d'une défaillance et le dédommagement, ses conséquences. À travers l'engagement et le dédommagement, la garantie de service réduit donc les deux facteurs de risques et, en conséquence, le risque global.

La garantie est adaptable car elle permet tout autant de servir une stratégie qualité fondée principalement sur la standardisation qu'une approche qui privilégierait la personnalisation. Tout dépend en fait de la nature de l'engagement et de celle du dédommagement.

L'objet de l'engagement : la satisfaction des clients ou un attribut du service ?

Dans la pratique, on observe de nombreux engagements de services qui portent sur une perception ou sur un jugement du client – c'est le cas des garanties qui revendiquent la satisfaction du client – quand d'autres au contraire, portent sur un attribut du service. Chaque catégorie a ses propres avantages et inconvénients. Les engagements qui portent sur la satisfaction des clients sont peu objectivables et souvent moins crédibles. En revanche, ils présentent l'avantage de laisser la liberté aux clients de poser leurs propres critères d'évaluation. Un engagement qui porte sur un attribut du service mesurable peut quant à lui améliorer la *qualité perçue* du service, mais impose au client des critères d'évaluation qui ne sont pas nécessairement pertinents à ses yeux.

Le dédommagement : nature et importance

Selon sa nature et son importance, le dédommagement pourra engendrer un des trois effets suivants : permettre de corriger la défaillance et rétablir la satisfaction du client, rétablir l'équité provisoirement rompue par la défaillance, et enfin, renforcer encore la crédibilité de l'engagement.

Pour qu'un dédommagement renforce la crédibilité d'un engagement, il est nécessaire qu'il soit financier et le plus élevé possible. Il constitue alors une menace obligeant l'entreprise à toujours tenir sa promesse. C'est ce que l'on peut observer avec la garantie de service proposée par Fedex sur son offre « International First » : « *Nous avons une telle confiance dans notre promesse de livraison que si nous devions être en retard, ne serait-ce que de 60 secondes, vous seriez remboursés des frais de transport sur simple demande… Encore une preuve de notre engagement à fournir un service de livraison irréprochable.* » Au contraire, pour rétablir l'équité, le dédommagement devra être proportionnel à la défaillance. Ainsi, DHL accompagne également ses offres « Startday Express » ou « Midday Express » d'un dédommagement en cas de défaillance : le client est remboursé de la différence de prix entre la livraison express et la livraison standard. Enfin, comme nous l'avons déjà précisé, un dédommagement financier ne pourra jamais résoudre la défaillance d'un service : il ne fera qu'en atténuer les conséquences en limitant les pertes financières pour le client insatisfait. Pour agir auprès des clients insatisfaits et corriger le problème rencontré, seul un service qui répare la défaillance peut être efficace. Par exemple dans la garantie « Courte Paille s'engage » l'enseigne propose « *La cuisson comme vous l'aimez ! cuisson non conforme : nous remplaçons* ».

Une typologie des garanties

En croisant les deux dimensions déterminantes d'une garantie de services, on aboutit à quatre types de garanties présentés dans la figure 7 (Auriacombe et Mayaux, 2003).

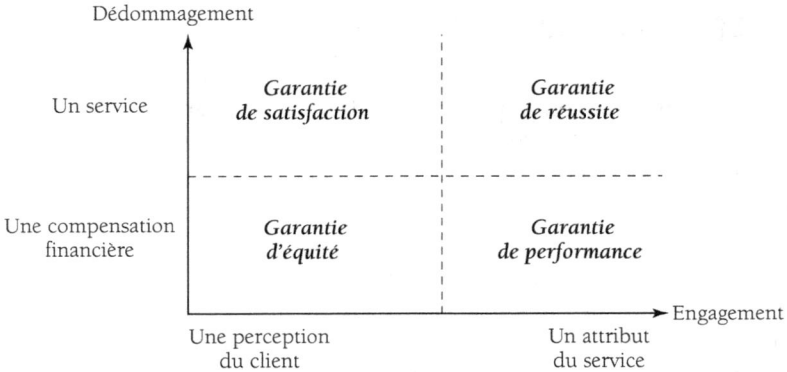

Figure 7 – Typologie des garanties de services

Ces quatre types se distinguent les uns des autres par les cibles visées et les effets engendrés. Les garanties de performance et de réussite portent sur un élément mesurable ou objectivable de la prestation de service ; de ce fait elles tendent à standardiser le service – conformément à l'engagement – et à réduire les écarts entre les différentes perspectives sur le service. En annonçant le *service voulu* sur un ou plusieurs *éléments clés* de la prestation, elles permettent toutes les deux de communiquer sur la qualité du service auprès de l'ensemble du marché et par conséquent, s'inscrivent avant tout dans un marketing de conquête. Leur différence porte sur le dédommagement. Dans le cas de la garantie de réussite, l'objectif est de corriger le problème rencontré : Grand Optical avec son engagement « *les lunettes en une heure ou la livraison gratuite* » offre un exemple de ce type. Grâce à son dédommagement, la garantie de réussite s'adresse non seulement au marché mais aussi aux clients n'ayant pas bénéficié du bon niveau de service. Dans le cas de la garantie de performance, le dédommagement est financier : plus il est élevé plus il crédibilise l'engagement (exemple : Fedex). Au contraire, s'il est proportionnel à la défaillance, il permet de rétablir l'équité (exemple : DHL).

Les garanties de satisfaction ou d'équité, parce qu'elles portent sur un jugement du client, favorisent la personnalisation et non la standardisation du service. N'étant ni objectivables ni précises, elles ne permettent pas de communiquer de manière crédible la qualité du service à l'ensemble du marché. Elles constituent plutôt une incitation à s'exprimer et à participer adressée aux clients actuels ; il ne s'agit donc plus de conquérir de nouveaux clients mais plutôt de fidéliser les clients actuels. La garantie de satisfaction se distingue de la garantie d'équité à travers le dédommagement qui propose de réparer la défaillance. Parce que l'engagement porte sur la satisfaction des clients, la résolution des problèmes rencontrés ne peut être complètement anticipée et la réactivité du personnel en contact devient essentielle. Ainsi, l'engagement et le dédommagement s'inscrivent tous deux dans la logique de la personnalisation.

Le personnel en contact, sujet ou objet ?

Dans le chapitre précédent consacré au marketing, nous avons mis en évidence les quatre compétences nécessaires au personnel en contact dans une entreprise de services : techniques bien sûr, mais aussi commerciales, relationnelles et institutionnelles. Les différents enjeux du management de la qualité que nous avons explorés renforcent encore l'importance de reconnaître, valoriser et développer ces quatre types de compétences. En particulier, les compétences techniques, relationnelles et institutionnelles sont nécessaires tant pour atteindre un bon niveau de *qualité perçue* que pour rétablir la situation lorsque celle-ci est défaillante.

– Les *compétences techniques* sont essentielles afin que le personnel puisse délivrer un service conforme au service voulu par le prestataire. Elles sont également utiles pour permettre au personnel de mettre en œuvre la politique de traitement des réclamations lorsque cela s'avère nécessaire.

– Les *compétences relationnelles* sont aussi indispensables pour assurer la *qualité perçue* par le client. Toutefois, c'est surtout dans les situations de défaillance de service, quand les clients choisissent de s'adresser au personnel en contact, que celui-ci doit mobiliser pleinement ses compétences relationnelles. La perception d'un traitement équitable de la réclamation, si essentielle au jugement du client, ne repose pas seulement sur l'adéquation du dédommagement proposé. La façon de faire est tout aussi déterminante. Dans ces situations critiques, le personnel en contact doit déployer des compétences relationnelles multiples : savoir écouter le client, le laisser exprimer son point de vue et le prendre en compte, réagir rapidement, tenir le client informé…

– Les *compétences institutionnelles* sont déterminantes lorsqu'une entreprise souhaite améliorer le niveau de *qualité perçue* en lançant, par exemple, une garantie de services. Dans la pratique, c'est bien en effet le personnel en contact qui devra relever le défi des engagements. La capacité qu'il a à tenir les engagements de service rejaillit sur l'image de l'institution qu'il représente. En cas de défaillance, parce que l'accueil réservé aux clients insatisfaits rejaillit sur l'image de l'institution et détermine l'avenir de la relation, le personnel exerce également sa responsabilité institutionnelle.

Le personnel en contact apparaît par conséquent comme un acteur central du management de la qualité. Pour lui permettre d'exercer pleinement ses responsabilités, il doit disposer des ressources nécessaires. Quelle que soit la voie choisie – standardisation ou personnalisation – il nous semble indispensable de lui laisser une marge d'initiative (ce que les Anglo-Saxons dénomment *empowerment*), en particulier pour lui permettre de faire face aux défaillances de service en « temps réel ». En assurant sa promesse 24 h sur 24, Ibis accepte de déléguer une marge de manœuvre importante au personnel en contact : celui-ci peut être amené à offrir une nuitée gratuite à un client en cas d'impossibilité de résoudre le problème rencontré !

Acteur principal de la mise en œuvre de la qualité de service, le personnel en contact peut et doit aussi contribuer à la conception de la qualité de service. À ce titre, il est lui-même une ressource de la politique qualité dans l'entreprise. En effet, le contact direct avec les clients lui procure deux atouts de choix : il favorise le développement de ses différentes compétences et permet d'acquérir une connaissance marché

© Éditions d'Organisation

précieuse mais le plus souvent négligée par les entreprises de services. Ces deux atouts devraient inciter les responsables de la politique qualité à solliciter bien plus souvent des personnels en contact pour participer à l'élaboration du *service voulu* par l'entreprise de service : c'est là une des missions du marketing interne. Ce n'est qu'à cette condition que l'entreprise pourra innover et se différencier en renouvelant régulièrement les *éléments clés* et *plus* de ses prestations.

Références bibliographiques

AURIACOMBE B. et MAYAUX F. (2003), Garanties de services : proposition d'une typologie et premières applications opérationnelles, Actes du 19ᵉ Congrès de l'Association française du marketing (AFM), Tunis, mai.

LLOSA S. (1997), L'analyse de la contribution des éléments du service à la satisfaction : un modèle « tétraclasse », *Décisions Marketing*, N° 10, janvier-avril, p. 81-88.

PARASURAMAN A., ZEITHAML V. et BERRY L. (1985), A conceptual model of service quality and its implication for future research, *Journal of Marketing*, N° 49, p. 41-50.

Dossier : Adecco Travail Temporaire France

Améliorer la qualité grâce à des engagements de service[1]

Depuis le 16 février 2004, l'ensemble des façades des quelque mille agences de Adecco Travail Temporaire en France affichent une même déclaration : « *Adecco s'engage.* » Cette campagne, relayée dans les médias, annonce douze engagements (six destinés aux intérimaires et six à l'attention des entreprises clientes) dont certains sont assortis de dédommagements en cas de défaillance et s'apparentent par conséquent à une garantie de service. À ces deux premières séries d'engagements s'en ajoute une troisième adressée aux équipes de salariés permanents de l'entreprise. Pourquoi et comment cette entreprise a entrepris une telle démarche ? Quels en sont les résultats ?

Le pourquoi : un métier difficile à différencier

Le travail temporaire constitue un bon exemple de la difficulté à différencier un service. À l'instar de toute prestation, celle-ci est à la fois un processus – la façon de comprendre la demande du client, de sélectionner et de préparer l'intérimaire, d'accompagner sa rencontre avec le client, et d'assurer le suivi de la prestation – et un résultat : l'intérimaire délégué. Une bonne partie du processus se déroulant en *back-office*, le client n'en prend pas nécessairement conscience et la qualité perçue de la prestation peut donc être jugée insuffisante. Par ailleurs, les intéri-

---

1. Merci à Patrick Desbiolles, diplômé ESC Lyon, responsable du développement commercial au sein de la direction marketing/vente de Adecco France pour sa précieuse collaboration.

© Éditions d'Organisation

maires ne constituent pas une ressource exclusive de l'entreprise de travail temporaire. De plus, chaque délégation étant réalisée dans des conditions particulières (bassin d'emploi, compétences recherchées, durée de mission, conditions de rémunération…), il est bien difficile d'en évaluer le résultat. Par conséquent, les clients éprouvent des difficultés à évaluer la qualité des prestations et perçoivent peu de différences entre les offres.

Cette indifférenciation incite les clients à négocier âprement le prix qui est souvent perçu comme le seul élément susceptible de différencier les offres. Elle augmente aussi le risque perçu par les clients qui, pour le limiter, consultent souvent plusieurs prestataires et ne choisissent entre les concurrents qu'une fois la prestation quasi produite, c'est-à-dire le ou les intérimaires sélectionnés. C'est donc pour différencier son offre de services et pour améliorer la qualité perçue de ses prestations que Adecco, leader mondial, a décidé de définir et de communiquer sur des engagements.

Le comment : un exemple de marketing interne

Parce que les employés de l'entreprise apparaissent véritablement comme les acteurs clés de la mise en œuvre de 'la démarche « *Adecco s'engage* », l'entreprise a choisi de les mettre à la fois en position de cible et de concepteur du projet.

Le personnel considéré comme cible de la garantie

Dans le travail temporaire, comme dans beaucoup d'activités de services, la prestation est mise en œuvre par les femmes et les hommes de l'entreprise qui travaillent dans le réseau d'agences, au contact direct des clients. Une particularité du travail temporaire est l'existence d'un troisième acteur travaillant au contact direct des deux autres : l'intérimaire. Qu'ils soient permanents ou intérimaires, ce sont les « personnels en contact » de Adecco qui devront tenir les engagements de l'entreprise auprès de ses clients ; c'est la raison pour laquelle ces personnels sont les deux autres cibles de la démarche « *Adecco s'engage* ».

S'ils sont tous deux « personnels en contact », permanents et intérimaires occupent néanmoins des positions très différentes. Aux permanents revient la responsabilité de la mise en œuvre de l'offre dont le résultat est la délégation d'un ou plusieurs intérimaires auprès d'un client. Si ce résultat ne convient pas, la responsabilité incombe bien au permanent qui devra en rendre compte tant à l'entreprise cliente mal servie qu'à l'intérimaire mal délégué.

Ces différents constats ont conduit Adecco à définir des engagements vis-à-vis des permanents et vis-à-vis des intérimaires qui sont présentés de manière simplifiée dans le tableau suivant.

Les engagements vis-à-vis des permanents	Les engagements vis-à-vis des intérimaires
• *Engagement 1 – Vous donner les moyens de réussir votre intégration et votre évolution dans l'entreprise*	• *Engagement 1 – Vous proposer des missions qui vous ressemblent* Adecco vous propose des missions correspondant à vos attentes et à vos compétences validées ensemble (cf. le document « Profil Professionnel »).
• *Engagement 2 – Améliorer votre qualité de vie et votre sécurité au travail*	• *Engagement 2 – Vous informer pour vous permettre d'enchaîner les missions* Adecco vous prévient au plus tôt de la suite de chaque mission. Lorsque vous êtes en longue mission, vous serez prévenu une quinzaine de jours avant.
• *Engagement 3 – Vous évaluer, valoriser votre contribution et vos compétences grâce à un management de proximité*	*Engagement 3 – Mettre en valeur et développer vos expériences et savoir-faire* Adecco s'engage à vous proposer un bilan professionnel, à partir de 1 600 heures d'ancienneté sur les 12 derniers mois.
• *Engagement 4 – Vous rémunérer dans le respect de la politique et des règles nationales*	*Engagement 4 – Prévenir avec vous les risques d'accident du travail* Adecco vous informe sur les risques liés à votre mission et mobilise ses entreprises clients pour votre sécurité. En cas de danger grave, nous garantissons votre droit de retrait sans préjudice financier.

Les engagements vis-à-vis des permanents	Les engagements vis-à-vis des intérimaires
• *Engagement 5 – Vous aider à enrichir votre parcours professionnel* Ces cinq engagements sont déclinés à travers des chantiers concrets qui s'appuient sur deux axes transversaux : organisation et management.	*Engagement 5 – Vous recruter sans discrimination* Adecco vous recrute sans discrimination (liée notamment à la religion, l'origine, le sexe, l'âge, le handicap) et examine avec vous toute situation qui vous paraîtrait contraire à cette égalité de traitement. *Engagement 6 – Vous aider à bénéficier des avantages de votre entreprise Adecco* Adecco vous facilite l'accès aux avantages auxquels vous avez droit : prévoyance, formation, aide au logement, prêts bancaires, aide sociale…

Le personnel associé pleinement à la démarche

Travaillant au contact direct des clients, chaque employé détient une connaissance du marché utile à l'entreprise de service : ne pas s'en enrichir reviendrait à gâcher une ressource. Par exemple, ces personnels sont les plus à même de juger le niveau de performance qui peut être envisagé pour un engagement. En particulier, un engagement irréaliste ou trop ambitieux présenterait le double inconvénient de dégrader la qualité perçue par les clients et de démotiver les équipes opérationnelles. En influençant les attentes des clients au-delà de ce que l'entreprise est capable de mettre en œuvre, cet engagement créerait un écart entre le service attendu par les clients et le service délivré par le réseau qui se traduirait inévitablement par une mauvaise qualité perçue, soit l'inverse de l'objectif recherché !

Dans la démarche « *Adecco s'engage* », le personnel en contact et plus particulièrement les permanents, ont pu contribué au projet en s'impliquant dans la conception d'engagements susceptibles de répondre aux objectifs fixés. Pour cela, deux comités de pilotage ont été constitués : l'un pour travailler sur les engagements vis-à-vis des clients, l'autre sur les engagements vis-à-vis des intérimaires. Chaque comité de pilotage associait un représentant de toutes les parties prenantes de l'entreprise impliquées dans la production du service : le réseau mais aussi la direction marketing, la direction des ressources humaines intérimaires, la direction qualité et la direction commerciale.

Afin de favoriser la diversité et la richesse des points de vue, l'élaboration des engagements ne s'est pas faite lors de réunions des comités de pilotage mais lors de réunions de « brainstorming » organisées par chaque membre du comité auprès de son équipe de travail habituelle. Ainsi, quatre directeurs de région ont été, avec leurs équipes de directeurs de secteurs et de directeurs d'agences, les principaux contributeurs à l'élaboration des engagements clients et à leurs tests. Le rôle du comité de pilotage a été de sélectionner parmi plus de cent soixante idées émises, celles qui se complétaient afin de répondre au mieux aux attentes clients insatisfaites. Un processus de sélection progressive a permis de retenir et de tester vingt-quatre engagements pour finalement aboutir aux six engagements clients lancés le 16 février 2004.

Le choix fait d'illustrer toute la campagne de communication « *Adecco s'engage* » par des photos de salariés permanents de l'entreprise souligne encore davantage la volonté de les impliquer totalement dans la démarche.

Résultat : les six engagements clients Adecco

Une étude qualitative réalisée en septembre 2001 auprès d'une centaine de clients et prospects avait permis d'identifier les éléments clés de la prestation de travail temporaire. Il restait à formuler les engagements adéquats et à choisir les dédommagements.

L'idée maîtresse qui a guidé la formulation des engagements et des dédommagements a été la nécessité de respecter le fondement de la culture de l'entreprise Adecco, c'est-à-dire la part laissée à l'initiative opérationnelle. Cependant, l'indifférenciation perçue des prestations et le manque de fiabilité associé au secteur du travail temporaire incitaient à homogénéiser le service délivré sur quelques éléments clés pour les clients. Pour jouer sur ces deux tableaux, les trois engagements sur les six qui sont accompagnés d'un dédommagement s'apparentent à trois types différents (en faisant référence à la typologie des garanties présentée précédemment dans ce chapitre).

Les engagements clients

• *Engagement 1 – Vous poser les bonnes questions pour mieux vous répondre*
Adecco s'engage à analyser avec précision les compétences recherchées, l'environnement de travail et toutes les informations essentielles, afin de vous apporter la solution la plus adaptée.

• *Engagement 2 – Vous répondre oui ou non mais vous répondre vite*
Adecco s'engage à vous dire immédiatement si la qualification demandée est présente dans sa base de données et à vous tenir informé de l'avancement de ses recherches dans les 4 heures (hors période de fermeture des agences Adecco) suivant votre appel téléphonique (sauf délai différent convenu entre nous). Sinon, nous vous offrons les 4 premières heures de délégation de votre prochaine mission.

• *Engagement 3 – Vous satisfaire à 100 % dès la période d'essai*
Adecco s'engage à vous proposer un nouveau candidat* dans la demi-journée si vous constatez une inadéquation au poste pendant la période d'essai**. À défaut, pour un contrat de mission d'une durée supérieure à 5 jours, Adecco prend à sa charge la période déjà effectuée, à concurrence d'une journée, à valoir sur votre prochaine demande.
*ou à rechercher avec vous une solution alternative (révision du profil, du délai, de l'organisation…).
**hors période de fermeture des agences Adecco et sauf droit de retrait.

• *Engagement 4 – Vous garantir la continuité de notre service*
Adecco s'engage à vous présenter un nouveau candidat* dans les 24 h, en cas d'absence de l'un de nos intérimaires en mission chez vous. Si aucune solution satisfaisante n'est trouvée, nous prenons en charge une journée de mission, à valoir sur votre prochaine demande**.
*ou à rechercher avec vous une solution alternative (révision du profil, du délai, de l'organisation…) ; délai hors période de fermeture des agences Adecco.
**après période d'essai, pour toute mission d'une durée supérieure à une journée et sauf droit de retrait.

• *Engagement 5 – Vous accompagner pour relever le défi de la sécurité au travail*
Afin de réduire les risques d'accidents du travail, Adecco s'engage à sensibiliser les collaborateurs intérimaires aux risques éventuels liés à leurs missions et à respecter leur droit de retrait en cas de danger grave ou imminent constaté.

• *Engagement 6 – Vous répondre en experts*
Adecco s'engage à mettre à votre disposition des agences spécialisées correspondant aux attentes spécifiques de votre branche d'activité, ou des interlocuteurs professionnels qui parlent votre langage. Chacun, dans sa spécialité, s'engage.

L'engagement 2 correspond à un engagement de performance. Il porte en effet sur un élément objectivable et mesurable de la prestation (le délai de réponse à une demande client), et est accompagné, en cas de défaillance, d'un dédommagement financier. La valeur de celui-ci démontre que l'ambition de l'entreprise n'est pas tant de prouver qu'elle n'est jamais prise en défaut mais plutôt de rétablir l'équité en

© Éditions d'Organisation

cas de défaillance. L'engagement quant à lui doit permettre d'influencer le service attendu en imposant le « standard » de quatre heures comme délai de réponse à une demande et d'homogénéiser ainsi le service délivré sur deux éléments clés : le suivi et l'information du client.

L'engagement 3 correspond à un engagement de satisfaction. Il porte sur le jugement ou la satisfaction du client par rapport à la sélection d'intérimaires opérée par Adecco. Aucun élément permettant d'objectiver ou de mesurer l'adéquation au poste de l'intérimaire n'étant mis en avant, c'est le jugement du client qui sera primordial. En cas de défaillance, Adecco recherchera une solution alternative, le dédommagement étant avant tout un service qui doit réparer la défaillance initiale. Comment réparer la défaillance ? Là encore, aucune réponse *a priori* n'est définie afin de laisser toute liberté au personnel en contact de réagir de la manière la plus adaptée. Le dédommagement financier qui n'intervient qu'en dernier ressort, dans le cas ou aucune autre solution ne semble possible, vise à restaurer l'équité et non à affirmer l'infaillibilité du prestataire.

Enfin, l'engagement 4 est un engagement de réussite. Il porte sur un élément clé objectivable de la prestation : la présence effective de l'intérimaire tout au long de la mission. Le dédommagement est quant à lui très proche du précédent.

3 Le management commercial

Dans un contexte économique particulièrement difficile, le développement commercial devient un axe prioritaire pour toute entreprise quel que soit son secteur d'activité. Pourtant, si dans certains domaines comme la grande distribution ou l'industrie de biens d'équipement, il est assez facile de cerner les fonctions et les individus directement impliqués dans ce développement commercial, il en est autrement dans les activités de services. En effet, une spécificité majeure des services déjà largement évoquée dans ce livre consiste en l'importance numérique et en la diversité de la « fonction vente » : une proportion de 50 à 100 % de l'effectif d'une entreprise de services possède souvent une fonction vente au sens où elle est en contact direct avec les clients et influe, par ses comportements et attitudes, sur leurs perceptions. Cette catégorie dénommée « personnel en contact » regroupe des individus aussi différents que, dans le cas d'une banque par exemple, un guichetier, un caissier, un conseiller clientèle ou un directeur d'agence. Ce personnel en contact possède une importance stratégique considérable : c'est lui qui assure la réalité de la relation prestataire/client. De nombreuses entreprises de services réalisent actuellement des efforts importants pour motiver et mobiliser leur personnel en contact et lui faire prendre conscience de son rôle décisif dans le degré de satisfaction du client : un véritable « marketing interne » (voir les deux chapitres précédents) qui s'avère un socle indispensable à tout marketing externe efficace.

L'hétérogénéité de ces personnels en contact, tant dans leur profil que dans leur mission, conduit à un management commercial spécifique devant permettre de coordonner et d'optimiser l'action de chacun. La première étape consiste à caractériser cette hétérogénéité grâce à deux dimensions essentielles :

- la durée du face-à-face commercial entre le personnel en contact et ses interlocuteurs clients ;
- la dominante technique ou commerciale de la mission réalisée par le personnel en contact.

Le croisement de ces deux dimensions permet de distinguer quatre types de personnels en contact, comme l'illustre l'exemple suivant d'une société spécialisée dans le domaine de la distribution pour la Restauration Hors Foyer (RHF).

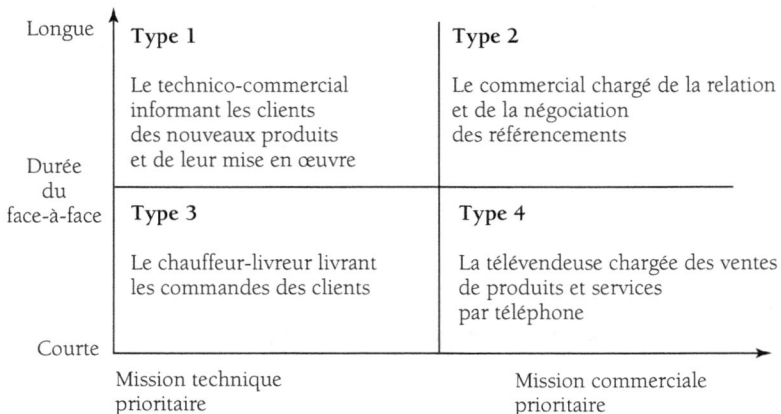

Figure 1 – Exemple d'application de la typologie des personnels en contact

Ces quatre fonctions jouent toutes un rôle primordial dans le développement commercial de cette société dont nous réutiliserons l'exemple à la fin de ce chapitre. De plus, l'implication et la qualité de chacune de ces fonctions auront un impact direct sur les résultats des autres. Par exemple, le comportement à la fois professionnel et chaleureux d'un chauffeur lors de chaque livraison contribuera positivement à l'atmosphère générale de la relation avec le client, ce dont bénéficiera grandement le commercial lors de ses visites.

Il convient donc de prendre en compte les spécificités de la mission de chacun, tout en préservant l'homogénéité d'une démarche globale d'entreprise. Dans le cas de cette société de RHF, tous les personnels en contact ont suivi une formation concernant la gestion d'un entretien commercial. Dans le respect d'une même philosophie commerciale, forme et fond de cette formation ont été adaptés à chaque profil.

Pour améliorer son efficacité, le manager commercial devra ainsi travailler dans deux directions qui serviront de plan à ce chapitre :

– aider et soutenir chaque acteur jouant un rôle commercial dans l'entreprise. En adaptant les techniques classiques de négociation aux spécificités des services, il s'agit en fait de faire progresser chacun dans son « savoir-être » au niveau de la vente et du contact commercial ;

– améliorer son « savoir-faire », c'est-à-dire ses propres démarches et méthodes de management, afin de mieux structurer et accompagner le développement commercial de son entreprise.

■ Les techniques de négociation adaptées au service

Le manager commercial peut être considéré comme le premier formateur commercial de sa société. Il doit avoir la volonté et la capacité d'apporter à l'ensemble de son équipe des conseils d'expert dans son domaine. La connaissance des techniques de négociation permettant de structurer et de conduire une négociation commerciale et, par là même, de la maîtriser, constitue la base classique d'une formation commerciale. Pourtant, cette base est insuffisante dans le cas des entreprises de services. En effet, l'expérience montre que le manager commercial doit compléter sa maîtrise des techniques de négociation par une prise en compte de l'impact des spécificités des services évoquées dans les chapitres précédents : immatérialité, hétérogénéité de l'offre, rôle du client dans la coproduction d'une prestation, difficulté à cerner la qualité attendue par un interlocuteur…

On peut constater un relatif accord entre les cabinets de consultant et les chercheurs pour structurer une négociation en quatre grandes étapes : la prise de contact, la découverte, l'argumentation, la conclusion. Notre objectif ici n'est ni de remettre en cause ce canevas, ni de présenter l'ensemble des techniques permettant de réaliser au mieux ces étapes. Nous souhaitons simplement utiliser ce canevas afin de pointer l'impact des spécificités des services et de mettre en évidence les facteurs clés de succès de chacune de ces étapes.

La prise de contact

La prise de contact permet de lancer la dynamique d'une négociation. Ceci est d'autant plus vrai dans le cas des services où l'immatérialité de l'offre procure au personnel en contact un rôle primordial dans la sécurisation et la mise en confiance de l'interlocuteur client.

Afin de se préparer au mieux à ces premiers instants d'une négociation, les personnels en contact doivent, au-delà des conseils classiques formulés pour cette étape (se présenter nominativement, préciser sa fonction et son niveau de responsabilité dans l'entreprise, définir clairement l'objectif de la visite…), prendre en compte deux aspects fondamentaux dans les activités de services : l'aspect relationnel et l'aspect institutionnel.

L'aspect relationnel

Gérer la relation est un élément très important dans les services, comme nous l'avons vu dans les chapitres précédents. À cette fin, le commercial devra, dès les premiers instants de la négociation, prendre en considération deux dimensions essentielles de la relation dont la maîtrise conditionnera bien souvent le bon déroulement de la négociation dans le temps, notamment dans le cas des services « business to business » (destinés à des entreprises).

La première dimension consiste en la prise en compte de l'ensemble des personnels mobilisés par l'entreprise cliente pour instruire, choisir et mettre en œuvre son projet services. Bien souvent le spectre d'intervenants potentiels est quantitativement très large et qualitativement très hétérogène. Le commercial devra parfois savoir négocier aussi bien avec les plus hautes fonctions de l'entreprise cliente (PDG, DG, actionnaires), qu'avec un certain nombre d'utilisateurs potentiels (responsable de dépôt, bibliothécaire…) tout en prenant en compte les souhaits de certains cadres fonctionnels (direction commerciale, direction financière, direction de la production…). Tous ces interlocuteurs actuels ou potentiels font partie de ce que l'on dénomme un *« centre d'achat »*. Le personnel en contact va devoir investir dans la relation à tous les niveaux de ce centre d'achat pour gagner globalement la confiance du client.

La deuxième dimension concerne la capacité relationnelle du commercial à mobiliser et à orchestrer l'ensemble des compétences internes à sa propre entreprise nécessaires à une bonne élaboration et mise en œuvre de son offre de services. Le commercial joue un rôle de chef d'orchestre capable de constituer et d'animer le *« centre de vente »* de son projet. Il s'agit d'assurer une cohérence relationnelle de l'ensemble des contacts entre le prestataire et le client, élément essentiel de sécurisation et de mise en confiance de ce dernier.

L'aspect institutionnel

Le paragraphe précédent a montré l'importance de l'aspect relationnel entre un personnel en contact commercial et ses interlocuteurs clients. Pourtant, la bonne gestion d'une relation ne doit pas conduire à une personnalisation excessive de cette relation. Le manager commercial se doit donc d'insister sur la nécessité absolue de faire référence, dès les premiers contacts, à l'entreprise de service en tant qu'institution, en tant qu'organisation dont le commercial n'est qu'un des éléments. Ceci conduit à travailler sur une présentation homogène de l'entreprise qui pourra être déclinée, en fonction du besoin et du profil des interlocuteurs clients, de manière cohérente par l'ensemble des personnels en contact mobilisés sur un projet services. Cette démarche permet au management de minimiser les risques d'une trop grande personnalisation de la relation entre un vendeur et son client, et de profiter pleinement à terme, de la possibilité de « rebondir » sur de nouveaux projets qui ne mobiliseront pas forcément, chez le prestataire, les mêmes personnels en contact.

La bonne maîtrise de ces deux aspects relationnels et institutionnels permettra au personnel en contact de créer un climat de confiance réciproque, nécessaire voire obligatoire à la bonne suite de la négociation, et tout particulièrement au bon déroulement de l'étape suivante : la découverte.

La découverte

Cette étape essentielle constitue le cœur de toute négociation. Sa réussite conditionne souvent le succès d'ensemble de la négociation en cours. Par-delà les conseils habituels délivrés aux commerciaux afin de réaliser une bonne découverte (importance des questions de relance, attitude d'empathie pour favoriser l'expression de son interlocuteur, nécessité de la prise de notes...), il est important d'insister sur deux points particulièrement utiles dans les services.

D'une part, plus que dans toute autre activité, le personnel en contact commercial d'une entreprise de services a, vis-à-vis de son client, un

« devoir » d'expertise, une mission de conseil. Ce personnel en contact doit avoir la capacité, non seulement de *connaître* les besoins et attentes de ses interlocuteurs, mais également de *comprendre* la réalité des besoins et attentes exprimés par le client. Son questionnement doit être source d'interrogation pour le client lui-même, de façon à remettre en cause éventuellement un certain nombre d'éléments que ce dernier pouvait considérer comme établis. Ceci est particulièrement vrai dans le cas d'appels d'offres lancés à partir d'un cahier des charges réalisé préalablement et distribué à l'ensemble des prestataires de services potentiels.

D'autre part, de façon à prendre en compte les spécificités des services, quatre champs de compréhension du client doivent être particulièrement investigués. En se posant les quatre questions clés présentées dans la figure 2, le commercial pourra mettre au jour des éléments potentiels de différenciation au niveau de l'offre ou de la gestion de la relation.

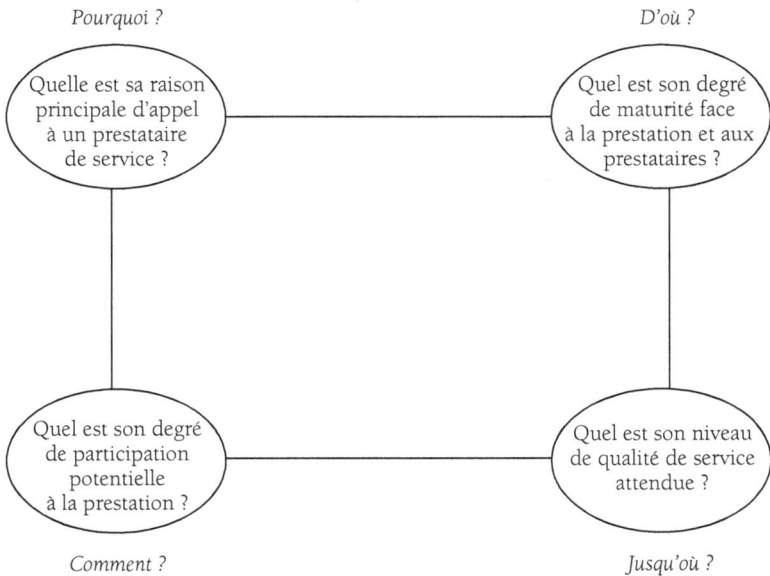

Pourquoi ?   *D'où ?*

Quelle est sa raison principale d'appel à un prestataire de service ?

Quel est son degré de maturité face à la prestation et aux prestataires ?

Quel est son degré de participation potentielle à la prestation ?

Quel est son niveau de qualité de service attendue ?

Comment ?   *Jusqu'où ?*

Figure 2 – Quatre questions clés pour l'étape de découverte

Quelle est sa raison principale d'appel à un prestataire ?

Bien souvent, l'alternative du « faire soi-même » se pose à un client face à un projet service, ce qui n'est pas le cas des biens ou produits industriels. Il est toujours possible de réaliser en interne une formation technique ou commerciale, d'organiser un voyage de stimulation pour sa force de vente... plutôt que de faire appel à un prestataire extérieur. Une étude menée par l'institut de recherche de l'entreprise (IRE) de EM.LYON sur un échantillon de 342 entreprises clientes de sociétés de services a mis en évidence, dès 1987, cinq raisons principales de faire appel à un prestataire de services :

- la décharge d'un problème annexe à l'activité principale de l'entreprise ;
- la volonté de recourir à un spécialiste, l'apport de compétences spécialisées ;
- la volonté de remplacer ou de ne pas choisir une solution interne trop coûteuse en matériel ou en personnel ;
- l'apport de souplesse face à un projet ponctuel ou à des pointes d'activité ;
- la capacité d'évolution et de conseil du prestataire.

L'implication du client, sa capacité voire sa volonté à coproduire le service, sa qualité attendue vis-à-vis de son prestataire, seront différentes en fonction de la raison d'appel. Utiliser cette grille d'analyse permet donc d'anticiper de nombreux problèmes et notamment de tenter de repérer si le positionnement de la société prestataire correspond à l'image préfigurée de l'offre que se fait le client. Une réponse fiable à ce *pourquoi ?* (Pourquoi le client fait appel) constitue donc un objectif central de la phase de découverte.

Quel est son degré de participation potentielle à la prestation ?

Comme nous l'avons vu dans les chapitres précédents, la coproduction du service est une spécificité importante des prestations. Plutôt que de subir cette spécificité, il est bien souvent plus intéressant d'essayer de provoquer cette coproduction afin de différencier son offre, si tant est que le client ait la possibilité et la volonté de participer peu ou prou à la réalisation de la prestation de services. Encore faut-il avoir la certitude que le personnel en contact aura bien investigué dans la phase de découverte cette question du *comment ?* : comment le client souhaite-t-il ou peut-il participer à la réalisation du service ?

Quel est son degré de maturité ?

Les personnels en contact ont tendance à privilégier la compréhension des besoins et attentes du client. Dans le domaine des services, il est également nécessaire de mesurer l'évolution de sa maturité face à son besoin. Quelles sont ses expériences passées sur le même sujet ? Quel est son niveau de connaissance des nouvelles technologies qui peuvent lui apporter une réponse ? Deux niveaux de maturité doivent être pris en considération :

- une *maturité intellectuelle*, c'est-à-dire la connaissance et la maîtrise des prestations envisagées ;
- une *maturité d'expérience*, c'est-à-dire des projets proches de celui envisagé qui ont déjà été réalisés par le client.

Il s'agit donc de répondre au *d'où ?* (d'où vient le client, quelles sont ses attitudes et expériences face au service proposé ?).

Quel est son niveau de qualité de service attendue ?

Repérer le niveau de qualité de service attendue par le client (voir le chapitre précédent sur la qualité), c'est cerner le *jusqu'où ?* (jusqu'où le client souhaite que son prestataire aille ?). Il convient en particulier de mettre en évidence les critères d'évaluation implicites ou explicites qu'utilise le client pour exercer son jugement : est-il davantage sensible aux aspects techniques, relationnels ou institutionnels (liés à la perception de l'image et de la réputation de l'institution prestataire) ? Une surévaluation de la qualité attendue et le risque de « sur qualité » apparaît ; une sous-évaluation de la qualité attendue par le client et la « sous qualité » éventuelle du projet pourra être ressentie par le client.

L'argumentation

Si la nécessité de la participation du client à la phase de découverte de ses besoins paraît évidente, il n'en semble pas spontanément de même pour la phase d'argumentation. Pourtant, tel est bien le cas. En effet, les spécificités des services conduisent le commercial à « coproduire » son argumentaire avec son client.

Dans le cas contraire, l'expérience montre que le risque de *packagisation* totale de l'offre de services devient très important. Si on peut comprendre l'intérêt « d'industrialiser le service », cela peut conduire le commercial à enfermer le client dans un certain nombre d'offres *pré-packagées* ne tenant pas compte de ses besoins spécifiques. Cette démarche débouche logiquement sur un processus de banalisation des offres, et une différenciation fondée uniquement sur le prix. C'est, par exemple, ce que l'on a constaté sur le marché de la propreté industrielle avant que les sociétés de services ne soient contraintes, pour des raisons financières, d'inverser leur stratégie commerciale en privilégiant l'innovation.

Il est certes nécessaire, pour un prestataire de services, de bâtir avec son équipe des offres commerciales pouvant s'appuyer sur un certain nombre d'éléments standard et communs à tous les projets proposés dans ce domaine. Mais il est également souhaitable de conduire les commerciaux à prendre en compte les besoins et attentes particuliers des clients, en complétant ces offres standard d'un certain nombre d'éléments spécifiques permettant de personnaliser et de différencier le projet proposé.

Durant cette phase d'argumentation, un facteur clé de succès résidera dans la capacité d'un commercial à matérialiser sa prestation afin de rassurer ses interlocuteurs clients. La figure 3 présente les trois moyens principaux à sa disposition pour réussir cet exercice.

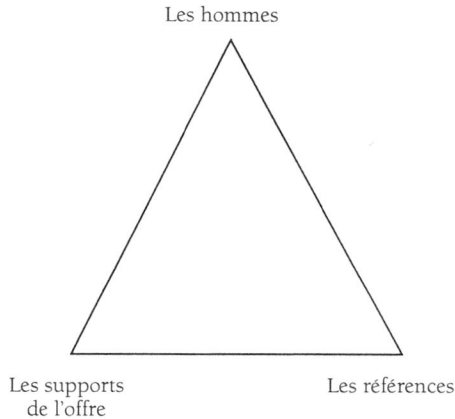

Figure 3 – Trois outils de matérialisation du service

Les hommes

Le premier élément de matérialisation est constitué par l'ensemble des personnels en contact avec le client, que ce soit avant, pendant, ou après la réalisation du service. Cela concerne, dans l'exemple de la société de RHF déjà évoqué, aussi bien le technico-commercial présentant une nouvelle offre innovante, que le télévendeur qui assure chaque jour l'approvisionnement des clients, ou le chauffeur qui livre en temps et en heure la marchandise attendue, ou encore le commercial responsable du compte client.

Les supports de l'offre

L'ensemble des catalogues et documentations (qu'ils soient techniques, institutionnels, ou fonctionnels) doivent contribuer à sécuriser le client. Cela implique leur parfaite compréhension par le commercial amené à les remettre et à les commenter. Il est nécessaire d'insister tout particulièrement sur l'importance de la proposition commerciale qui doit être le reflet exact des attentes et des besoins exprimés par le client, mais également du projet dans toutes ses dimensions : sa forme, son mode de réalisation, ses objectifs...

Les références

Le bouche à oreille est considéré comme le premier vecteur de communication dans les services. Le commercial doit chercher à le provoquer et à le stimuler, par exemple en animant des réunions clients/prospects ou en construisant un système de parrainage. Les références de clients ayant déjà réalisé le même type de projets avec le prestataire sont à utiliser avec précaution. Elles doivent être sélectionnées et présentées en fonction des besoins du client, mais également en tenant compte de sa taille, de son secteur d'activité, de l'intensité concurrentielle... afin de ne pas déstabiliser un interlocuteur par des références qu'il jugerait trop éloignées du profil de son entreprise.

Conclusion

En dehors de l'aspect vente de la conclusion qui consiste à reformuler les points d'accord et surtout à signer un contrat avec son interlocuteur client, le commercial devra veiller à préparer, dès cet instant, le transfert de la responsabilité du compte client au personnel en contact technique qui aura en charge la réalisation et/ou le suivi du projet. Ce point est fondamental pour la bonne continuation de la relation prestataire/client.

■ Les outils du management commercial

Il convient tout d'abord de rappeler les trois missions de base de tout manager commercial (Zeyl et Dayan, 2003) dont le maître mot est cohérence :

- *diriger* afin de définir et de mettre en œuvre une stratégie commerciale cohérente avec les axes de développement (industriel, financier, marketing) de l'entreprise ;
- *organiser* cette action commerciale afin de mettre en place un système cohérent avec la stratégie commerciale définie préalablement ;
- *gérer* afin de garantir la cohérence de l'action commerciale de l'ensemble des parties prenantes de l'entreprise.

La prise en compte de ces trois missions fondamentales prend tout son sens dans les activités de services du fait de la diversité, voire de l'hétérogénéité, des personnels en contact. En effet, l'enjeu principal dans ce contexte consiste à homogénéiser les démarches commerciales de l'ensemble de ces personnels en contact afin de garantir la bonne mise en œuvre de la stratégie commerciale de l'entreprise. Tenir compte dans son organisation des particularités de chaque famille de personnels en contact tout en préservant la cohérence de l'ensemble grâce à une gestion adaptée de chacune d'entre elles, sera un axe de travail permanent d'un manager commercial d'une entreprise de services.

Avant d'aborder les éléments clés contribuant à une bonne réalisation de ces trois missions, il est nécessaire de présenter un outil qui permet à la fois de clarifier et de rendre plus efficace le management d'une équipe commerciale : le Plan d'Action Commercial (PAC).

Le Plan d'Action Commercial[1]

Que ce soit dans un contexte économique « euphorique » ou « morose », les entreprises ressentent toujours plus la nécessité de réfléchir et de bâtir une stratégie commerciale rigoureuse et précise, aussi bien dans son élaboration que dans sa mise en œuvre. Trois facteurs principaux peuvent expliquer cet état de fait :

- le *comportement d'achat* à la fois plus complexe et plus mature des clients et prospects ;
- la *banalisation des technologies et des offres* perçue par les clients sur de nombreux marchés, s'accompagne souvent d'une prolifération de services dits associés ou périphériques, destinés à créer de la différenciation et impliquant une complexité de gestion accrue ;
- l'*environnement concurrentiel* bousculé par les nouvelles règles du commerce international ou par l'introduction de nouvelles technologies comme internet, incite les entreprises à repenser de manière profonde et durable les modalités de mise en œuvre de leur stratégie commerciale.

Définition du PAC

Moon et Mentzer ont insisté en 1999 sur le fait que l'absence d'un Plan d'Action Commercial constitue un handicap important à la réalisation des plans opérationnels dans les domaines de la finance, du marketing, de la logistique... Ils ont mis en évidence la corrélation entre la mise en place d'une planification commerciale et l'efficacité de la gestion de la relation commerciale avec les clients. La capacité à se projeter dans un avenir, même proche, facilite en effet la compréhension qu'ont les commerciaux de l'évolution de la demande des clients et de la prise en compte du positionnement concurrentiel de leur entreprise.

---

1. Nous remercions notre collègue Jocelyne Pinard-Legry pour sa contribution à cette partie.

Trois niveaux de planification sont à prendre en considération :

- *le Plan de Développement Stratégique (PDS)* formalisant les axes de développement de l'entreprise à moyen ou long terme ;
- *le Plan d'Action Marketing (PAM)* définissant la stratégie marketing et les ressources nécessaires à sa mise en œuvre dans un horizon de 3 à 5 ans ;
- *le Plan d'Action Commercial (PAC)* sous la responsabilité de l'encadrement commercial qui décline, dans une logique vente, les actions marketing définies par le PAM.

Un PAC bien conçu doit permettre d'assurer (au sens « montagnard » du terme !) la force commerciale dans la réalisation des objectifs. Pour cela, il ne peut se limiter à des outils de suivi des résultats sous la forme de tableaux de bord quantitatifs, mais doit rendre possibles :

- l'élaboration d'objectifs réalistes et compatibles avec la stratégie de l'entreprise ;
- le suivi dans le temps des actions qu'il prévoit ;
- l'acquisition d'un professionnalisme commercial en développant la capacité d'analyse et de compréhension des actions commerciales antérieures, afin d'en tirer des enseignements pour l'élaboration de PAC futurs.

Méthodologie et mise en œuvre du PAC

Pour être efficace et perdurer dans le temps, le PAC doit répondre à deux soucis de cohérence. D'une part, une cohérence *verticale* avec les axes stratégiques et marketing de l'entreprise dans lesquels le PAC trouve ses fondations. D'autre part, une cohérence *horizontale* avec les plans réalisés par les autres fonctions de l'entreprise (ressources humaines, logistique, exploitation, financier…).

Avant d'élaborer un Plan d'Action Commercial, deux préalables doivent avoir été réalisés :

- l'information voire la formation des personnels concernés (managers, commerciaux…) ;
- la collecte et la mise en forme des informations nécessaires et disponibles pour l'établissement du PAC.

© Éditions d'Organisation

Une fois cette préparation réalisée, le PAC peut être élaboré en suivant de manière rigoureuse un processus en cinq étapes décrit dans la figure 4.

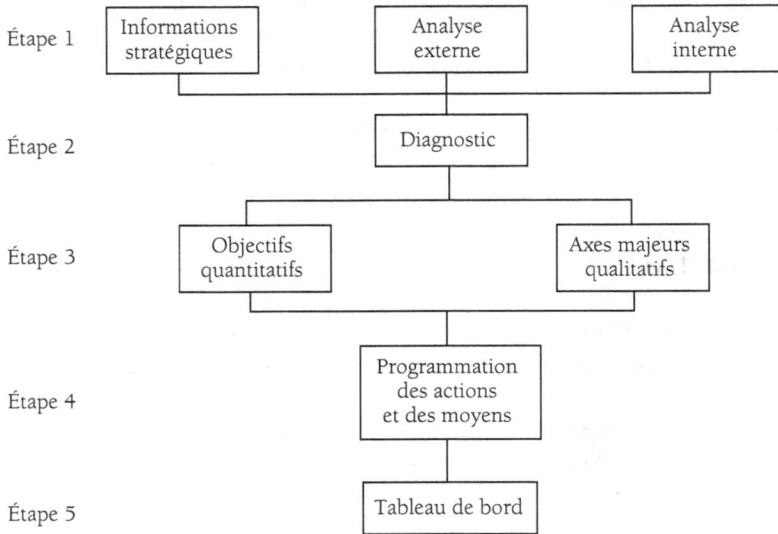

Figure 4 – Les étapes d'élaboration d'un Plan d'Action Commercial

Étape 1 : l'analyse

Cette première étape s'articule autour de trois dimensions :

– l'intégration des informations stratégiques nécessaires à la réalisation du PAC ;
– l'analyse (dite externe) des informations disponibles sur le marché permettant de repérer les éléments qui peuvent influencer positivement ou négativement la relation fournisseur/client dans la périodicité définie pour le PAC ;
– l'analyse (dite interne) mettant en évidence les points forts mais également les faiblesses de l'entreprise dans sa démarche commerciale.

Les enjeux

Étape 2 : le diagnostic

Poser un diagnostic consiste à savoir extraire de manière objective les éléments essentiels à prendre en considération (parmi ceux pointés dans l'étape d'analyse), en prenant soin de garder en perspective les axes commerciaux de la stratégie d'entreprise. Ce diagnostic nécessite obligatoirement des échanges entre la force de vente et l'encadrement commercial. Un compromis entre ces deux parties doit permettre de parvenir à un diagnostic définitif, à partir duquel les objectifs de chaque commercial seront précisés. Une synthèse sera réalisée par la force de vente et validée par l'encadrement commercial.

Étape 3 : la fixation des objectifs

Cette étape est directement issue du travail d'analyse et de synthèse réalisé précédemment. Si les aspects quantitatifs – objectifs de vente en volume, chiffre d'affaires, rentabilité – sont généralement précisés dans les entreprises, les axes majeurs qualitatifs le sont plus rarement. Or, c'est bien à ce niveau que s'établit la différence entre un PAC et un simple budget assorti de quelques actions.

Étape 4 : la programmation des actions et des moyens

Cette étape consiste à planifier et à organiser l'ensemble des actions et des moyens nécessaires à l'atteinte des objectifs quantitatifs et qualitatifs. Elle est impliquante pour la force de vente qui se voit attribuer nominativement des actions à mener, accompagnées de délais de réalisation. De son côté, l'encadrement commercial a l'obligation de dégager un certain nombre de moyens mis à la disposition de la force commerciale, moyens ayant souvent un impact budgétaire non négligeable.

Étape 5 : le tableau de bord

Cette dernière étape n'est pas la moindre. Elle demande de la part de l'encadrement commercial un certain doigté, sous peine d'être vécue

© Éditions d'Organisation

par les forces commerciales comme la mise en œuvre d'une politique de « flicage », selon le terme souvent utilisé. Les commerciaux (tout au moins un certain nombre d'individus leaders) doivent donc être associés à l'élaboration du tableau de bord afin que les règles soient claires et partagées par tous. Bien utilisé, le tableau de bord fournit les indicateurs indispensables de recadrage de l'action commerciale.

Cependant, une évolution conjoncturelle mal cernée lors de l'élaboration des objectifs, des modifications structurelles de l'environnement concurrentiel, l'apparition de nouvelles réglementations liées à la mondialisation des échanges... sont autant de facteurs externes qui peuvent nuire à l'atteinte d'une partie des objectifs qualitatifs ou quantitatifs définis dans le Plan d'Action Commercial. Savoir anticiper d'éventuelles menaces pour définir des actions correctives immédiates, savoir saisir une opportunité commerciale sur un marché en ayant pris soin de mesurer son impact positif ou négatif sur la réalisation du Plan d'Action Commercial, constitue donc des objectifs importants assignés à un tableau de bord pertinent.

Les conséquences induites du PAC

Au départ considérée comme un simple outil parmi tant d'autres, la planification commerciale est souvent vécue *a posteriori* comme un véritable changement des pratiques commerciales et marketing des entreprises. Cette évolution radicale (illustrée dans le dossier « RHF » à la fin de ce chapitre) peut être abordée au travers de l'impact de la mise en place de la démarche sur quatre axes : le management des équipes commerciales, la gestion commerciale, la valorisation des fonctions commerciales, l'échange d'informations sur le marché.

Un outil de management des équipes commerciales

On retrouve ici un constat récurrent en management : un bel outil ne sert à rien s'il n'est pas accepté et *acheté* en interne. Échanger et partager des analyses sur l'évolution d'un secteur de vente, puis en déduire la meilleure stratégie à adopter localement, constitue des moments privilégiés d'échanges de points de vue au sein de l'équipe de vente et avec son responsable. Autant d'occasions d'enrichissement, mais aussi de divergences, voire de sources potentielles de conflits.

Un outil de gestion commerciale

Le PAC se traduit tout d'abord par des objectifs et des moyens planifiés et programmés. Mais il implique aussi la définition d'indicateurs facilitant le suivi des objectifs, la recherche d'explications aux écarts objectifs/réalisations, et la mise en place d'actions correctives. C'est donc un outil de gestion au même titre que d'autres à finalité plus comptable ou financière.

Une valorisation des fonctions commerciales

Élaborer un Plan d'Action Commercial signifie prendre du recul par rapport à une pratique : définir les facteurs influençant son activité, anticiper leur évolution, en tirer des propositions d'ajustement à partir d'une analyse structurée. En bref, il s'agit de passer du stade de demandeur de moyens à celui d'apporteur de propositions… justifiant certes des moyens mais dans le cadre d'objectifs précis et consensuels. La mission de la force commerciale s'en trouvera valorisée, tout particulièrement par l'intégration d'une réflexion marketing.

Un facilitateur d'échanges d'informations

La maîtrise rapide de l'information constituera toujours un facteur clé de succès pour les entreprises. Le Plan d'Action Commercial, par sa rigueur et son exigence d'anticipation, conduit chaque commercial à être davantage sensibilisé à la collecte et au partage de l'information. Le PAC favorise ainsi des progrès individuels et collectifs au niveau de la connaissance de la concurrence, de l'évolution des marchés, du positionnement de l'entreprise.

La planification commerciale, telle que nous l'avons décrite dans cette partie, constitue une démarche indispensable pour un manager commercial. Mais la mission de celui-ci ne se résume pas à l'élaboration et au suivi du PAC. Il lui faut également animer l'ensemble de ses personnels en contact.

L'animation commerciale

La formation et la motivation constituent les deux leviers majeurs de toute animation commerciale. Nous allons maintenant les examiner successivement.

La formation

Dans les chapitres précédents, nous avons caractérisé la variété des compétences demandées aux personnels en contact autour de quatre dimensions : compétence technique, compétence commerciale, compétence relationnelle (savoir gérer le client dans le temps), et compétence institutionnelle. La formation s'avère un outil indispensable pour permettre à chaque personnel en contact d'acquérir le niveau nécessaire sur ces quatre dimensions, et surtout de maintenir ce niveau dans le temps en dépit des évolutions technologiques et commerciales de plus en plus rapides. En regroupant les dimensions commerciale et relationnelle (liées directement au contact client), la formation des personnels en contact commercial va donc s'organiser dans trois domaines :

– la *formation technique*. L'objectif est de donner à l'ensemble des personnels en contact commercial, les connaissances suffisantes à la réalisation de leur mission sur la dimension technique de l'offre de l'entreprise de services. Il est bien entendu qu'un ingénieur commercial n'aura pas besoin d'une formation technique aussi poussée dans un domaine précis, qu'un consultant ou un technico-commercial. Pourtant, il est fondamental que tous les personnels en contact disposent d'une connaissance de base homogène sur cette dimension technique.

– la *formation commerciale et relationnelle*. L'expression même de personnel en contact commercial renvoie à l'importance d'une bonne gestion de la relation avec un ou des interlocuteurs clients. La formation commerciale et relationnelle a pour objectif d'homogénéiser les pratiques afin de garantir une certaine cohérence de l'ensemble des contacts établis avec des clients. Elle peut couvrir de nombreux domaines possibles : impact des spécificités des services sur une négociation commerciale, techniques de vente, méthodes permettant de mieux comprendre les comportements d'achat comme l'analyse transactionnelle ou la programmation neurolinguistique, objectifs et mise en œuvre du PAC... Les actions de formation peuvent soit mixer volontairement les différentes catégories de personnels en contact, soit s'adresser spécifiquement à l'une d'entre elles.

– la *formation institutionnelle*. Le personnel en contact constitue un vecteur de communication essentiel pour un prestataire de service. Cela nécessite de sa part une parfaite connaissance de l'histoire, de la culture, et de la stratégie de son entreprise, afin de transmettre à ses interlocuteurs clients une image cohérente de l'institution prestataire. Cette connaissance doit se manifester non seulement dans ses discours, mais également dans ses attitudes et comportements qui doivent être en conformité avec le positionnement et l'image de l'entreprise de services.

La motivation et la rémunération

La politique de motivation d'une équipe de personnels en contact commercial couvre trois dimensions principales qui doivent bien sûr être cohérentes entre elles :

– les objectifs et leur suivi par l'intermédiaire de tableaux de bord ;
– l'évaluation des personnels en contact ;
– la rémunération et la stimulation, financières ou non.

Nous avons souhaité ici mettre l'accent sur la rémunération et les stimulations financières qui constituent une question extrêmement sensible dans les entreprises de services, du fait de la multiplicité des personnels participant à la relation commerciale et pouvant donc se prévaloir d'une contribution dans les succès commerciaux.

Dans un premier temps, il est nécessaire de revenir sur la finalité première de tout plan de rémunération qui consiste à favoriser l'atteinte des objectifs globaux de l'entreprise. La stratégie de rémunération doit donc servir la stratégie générale de l'entreprise et sa stratégie commerciale. Il faut déboucher sur un équilibre d'intérêts entre l'entreprise et le vendeur comme le soulignent Hamon, Lésin et Toullec (2003) qui mettent en évidence les sept qualités suivantes d'un bon système de rémunération :

- attractif pour les bons personnels en contact ;
- simple à élaborer, à comprendre et à mettre en place ;
- stimulant en poussant les personnels en contact à améliorer leur résultat ;
- utile à la réalisation des objectifs ;
- réalisable en terme de coût pour l'entreprise ;
- équitable compte tenu de la qualification des employés ;
- reconnaissant des efforts déployés par les personnels en contact.

Concernant la structure de la rémunération par elle-même, Macquin (1998) distingue trois étages en les comparant à ceux d'une fusée :

- le premier étage, correspondant à la base de la fusée, est constitué du salaire fixe qui rémunère le niveau de compétences et la réalisation des missions permanentes ;
- le second est composé de la rémunération variable contractuelle correspondant aux objectifs assignés aux personnels en contact commercial ;
- le troisième réside dans une rémunération variable non contractuelle visant à récompenser les performances exceptionnelles.

Ces trois étages sont modulables et peuvent être activés de manière plus ou moins importante en fonction de la situation et de la stratégie de l'entreprise.

L'équilibre entre la part variable et la part non variable est la première question à laquelle le manager doit trouver une réponse pertinente. À ce niveau, l'essentiel est de bien comprendre les différents personnels en contact, leur rôle, leurs missions, et leurs aspirations. Le plan de rémunération doit favoriser une dynamique commerciale à la fois collective et individuelle.

La seconde question est liée aux critères que la part contractuelle de la rémunération variable doit permettre de mesurer et de valoriser : objectifs quantitatifs (chiffre d'affaires, marge, part de marché...) et objectifs qualitatifs (connaissance et maîtrise des centres d'achats des clients majeurs, introduction dans des réseaux relationnels...).

Enfin, si la rémunération variable non contractuelle doit être prise en compte dans le Plan d'Action Commercial annuel, elle ne peut en aucun cas apparaître comme une démarche systématique, reprise à chaque nouvelle année. Cette forme de rémunération doit permettre d'orienter l'action de l'équipe commerciale vers un axe de développement particulier, à un moment précis de l'année, et sur une période courte.

Il convient d'adapter le plan de rémunération à la diversité des personnels en contact, en s'appuyant sur la typologie de ces personnels présentée au début de ce chapitre. Nous reprenons ici notre exemple de la société de distribution pour la restauration hors foyer. L'objectif du système de rémunération de cette entreprise était non seulement de favoriser la motivation de chaque type de personnel en contact, mais aussi de créer une véritable dynamique positive entre eux. Ce deuxième objectif a notamment permis de supprimer certaines animosités entre les fonctions quant à leurs rôles respectifs dans les succès commerciaux de l'entreprise.

Type 1 - Les technico-commerciaux

Ils bénéficient d'une rémunération fixe correspondant à 90 % de leur rémunération totale, de façon à privilégier un travail de fond d'information et d'argumentation sur les nouveaux produits à forte valeur ajoutée. Ce travail de fond doit être relayé sur le terrain par la force de vente itinérante (type 2) afin d'obtenir des commandes fermes et récurrentes. 10 % de la rémunération des technico-commerciaux sont variables et correspondent aux objectifs fixés en début d'année, pour la vente de nouveaux produits, par le management commercial. L'atteinte de ces objectifs est bien entendu directement dépendante des efforts de la force de vente itinérante afin de faciliter la collaboration et la solidarité entre ces deux populations de personnels en contact. Enfin, des primes ponctuelles – 10 % – souvent financées par les industriels de l'alimentaire sont proposées et correspondent à des campagnes très courtes (quelques semaines) sur tel ou tel produit spécifique.

Type 2 - Les commerciaux

La rémunération de cette force de vente itinérante se compose d'un fixe correspondant à 40 % de la rémunération globale, les 60 % restants provenant de commissions ou de primes liées directement à la réalisation d'objectifs de chiffre d'affaires (global ou par type de produits). Comme pour les technico-commerciaux, des primes proposées par les industriels sur des produits spécifiques viennent compléter le plan de rémunération.

Type 3 - Les chauffeurs-livreurs

Sa normalisation qualité a conduit notamment l'entreprise à suivre et à mesurer la bonne réalisation de la livraison (à temps et dans des conditions optimales pour le client). Des ratios permettent ainsi d'évaluer de manière objective le travail relationnel des chauffeurs-livreurs, et l'atteinte de certains niveaux donne lieu au versement d'une prime annuelle. Il est à noter que cette forme de rémunération a contribué à rapprocher le comportement des chauffeurs-livreurs de celui des commerciaux de type 2, par exemple en favorisant de leur part la remontée d'informations sur la concurrence et sur les attentes des clients.

Type 4 - Les télévendeuses

Elles ont une rémunération fixe de 80 %. La part de variable est composée pour 10 % de l'atteinte des objectifs de chiffre d'affaires et de marge du commercial avec lequel elles travaillent en équipe, et pour 10 % de primes sur des compagnes spécifiques liées en particulier à la vente de produits de dégagement (produits ayant une date limite de consommation très courte).

Enfin, pour terminer le descriptif de rémunération de cette équipe, il est nécessaire d'indiquer que des stimulations non financières (voyages individuels ou collectifs dans un pays étranger, visites d'usines des industriels...) sont également planifiées chaque année.

L'élaboration de ce plan de rémunération a pris en compte, non seulement la stratégie de l'entreprise et les apports commerciaux de chaque population concernée, mais également l'historique du mode de rémunération. Ce dernier point, peu souvent abordé dans les ouvrages consacrés à la rémunération, est cependant fondamental. Pour qu'un système de rémunération atteigne ses objectifs, il doit en effet apporter une réelle plus-value aux personnels tout en ne créant pas de rupture trop forte avec le système de rémunération passé. Le contraire conduirait à susciter une crainte bien compréhensible qui pourrait bloquer le processus de motivation.

Ode au manager commercial !

Le management commercial s'avère une fonction déjà difficile dans le cas d'une entreprise industrielle où la force de vente est à la fois minoritaire et relativement homogène. Il devient particulièrement complexe dans le cas d'une entreprise de services face à la prédominance numérique et à la grande diversité des personnels en contact avec les clients. Dans un tel contexte, ce chapitre a voulu donner des clés utiles au manager commercial. Mais, au fait, qui est ce manager ? Lui-même est divers dans ses statuts. Parfois homme de l'art, spécialiste du commercial, ses titres préférés sont alors directeur commercial ou responsable du développement commercial. Souvent polyvalent, manager généraliste d'une équipe, il s'appelle alors responsable d'agence, d'établissement, directeur régional, directeur de division... Ces deux types coexistent d'ailleurs dans certaines entreprises, ce qui ne va pas toujours sans friction. Manager le management commercial aurait pu donner lieu à une partie supplémentaire de ce chapitre !

Il reste que le management commercial, loin d'être une mission secondaire par rapport à d'autres jugées souvent plus prestigieuses telles que la stratégie, le marketing, ou le contrôle de gestion, est bien au cœur de la dynamique profonde du service qui est, avant tout, affaire de contact client et de sens du service.

Références bibliographiques

Groupe Ecully (1996), *Négocier – Entreprise et négociations*, Éditions Ellipses. Lire en particulier le chapitre 3 : « La négociation dans l'activité de services. »

HAMON C., LÉSIN P. et TOULLEC A. (2003), *Gestion et management de la force de vente*, Dunod.

MACQUIN A. (1998), *Vendre*, Éditions Publi-Union.

MOON M.A. et MENTZER J.T. (1999), Improving salesforce forecasting, *The Journal of Business Forecasting Methods & Systems*, Flushing, summer.

ZEYL A. et DAYAN A. (2003), *Force de vente*, Éditions d'Organisation.

Dossier : RHF[1]
(Restauration Hors Foyer)

D'un stakhanovisme commercial
à une organisation performante

Concessionnaire d'une grande société de l'alimentaire pour un département français, « RHF » est une entreprise créée il y a cinquante ans et toujours détenue par ses fondateurs. Son chiffre d'affaires se réalise grâce à trois activités majeures dans le domaine de la distribution : le frais, les surgelés et les produits secs.

Il y a six ans, les managers commerciaux constataient une stagnation du chiffre d'affaires et une baisse sensible des marges. L'équipe commerciale était alors composée de dix vendeurs, chacun ayant la responsabilité de 400 clients (restaurants, collectivités, établissements scolaires…) et réalisant entre 30 et 40 visites par jour. Il s'agissait de prises d'ordres sur des formulaires pré-imprimés que le client remplissait, en règle générale, lui-même.

Une analyse du portefeuille clients a alors permis de dégager les cinq conclusions suivantes :

- le chiffre d'affaires par client stagnait depuis deux ans ;
- les produits commandés étaient toujours les mêmes ;
- les commandes concernaient uniquement des produits basiques à très faible marge (lait, crème, beurre…) ;
- une très grande majorité de nouveaux produits n'était pas commandée par les clients ;
- le potentiel de conquête de nouveaux clients était faible, l'entreprise étant fournisseur de la quasi-totalité des points de distribution.

---

1. Cette entreprise de distribution pour la restauration hors foyer (RHF) a souhaité demeurer anonyme.

Depuis plusieurs années, l'entreprise avait compensé la stagnation du chiffre d'affaires par un redécoupage des secteurs en augmentant le nombre de vendeurs. Cette démarche arrivait à sa limite, et il était donc urgent d'envisager une réorganisation commerciale en profondeur. Celle-ci s'est immédiatement heurtée à une opposition des vendeurs craignant que leurs clients ne passent plus aucune commande s'ils n'étaient pas visités chaque semaine dans le cadre des tournées réalisées jusque-là.

La démarche a consisté à élaborer avec les vendeurs un Plan d'Action Commercial au niveau de chaque secteur. La première étape a conduit chaque commercial à analyser son parc clients à partir du chiffre d'affaires réalisé dans chacune des trois familles de produits. De façon à vendre en interne cette approche, l'exercice s'est limité aux 20 % des clients réalisant 80 % du chiffre d'affaires de chaque secteur.

Le résultat principal de cette analyse a immédiatement interpellé l'ensemble de l'équipe de vente. En effet, chaque vendeur s'est très vite rendu compte que certains clients étaient mono-famille de produits. L'explication de cette situation résidait dans l'histoire de la relation commerciale et dans le fait que cet équilibre semblait satisfaire les deux parties. La première action décidée a consisté à cibler un certain nombre de clients d'une seule famille de produits auxquels les vendeurs s'engageaient à présenter les autres familles. Si les résultats ont été immédiatement meilleurs, la progression du chiffre d'affaires se heurtait toujours à un problème de disponibilité des vendeurs qui continuaient à réaliser de 30 à 40 visites par jour. De plus, si le chiffre d'affaires avait augmenté, il n'en était pas de même des marges. La décision a donc été prise d'adjoindre aux vendeurs itinérants un service de télévente.

Lors de la réalisation du Plan d'Action Commercial 2002, il a été demandé aux commerciaux d'analyser leur 20/80 de la même façon que l'année précédente, mais en complétant cette analyse par le repérage des potentiels par famille de produits. Ce nouvel axe de travail a soulevé de nombreuses interrogations quant à sa faisabilité de la part de la force de vente. Des projections en fonction notamment du nombre de repas convertis en chiffre d'affaires, et du chiffre d'affaires réalisé en liquide, ont alors été proposées aux vendeurs pour les aider. Lors de la restitution réalisée par les vendeurs, le management a été surpris des résultats présentés.

En effet, la force de vente avait d'elle-même réalisé l'étude auprès de l'ensemble de ses clients et non pas en se limitant aux 20/80, jugeant ce travail très intéressant. De plus, une typologie des clients avait été réalisée par les commerciaux eux-mêmes :

- les *clients stratégiques* à fort potentiel, incontournables pour l'entreprise du fait du fort chiffre d'affaires déjà réalisé ;
- les *clients majeurs* au chiffre d'affaires conséquent mais au potentiel limité ;
- les *clients « ventre mou »* commandant toujours les mêmes produits et au potentiel moyen voire faible ;
- les *clients « prospects »* avec un chiffre d'affaires faible mais qu'il était possible de développer par des actions spécifiques et ciblées.

Cette typologie a permis de faciliter l'intégration de l'équipe de télévente qui s'est vue confier, dans un premier temps, la gestion des appels entrants et surtout des clients « ventre mou » et de certains clients majeurs. Dans cette logique, les commerciaux ont naturellement accepté de rééquilibrer leur nombre de visites en fonction du type de clients : les clients stratégiques ont été visités une voire deux fois par semaine, la majorité des clients moyens n'étant, quant à eux, visités qu'une fois par semaine, voire tous les quinze jours. Dans ce dernier cas, la télévente avait la responsabilité de téléphoner au client la semaine où celui-ci n'était pas visité par le commercial itinérant.

La formalisation du Plan d'Action Commercial a donc permis de structurer l'action de l'ensemble de l'équipe commerciale et d'accompagner la réorganisation commerciale. La position de l'entreprise chez les clients stratégiques et majeurs s'en est trouvée renforcée. L'entreprise a également développé de manière très significative les clients-prospects auxquels les commerciaux ont pu consacrer davantage de temps.

Par contre, les nouveaux produits et les innovations en termes d'offres de services, générateurs de marges élevées, continuaient à représenter une part marginale du chiffre d'affaires, ce qui pénalisait la rentabilité globale de l'entreprise. L'action de la force de vente itinérante a donc été centrée en 2003 sur la présentation de ces nouvelles offres. Une démarche rendue possible grâce aux bons résultats de la télévente et à sa perception favorable par les clients.

4 Le management des hommes et des organisations

CURSUS STUDIORUM DES FUTURS CHEFS DE LA CITÉ

« *Une première sélection retiendra les plus fermes et les plus courageux, les caractères nobles et forts. Mais ces jeunes gens devront aussi manifester des dispositions pour l'éducation que les maîtres veulent leur donner : mémoire, constance dans toute espèce de travail, facilité à apprendre et pénétration pour les sciences. Après avoir reçu leurs premiers honneurs, et ce à l'âge de vingt ans, les plus performants se verront proposer pendant dix ans un enseignement complet de sciences (calcul, géométrie, science des volumes, astronomie et, enfin, harmonie musicale). À trente ans, les plus solides accèderont à la discipline suprême, la dialectique, qui leur sera enseignée durant cinq ans. Mais les voies d'accès à la vérité une fois révélées, les meilleurs éléments devront retourner dans la caverne*

© Éditions d'Organisation

pendant quinze ans avant d'accéder, s'ils sont restés brillants, au rang de chefs de la Cité platonicienne. Ainsi, jusqu'à cinquante ans, ils devront se frotter à la pratique afin de ne pas prendre de retard sur le plan de l'expérience. »

Platon, *La République.*

La réflexion sur le management ainsi que ses pratiques observables en entreprise, sont parfois ballottées par les modes : modes des « cercles de qualité », du « ré-engeneering », des « projets d'entreprise » ou « projets de services » dans la fonction publique ; ou bien encore du « management par projets » qui connaît actuellement un grand engouement.

La citation de Platon en exergue de ce chapitre nous rappelle que le management des hommes est en fait un sujet ancien. Depuis qu'il existe une réflexion et un discours sur le sujet, il existe aussi un discours sur le comportement de l'homme au travail, sur un travail « bien fait » et un travail qui ne l'est pas, ainsi que sur les compétences requises pour la personne qui en supervise la réalisation. Depuis long-temps, on parle de « l'homme » ou du « compagnon » au-delà du travailleur, en percevant intuitivement qu'il ne peut y avoir de perfor-mance dans le travail si l'on ne prend pas en compte « autre chose » que la technicité, un « autre chose » constitué d'engagement dans le travail et de valorisation de cet engagement par la communauté qui l'entoure.

Les discours ont changé au fil du temps, les valeurs et les pratiques également. Mais, au-delà de ces changements, on peut formuler un principe invariant : l'engagement des personnes dans leur travail dépend toujours des rétributions qu'elles reçoivent en retour, et pas seulement sous forme de salaire. Dans le domaine des services, dont les spécificités ont déjà été largement présentées, la qualité de la relation avec le client et l'évaluation que celui-ci fait du service qui lui est apporté, sont des composantes fortes de la rétribution générale perçue par l'employé, et en particulier par le personnel en contact. Les succès encouragent chez lui des efforts soutenus, les difficultés pouvant générer au contraire des attitudes de retrait ou de découragement.

La recherche de proximité du client prend des formes particulières dans les entreprises de service. On peut en voir les effets dans la manière dont les entreprises cherchent à adapter leurs structures et, au niveau local (dans les équipes de travail), par l'importance du style de management pratiqué par l'encadrement de proximité. Ce sont ces deux points qui serviront de plan au présent chapitre.

■ Quelle structure organisationnelle pour une entreprise de service ?

Pour permettre la meilleure réactivité possible par l'interface des salariés en situation de contact direct avec leurs clients, nombre d'entreprises de service ont raccourci leur ligne hiérarchique, aplati leurs structures, mis en place des processus transversaux et déconcentré ou décentralisé les décisions au plus près du lieu d'action et au plus près du client.

Dans les entreprises de petite taille, par exemple chez un courtier d'assurances, il est relativement aisé d'organiser les activités dans le cadre d'une structure dite « simple ». Ici, en effet, les tâches et activités ne nécessitent pas un découpage à définir selon des méthodes et principes très élaborés : la contribution des différentes personnes va s'effectuer « naturellement », en fonction des prestations à apporter au client, sous la supervision du courtier ; et cela même si le volume d'activités et le chiffre d'affaires sont conséquents.

Le principal problème des « structures simples » survient en cas de forte croissance de ces organisations : il devient alors difficile à ceux qui détiennent la compétence de superviser l'ensemble des opérations. Dans ce cas, les entreprises adoptent des formes d'organisation plus complexes, en particulier lorsque la gamme de prestations est plus diversifiée ou quand ses implantations et marchés sont variés.

Trois formes classiques d'organisation

On distingue classiquement trois grands types de structures (voir notamment Livian, 1998).

1. *Les structures fonctionnelles* (figure 1) construites à partir des fonctions essentielles à l'activité (marketing/contrôle de gestion/ressources humaines, etc.). On regroupe dans une même unité (direction ou département) les personnes chargées de la même fonction.

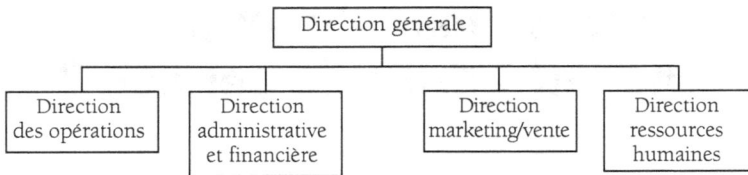

```
                    ┌─────────────────────┐
                    │  Direction générale │
                    └─────────────────────┘
   ┌──────────────┬──────────────┬──────────────┬──────────────┐
┌──────────┐ ┌──────────────┐ ┌──────────────┐ ┌──────────────┐
│ Direction│ │  Direction   │ │  Direction   │ │  Direction   │
│des opéra-│ │administrative│ │marketing/vente│ │  ressources  │
│  tions   │ │et financière │ │              │ │   humaines   │
└──────────┘ └──────────────┘ └──────────────┘ └──────────────┘
```

Figure 1 – Exemple d'une structure fonctionnelle

On rencontre souvent ce type d'organisation dans les entreprises de taille moyenne, ou au sein de vastes entreprises multinationales, lorsqu'on considère l'organisation interne à une de leurs divisions (division pays ou produit).

Dans ce type de structure, fréquent dans le domaine des services, la coordination des activités est confiée à la responsabilité de la hiérarchie qui s'appuie sur des procédures définies au sein de chaque fonction. Au niveau local de l'unité, c'est surtout la qualité du dialogue avec l'encadrement qui va déterminer le niveau d'engagement des employés. Au niveau global de l'organisation, les principaux avantages de la structure fonctionnelle sont la clarté de la définition des rôles et des tâches ainsi que la possibilité, pour les dirigeants, de contrôler le fonctionnement opérationnel de l'ensemble. À l'inverse, l'inconvénient de ces structures fonctionnelles réside dans le risque, pour les dirigeants, d'être accaparés par des problèmes routiniers, au détriment de la disponibilité nécessaire à la réflexion stratégique. La bonne définition des niveaux de délégation constitue en cela un point clé, pour la performance de l'organisation dans son ensemble, et pour l'intérêt des personnes que cela permet de responsabiliser par délégation.

Au niveau local, les insuffisances éventuelles de coordination entre les différentes fonctions peuvent se traduire par des tensions ressenties par les employés. Dans le secteur bancaire par exemple, c'est le syndrome fréquent des relations « animées » entre le *back-office* et le *front-office* pour l'instruction d'une demande de prêt. Les uns ayant besoin d'apporter une réponse immédiate au client, vont chercher à « faire passer le dossier » ; les autres ayant besoin de garanties complémentaires pour respecter les normes qu'on leur fixe (en matière d'évaluation des capacités de remboursement) vont demander des éléments nouveaux qui retarderont la réponse. Heureusement pour le client, les « ajustements mutuels » (voir Mintzberg, 1982 et 2004) ne passent pas toujours par la voie hiérarchique !

2. *Les structures divisionnelles* (figure 2) composées d'unités (divisions) distinguant des types de services, de marchés, ou de zones géographiques.

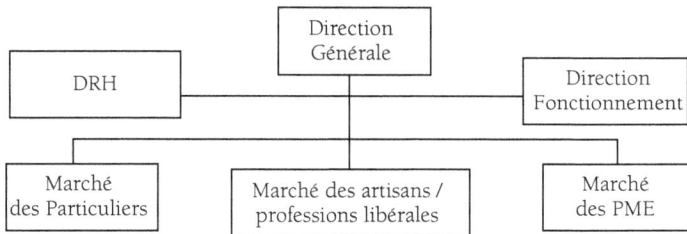

Figure 2 – Exemple d'une structure divisionnelle

Les services proposés par l'organisation peuvent être tellement diversifiés qu'il est parfois gênant de les regrouper au sein d'une même entité (comme c'est le cas dans une structure fonctionnelle). Au-delà d'une certaine taille, il peut donc être opportun de réunir à l'intérieur d'une même division les compétences et processus d'innovation concernant un même domaine d'activité stratégique. Cette organisation permet de se concentrer sur les menaces et opportunités propres à son environnement concurrentiel, et de mieux pouvoir mesurer la performance dans le domaine concerné.

On rencontre ce type de structure dans les entreprises dont les prestations requièrent des compétences relativement spécialisées ; à la différence de prestations plus générales et diversifiées mises en œuvre par des personnels plutôt polyvalents. Signalons que lorsqu'une entreprise de service en phase de croissance passe d'une structure fonctionnelle à une structure divisionnelle, la redistribution du portefeuille de clientèles dans les nouvelles entités est souvent mal ressentie par les employés qui « perdent » certains de leurs clients habituels.

3. *Les structures matricielles* (figure 3) dans les entreprises de service sont, le plus souvent, soit des combinaisons de divisions produits ou services avec des structures par marché, soit une combinaison d'une structure divisionnelle avec une structure fonctionnelle.

Direction Générale			
Disciplines pédagogiques / Centre	Ressources humaines Droit	Économie Marketing	Stratégie Finance
Formation initiale			
Programme MBA			
Formation continue			110
Centre de recherche			

Figure 3 – Exemple d'une structure matricielle (le cas d'une *business school*)

Ces structures ne sont pas réservées aux grandes entreprises : on les rencontre également dans les cabinets d'experts-comptables ou d'avocats, dans les grandes écoles et universités ou encore dans les hôpitaux. Les mécanismes de coordination reposent souvent sur des instances de pilotage ou des comités réunissant les responsables de secteurs très différents. Ces instances ont l'avantage d'impliquer activement les managers dans des décisions transversales aux différents secteurs de l'entreprise. Dans telle clinique, on verra ainsi un chirurgien impliqué dans les arbitrages budgétaires de l'ensemble de l'établissement ; dans telle compagnie de tourisme, on pourra impliquer le responsable d'une agence dans l'élaboration du plan de communication de l'entreprise.

Lorsque la culture d'entreprise s'y prête, on trouve dans ces structures beaucoup de solutions aux problèmes de fonctionnement grâce à l'échange d'informations, au développement de la communication interne et à la pratique de la négociation au quotidien. Des réunions « intersectorielles » permettent de rechercher le consensus et de solutionner des problèmes. Si le consensus n'est pas de mise, on observe souvent chez les employés des attitudes pouvant aller du retrait « en attendant que les chefs se mettent d'accord », à des comportements déterminés par la meilleure réponse pour le client, telle qu'on la perçoit « sur le terrain ».

Une organisation à inventer pour chaque entreprise

Quelle que soit la forme qu'une entreprise adopte parmi les trois présentées, on s'accorde aujourd'hui pour considérer qu'il n'existe pas *a priori* de bonne ou de mauvaise structure, chaque formule présentant des avantages et inconvénients. D'ailleurs, dans la réalité, peu d'organisations fonctionnent selon un seul modèle structurel type. Elles adoptent souvent des formules hybrides, et adaptent leur configuration en fonction des exigences internes et des caractéristiques externes, selon que l'environnement soit changeant ou stable.

En interne, ce qui compte avant tout concerne les mécanismes de coordination et de coopération des différentes entités ainsi que le degré d'autonomie des personnes au sein des entités. En effet, certaines entreprises de service fonctionnent encore selon des principes hérités de l'ère industrielle et des préceptes de l'Organisation Scientifique du Travail (OST) définis par F.W. Taylor. Lorsqu'il s'est intéressé à la culture du gazon de golf (1905) et aux méthodes de coupe des métaux (1906), ce rigoureux ingénieur a élaboré des protocoles expérimentaux, envisagé différentes solutions en mesurant, chronométrant, comparant, les effets produits par chacune. Il existe selon lui un seul bon mode opératoire (*one best way*) que les ouvriers doivent reproduire. Le chef est celui qui sait et qui sait faire. Il donne un ordre, le subordonné l'exécute et lui en rend compte pour en faire contrôler l'exécution. Les promoteurs de l'organisation scientifique du travail étaient des ingénieurs dont la préoccupation essentielle visait à optimiser l'efficacité des outils et des machines. Les hommes étaient considérés comme des appendices des machines : un mal nécessaire. « Mal » au sens où ils n'étaient pas aussi fiables et ordonnancés que les machines et que les processus de production. Sources d'erreurs, il convenait donc de limiter leurs domaines d'intervention. Le management des hommes visait à faire en sorte que les aléas de la nature humaine ne perturbent pas la savante organisation, d'où une parcellisation des tâches consistant à n'exécuter qu'un nombre restreint de mouvements. La notion de travail d'équipe était bannie, par crainte que les standards de travail ne s'alignent sur celui du membre le moins performant. On pouvait faire travailler les hommes à la manière de robots tant qu'on les rémunérait correctement (avec par exemple des salaires à la pièce).

Malheureusement, ce paradigme de l'automate intervenant dans des rouages réglés à la manière d'une horloge, a trouvé facilement prise en France dans certains domaines des services, avec la « théorie administrative » d'Henri Fayol (1916). Appliquée à l'Administration, cette théorie a énoncé les rôles, devenus célèbres, du manager :

- *prévoir* en particulier ce qui concerne les moyens à affecter, les difficultés à anticiper et les investissements à réaliser.
  « *Il incombe à un responsable et à lui seul de rassembler les éléments et de prendre des décisions marquées de ses intuitions et de sa volonté.* »
- *organiser* l'ordonnancement et la répartition des activités, leur localisation et leur programmation dans le temps.
- *faire réaliser* la mise en œuvre des programmes et la conduite des actions quotidiennes. Il s'agit de « *Faire faire ce qui doit être fait* » et de veiller soi-même aux ajustements nécessaires et aux mesures correctives face à l'imprévu. C'est le rôle du commandement, des ordres donnés, impliquant l'obéissance.
- *contrôler* la bonne exécution des tâches prévues et le bon usage des moyens attribués. Cela implique la mesure des écarts entre objectifs et résultats, qui donnera lieu par la suite au développement des outils et méthodes du contrôle de gestion.

Là encore, on part de l'hypothèse qu'il existe une manière idéale pour organiser le travail, s'appuyant sur la spécialisation des tâches et la standardisation des opérations effectuées par les employés. Tout agent doit pouvoir ou bien s'en remettre à l'application d'un texte, ou bien en référer à son supérieur hiérarchique, l'initiative personnelle pouvant même être suspectée d'orientation frauduleuse dans une organisation administrative comme les impôts…

En se centrant uniquement sur la division du travail, sur la rationalité technique, et sur les savoir-faire déjà acquis, le management traditionnel de ces systèmes mécanistes ne possède qu'une capacité limitée à s'adapter aux évolutions de l'environnement. Or, qu'il s'agisse d'entreprises privées ou publiques, les entreprises de service connaissent des mutations fondamentales que le management des hommes et des organisations doit accompagner, voire même anticiper. Désormais les nouveaux équilibres sont précaires pour nombre d'entreprises de service, sans cesse remises en question par les modifications des conditions de marché, par de nouvelles réglementations, par les conséquences du développement de nouvelles technologies. C'est ce que l'on observe aujourd'hui dans certains secteurs comme l'hôpital, confronté à des contraintes de plus en plus fortes, notamment sur le plan budgétaire ou dans le domaine de la qualité du service à dispenser à des clients de plus en plus exigeants, n'hésitant pas à mettre en œuvre des recours juridiques lorsqu'ils ne sont pas satisfaits.

Le management des hommes et des organisations n'est ni une science ni une technique réservée à des spécialistes. Il relève plutôt de l'art, au sens étymologique évoquant la manière de composer, de disposer et d'agencer différents éléments. L'art du management va consister à mettre en cohérence le devenir de l'entreprise et l'action propre à chacune des équipes qui la constituent. Alors que le cloisonnement étanche entre les services était tenu pour nécessaire, il est maintenant devenu un carcan. Alors que le manager d'équipe était vu comme le gardien des normes, des directives et des procédures, son rôle a évolué vers celui d'animateur : celui qui donne une âme et un sens à l'action des personnes et de l'équipe. La logique de l'obéissance au chef (logique produite par le système en vigueur plutôt que par le chef lui-même) a clairement montré ses limites, d'autant plus que les attentes et exigences des collaborateurs en matière de respect, d'autonomie, de responsabilisation et d'amélioration des conditions de travail se sont ouvertement exprimées. Les personnes veulent comprendre les décisions, la raison d'être de ce qu'elles font, et n'apporteront leur « intelligence de situation » lorsqu'elles « construisent une solution » avec leur client, que si le système les prend réellement en compte et en considération.

■ Les leviers d'action du management d'une équipe

L'implication dans le travail, telle que nous venons de l'évoquer, ne s'explique pas par le seul talent dont disposerait ou non le manager d'équipe pour savoir actionner au niveau local les « bons ressorts » de motivation de ses collaborateurs. Dès sa première expérience professionnelle, chacun a pu constater que les responsables d'équipe se montraient plus ou moins à l'aise dans leur rôle d'animation des hommes. Même si l'on ne sait pas mesurer de façon précise la corrélation entre les aptitudes d'un manager dans ce domaine, et le degré d'engagement de ses collaborateurs, on sent bien toutefois qu'un tel lien existe. Pour autant, il ne faudrait pas perdre de vue l'impact d'éléments externes à l'équipe, liés par exemple à la politique générale de formation et de rémunération en vigueur dans l'entreprise (voir les méthodes présentées concernant l'animation d'une équipe commerciale dans le chapitre précédent). L'implication dans le travail est même impactée par des évolutions sociétales et socioculturelles attribuant à la valeur « travail » des représentations différentes de ce que l'on pouvait observer il y a seulement une dizaine d'années (voir Thevenet, 2004).

Au niveau du management d'une équipe, nous souhaitons mettre en relief deux éléments qui nous semblent particulièrement importants dans le secteur des services : l'intérêt de fixer des objectifs et l'opportunité d'adopter un style de management favorisant l'autonomie des collaborateurs (un management qui sera qualifié de « situationnel »).

L'intérêt de fixer des objectifs

Cette notion est apparue depuis longtemps dans la littérature et dans les pratiques de management. Dans les grandes entreprises, elle consiste en un processus initialisé par la direction générale qui va formaliser des objectifs stratégiques orientant l'ensemble de l'organisation. Ensuite, selon la taille de l'entreprise, les objectifs sont déclinés au niveau d'une direction (ou division) puis au niveau du département, puis du service, enfin au niveau des équipes qui composent le service.

Ainsi formulé, ce processus donne l'impression d'une démarche à caractère mécanique et uniquement descendant. En réalité, les personnes concernées pouvant être étroitement associées lors de chaque phase, cela donne vie et dynamique au processus. Les personnes peuvent réagir, discuter, exprimer des remarques ou suggestions qui vont nuancer et enrichir la première formulation ; tout en gardant le cap stratégique voulu par la direction (qui ne connaît pas suffisamment les contraintes opérationnelles, et c'est naturel !). Lorsqu'une direction demande ou incite son encadrement à définir des objectifs par unité, elle délègue un pouvoir au niveau de chaque unité. L'encadrement devient ainsi, en quelque sorte, son représentant par délégation. À l'inverse, si elle ne le fait pas, elle cantonne l'encadrement de proximité dans un simple rôle de supervision de tâches à accomplir sur le court terme.

L'objectif guide l'action des collaborateurs ayant la charge de sa réalisation. Il permet à chacun de connaître et de comprendre ce que l'on attend de lui, le sens et le but de sa contribution, et d'inscrire son activité dans le cadre d'une vision d'ensemble. Il exprime un résultat à atteindre à une échéance donnée (annuelle le plus souvent) grâce à la mise en œuvre de moyens matériels, financiers, et humains. Son expression peut être quantitative (« accroître de 5 % la collecte de produits d'épargne » pour un établissement financier) et/ou qualitative lorsque la quantification chiffrée est impossible (« mieux effectuer les affectations, en améliorant l'information détenue sur les travailleurs temporaires » pour une agence d'intérim). Les employés concernés doivent clairement comprendre ce qu'ils peuvent faire eux-mêmes au quotidien pour contribuer à atteindre l'objectif. Par exemple, lors d'un entretien avec le travailleur temporaire à l'issue d'une mission, il s'agira de recueillir les informations particulières permettant de renseigner les différentes rubriques prévues dans le système d'information interne. Ce qui n'est pas toujours fait par insuffisance de compréhension réelle du système.

Dans le secteur des services, comme pour tout ce qui concerne l'innovation et la qualité, la difficulté à quantifier un objectif est fréquente. D'où le besoin de bien en discuter avec la personne concernée et de dégager d'un commun accord des critères d'évaluation (si cela ne peut être des critères de « mesure » quantifiables) ou des indicateurs pertinents qui seront le signe que l'objectif est atteint : situations, événements ou comportements observables.

C'est à l'encadrement de proximité qu'il revient de rechercher la meilleure adéquation ou le meilleur moyen d'ajustement entre les objectifs organisationnels et les objectifs individuels. Il doit d'abord se montrer clairvoyant sur le fait que ces deux types d'objectifs ne sont pas toujours « superposables », notamment lorsque les objectifs de l'entreprise se traduisent par des contraintes trop difficilement acceptables pour les personnes. Des négociations avec la hiérarchie et avec les collaborateurs seront alors inévitables.

Cette recherche d'adéquation doit également intégrer le fait que chaque employé n'a pas toujours la même vision globale des éléments en jeu, ou n'a pas la formation technique ou l'information économique suffisantes pour apprécier les raisons du niveau d'objectif fixé pour l'ensemble de l'organisation. Dans ce domaine, des efforts d'explication et de communication ont été faits dans nombre d'entreprises auprès des cadres au cours de séminaires ou de conférences périodiques, et également auprès du comité d'entreprise. Pour autant, tous les employés ne sont pas en mesure de comprendre en quoi ils sont concernés individuellement et concrètement. Il appartient alors au responsable d'unité d'élucider les points de divergence et de convergence.

C'est bien là la principale caractéristique d'un objectif : il doit être compris dans un contexte plus large et mobilisateur. Pour ce faire, il lui faut à la fois traduire une ambition volontariste (car fondée sur ce qui est important pour l'avenir de l'entreprise) et être réaliste, donc réalisable. Pour être mobilisateurs, les objectifs doivent servir de référence dans l'action au quotidien. Ils doivent donc être exprimés en nombre restreint, et faire l'objet de points de suivi réguliers, c'est-à-dire de relances ou de discussions si nécessaire, avant la synthèse effectuée en fin de période dans le cadre d'un entretien d'appréciation.

Un style de management favorisant l'autonomie

Nous entendons ici par « style de management » ce qui caractérise l'ensemble des attitudes et comportements du manager dans sa manière d'exercer son pouvoir et de communiquer avec ses collaborateurs dans le cadre des situations de management. Ces attitudes et comportements peuvent s'expliquer sur le plan individuel par des éléments de personnalité du manager : ses valeurs, ses croyances, sa conception du management, sa formation dans ce domaine ou son histoire personnelle… Ces comportements sont également influencés par les « règles » explicites ou implicites de l'organisation, induisant ce que l'on peut faire ou non, ce que l'on peut dire ou non, et dans quelles limites acceptables. Ces règles varient bien sûr considérablement d'une entreprise à l'autre en fonction de la culture établie.

Ces considérations sont essentielles dans le cas d'activités de services difficilement prévisibles et standardisables. En matière de conseil financier par exemple, la solution proposée à un client, ou construite avec lui, se révèle seulement *en cours* d'entretien, de manière imprévisible *a priori* si l'on ne dispose pas préalablement des informations recueillies pendant l'entretien. Outre les compétences techniques et relationnelles nécessaires, le conseiller financier a donc besoin de conditions d'activités favorisant l'initiative et l'autonomie pour inventer le plus ouvertement possible la solution adéquate, en mettant en œuvre à la fois ses savoir-faire, ses vouloir-faire et ses pouvoir-faire.

Les styles de management en vigueur (dans l'entreprise en général, et dans l'unité en particulier) vont permettre de développer ces espaces d'initiative et d'autonomie, ou au contraire de les restreindre, en fonction de principes que l'on peut résumer et modéliser à l'aide de la figure 4[1].

© Éditions d'Organisation

---

1. D'autres modèles instructifs et comparables sont disponibles dans la littérature consacrée à ce sujet (Blake et Mouton, 1978 ; House et Mitchell, 1974). Dans tous les cas, il y a lieu de garder à l'esprit le caractère nécessairement réducteur de tels modèles cherchant à représenter des éléments par nature complexes.

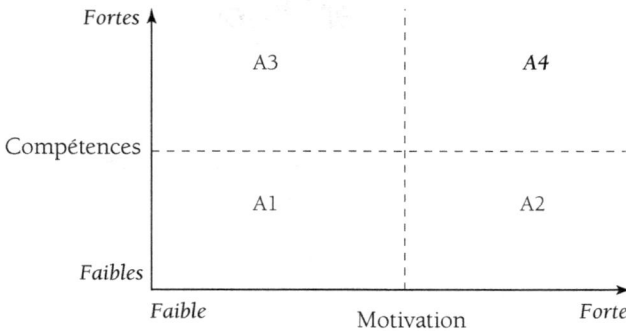

Figure 4 – Quatre niveaux d'autonomie

Chaque employé possède un certain niveau de compétence qui tient notamment à sa formation, à son expérience, et à la qualité de l'information qu'il reçoit dans le cadre de son activité. De même, chaque employé a un niveau de motivation et d'engagement dans son travail qui peut varier notoirement d'une personne à l'autre et, pour une même personne, en fonction des activités à réaliser. Un collaborateur expérimenté, doté d'une forte compétence et très motivé dans son activité, pourra accomplir de façon autonome une mission complexe. Différents auteurs désignent cette capacité sous la notion de « *forte maturité professionnelle* » (position A4 dans la figure 4). À l'inverse, un collaborateur insuffisamment préparé à l'exercice d'une activité donnée, et peu ou pas motivé pour la réaliser a, dans le modèle, une faible capacité d'autonomie désignée « *faible maturité professionnelle* » (position A1). En combinant les facteurs compétence et motivation, et en les graduant en intensité, on obtient quatre niveaux d'autonomie.

Au niveau A2, la maturité professionnelle est modérée. Elle concerne un collaborateur très enthousiasmé par le travail à réaliser, mais possédant un faible niveau de compétence l'empêchant de pouvoir le réaliser de façon indépendante et autonome (les amateurs de bateau à voile savent combien certaines expériences de traversée ne leur sont malheureusement pas accessibles par eux-mêmes !). Au niveau A3, la maturité professionnelle est également modérée, mais pour d'autres raisons. Les compétences requises dans l'activité à réaliser sont bien présentes, mais l'intérêt qu'elle suscite est trop faible pour amener son auteur à déployer une réelle créativité ou ingéniosité particulières, de nature à assurer une prestation de très bon niveau.

S'il veut être efficace, le manager a intérêt à adapter son mode de management au degré d'autonomie de chacun de ses collaborateurs.

Avec un collaborateur peu autonome (A1), le manager pourra adopter un style privilégiant les aspects techniques liés aux missions à réaliser. Il devra rester vigilant sur les résultats obtenus, parfois en vérifiant que les consignes ou règles de fonctionnement sont suffisamment intégrées. Les explications, en individuel, prendront beaucoup de temps et d'énergie, mais elles s'avèreront nécessaires, en particulier à l'égard des nouveaux arrivés dans le service qui n'ont encore ni le niveau d'information suffisant ni l'expérience des situations pour être réellement « autonomes ».

À l'opposé, le manager devra plutôt adopter un style délégatif et responsabilisant chaque fois qu'un collaborateur aura acquis les compétences techniques, et qu'il se montrera motivé pour appréhender les questions qui lui seront posées par le client. Son comportement va dépendre de son niveau d'engagement, lui-même lié à la manière dont on l'a préparé à exercer son activité. Les *feed-back* qu'il reçoit chez son employeur ainsi que les pratiques d'information, de formation, d'appréciation, de rémunération et d'intéressement, sont en cela déterminants.

Un management situationnel

Dans les situations de face-à-face avec le client, si fréquentes dans les services, les enjeux de l'autonomie et de l'engagement du salarié se posent nécessairement avec force.

Par exemple, lorsque le conducteur d'un car de tourisme sait délivrer des commentaires sur la ville qu'il permet de découvrir, c'est lui et lui seul qui est en capacité « d'adapter l'offre » de l'agence de tourisme aux attentes de ses clients telles qu'il a su les décoder. Encore faut-il, d'une part qu'il se sente investi de cette mission (pour qu'il vive et fasse partager une expérience) et, d'autre part, que ses prestations soient perçues et appréciées par les voyageurs. Si, en amont, le rôle du marketing est central afin de choisir judicieusement les destinations, c'est bien le conducteur qui, en situation, peut apporter une valeur ajoutée considérable à la prestation. Or, en situation, le conducteur a (presque) toute liberté d'agir. Le « management situationnel »[1] est celui qui incitera le collaborateur à déployer plus librement son ingéniosité dans la construction du service, notamment pour faire face à la diversité des questions et situations avec son client.

Mais un management situationnel réfléchi doit permettre d'assurer une nécessaire cohérence institutionnelle, afin que les marges de liberté allouées au personnel s'inscrivent dans un cadre maîtrisé. Ainsi, leurs employeurs ont sans doute compris qu'il était illusoire de contrôler totalement les comportements des conducteurs de cars de tourisme. Ils auraient même intérêt à favoriser et valoriser davantage certaines prises d'initiative. Cependant, ils doivent en même temps œuvrer pour maintenir un cap clair et partagé. La liberté d'action accordée ne peut s'exprimer sans tenir compte des enjeux commerciaux, en désaccord avec l'identité institutionnelle de l'entreprise, ou, dans le cas présent, au détriment des règles de sécurité.

Souhaiter développer l'engagement du salarié dans le secteur des services, nécessite également de comprendre la nature même de la relation avec le client, et sa dimension parfois affective pour le personnel en contact. La satisfaction ressentie et exprimée par un client constitue fréquemment une source de motivation essentielle pour un employé. Au point que celui-ci s'attachera parfois à prioriser l'intérêt immédiat du client par rapport à celui de son entreprise. C'est le cas par exemple du conseiller en gestion de patrimoine suggérant des placements particulièrement attractifs pour son client, mais peu ou pas profitables à son entreprise ; alors qu'il aurait pu proposer des « produits maison » plus rentables mais un peu moins intéressants pour le client. Agissant de cette manière, il espère que sa considération aux yeux du client s'en trouvera renforcée. Or, cette considération lui importe énormément et, comme le souligne Dubard (1991), peut même contribuer à la construction de son identité professionnelle.

---

1. Voir l'ouvrage de Tissier (2001) consacré à ce « management situationnel » nécessitant autonomie et responsabilisation.

Là encore, on perçoit la difficulté de parvenir à concilier la dimension institutionnelle et la dimension affective (voire émotionnelle) qui peut conduire certains salariés à déployer un très haut niveau d'engagement. C'est ce que l'on observe lorsque les valeurs et les buts de leur entreprise convergent avec la représentation qu'ils se font de leur métier. De tels comportements sont notamment observables dans le secteur de la santé, chez certains personnels soignants pour lesquels la relation d'aide aux patients confine parfois au sacerdoce ! C'est précisément ce secteur de la santé qui sert de cadre au dossier présenté à la fin de ce chapitre.

Références bibliographiques

BLAKE R.R. et MOUTON J.S. (1978), *The New Managerial Grid*, Gulf Publishing Company.

DUBARD C. (1991), *La socialisation : construction des identités sociales et professionnelles*, Armand Colin.

FAYOL H. (1976), *Administration industrielle et générale*, Dunod (édition originale : 1916).

HOUSE R.J. et MITCHELL T.R. (1974), *Path-goal Theory of Leadership*, Contemporary Business.

LIVIAN Y.F. (1998), *Organisation : Théories et Pratiques*, Dunod.

MINTZBERG H. (1982), *Structure et dynamique des organisations*, Éditions d'Organisation.

MINTZBERG H. (2004), *Grandeur et décadence de la planification stratégique*, Dunod.

THEVENET M. (2004), *Le plaisir de travailler : favoriser l'implication des personnes*, Éditions d'Organisation.

TISSIER D. (2001), *Management situationnel : vers l'autonomie et la responsabilisation*, Éditions INSEP.

Dossier : La Générale de Santé

Un management au service des patients-clients

S'il est un domaine dans lequel la notion de « participation du client à la construction du service » s'illustre de manière particulière, c'est bien celui de la santé.

Cette participation peut simplement consister pour le patient à livrer des informations à son médecin afin de l'aider à comprendre et circonscrire ce qui l'affecte. Elle peut aussi revêtir une forme d'étroite association dans laquelle le « patient-client »[1] est directement impliqué dans le choix du mode thérapeutique ou de la posologie. Dans certaines situations, même graves, la participation du patient va jusqu'à concerner des choix thérapeutiques comme la décision de procéder/ou non à une intervention chirurgicale à risques.

Dans cette perspective de « coproduction des soins », la qualité de la relation établie entre les deux acteurs concernés est primordiale. Du côté du client qui a besoin d'être éclairé et rassuré sur son état physique, on perçoit la dimension émotionnelle d'une relation qui peut procurer confiance et réconfort. Du côté soignant, on admet assez communément que l'implication du patient a des effets vérifiables sur son processus de guérison. De plus en plus attentifs à l'information délivrée au malade ou à sa famille[2], les médecins ont fait considérablement évoluer leur manière d'impliquer le patient. Cette évolution s'explique également par les changements de représentation du statut de médecin depuis deux ou trois décennies, ayant conduit à un relatif « rééquilibrage » de la relation médecin/malade.

Dans le cas d'une hospitalisation, cette notion de participation du client devient encore plus complexe, en raison de la logique organisationnelle de l'établissement de santé. Des interlocuteurs nombreux et

---

1. Dans ce secteur d'activité, l'usage du terme « client » est encore très controversé.
2. L'information du patient et l'accès direct au dossier médical font d'ailleurs partie des nouveaux droits du malade, précisés par la « loi Kouchner » du 4 mars 2002.

variés (radiologue, interne de garde, interne du service, infirmières, médecin, chirurgien...) ne donnent pas toujours au patient le sentiment d'être réellement coordonnés dans leurs interventions respectives à son égard. Il arrive malheureusement que le client ne perçoive plus du tout cette sorte de « complicité » et de participation active d'avant séjour.

Pour remédier à ce constat, des actions ont depuis longtemps été entreprises dans nombre de services de soins. Généralement conduites à l'initiative du corps infirmier (confronté au malade tout au long de la journée alors que le « passage » du médecin est plus espacé dans le temps), ces actions ont le plus souvent concerné la coordination de l'information destinée aux patients et à leurs proches. Dans le même esprit d'attention au public, c'est au niveau global de l'établissement que certains centres hospitaliers ont cherché à « rendre l'hôpital à taille humaine », en améliorant l'accueil et le séjour du patient. Ces démarches ont fréquemment concerné tout d'abord la facilitation de la circulation et du stationnement, l'amélioration de la signalétique, la simplification des circuits et démarches administratives, et l'instauration d'une permanence d'accueil pour l'information sur le fonctionnement de l'hôpital. Elles ont bien sûr impliqué des opérations de formation pour les personnels concernés. Sur le plan logistique, des budgets importants ont été consacrés aux réaménagements des halls d'accueil ou à l'amélioration des fonctions de restauration et d'hôtellerie.

Mais, lorsqu'elles sont envisagées au niveau global d'un hôpital, ces évolutions se heurtent à une réalité organisationnelle fréquemment observable dans ce secteur d'activité : les personnes se sentent appartenir et adhérer à un service bien précis, plutôt qu'à l'hôpital dans son ensemble. Les logiques territoriales parmi les personnels soignants – quelle que soit leur profession – sont en effet très fortes. Dans le cadre de ce que nous avons dénommé précédemment une « structure divisionnelle », la spécialisation technique est ici tellement marquée, que tous les actes professionnels s'avèrent déterminés par la spécificité du processus de soin. Les acteurs sont d'autant moins motivés à sortir du cadre de travail habituel de leur service, qu'ils évoluent dans un contexte de pénurie de moyens. La mise en place de processus transversaux, inter-services, génère des résistances liées à la perception par chaque service d'un risque de révision à la baisse des moyens dont il dispose, et/ou du risque de changement des processus qu'il a mis en place dans son « territoire ».

Or, un patient peut être amené à rencontrer, pendant son séjour, des personnes de services différents et de spécialités différentes, travaillant selon des contraintes et des logiques différentes. De plus, les interrogations du client peuvent aussi se rapporter à d'autres domaines que le soin proprement dit : administratif, financier, matériel ou hôtelier. Une approche globale des besoins du patient nécessite donc la mise en place de processus transversaux, dépassant la logique des territoires, et suscitant en cela des résistances devant lesquelles bon nombre d'établissements ont dû reculer. Si, par exemple, le relais ne se passe pas dans de bonnes conditions entre le service d'accueil des urgences et le service d'hospitalisation dans lequel[1] le patient va ensuite séjourner, la qualité de sa « prise en charge »[1] s'en trouvera affectée.

Comment assurer la continuité des soins ? Comment exploiter au mieux les informations recueillies ? Comment enchaîner de façon rationnelle les différentes étapes, de l'entrée (et même avant) jusqu'à la sortie (et même après), en coordonnant au mieux la « valeur ajoutée » par chaque intervenant ?

Nombre d'établissements se sont aperçus que ces questions centrées sur le client ne pouvaient trouver leur réponse que dans une approche globale du management des hommes et de l'organisation. C'est ce que démontrent toutes les expérimentations conduites aussi bien dans le secteur public que privé. Nous allons maintenant examiner cela dans le cas de la Compagnie Générale de Santé, leader européen de l'hospitalisation privée.

© Éditions d'Organisation

---

1. Tous les établissements de santé français devront avoir fait l'objet avant 2006 d'une « procédure d'accréditation » coordonnée par l'ANAES (Agence nationale d'accréditation et d'évaluation en santé). Un des objectifs explicites de cette démarche est « *d'apprécier la capacité de l'établissement à améliorer de façon continue la qualité des soins et la prise en charge globale du patient* ».

La Générale de Santé en chiffres :
– 149 établissements dont 135 en France
– 4 000 praticiens libéraux
– 17 000 salariés dont 4 000 infirmièr(e)s
– 11 000 lits
– 1,3 million de patients accueillis par an
– 560 000 interventions chirurgicales par an dont 216 000 ambulatoires
– 25 000 naissances
– Plus de 200 000 urgences

Cette société a initié dès 1993 des démarches « d'amélioration de la qualité centrée sur le patient », et obtenu en 1997 la certification ISO 9002 pour deux cliniques du Groupe. Elle a ensuite formalisé et généralisé une politique qualité impulsée par son président directeur général qui l'a présentée en interne en ces termes : « *J'ai pris la décision de formaliser toute cette stratégie de recherche d'excellence de notre réseau de soins… qui permettra à notre Groupe de marquer sa différence sur le secteur de la santé, d'apporter une valeur ajoutée concurrentielle, d'accroître notre activité, de renforcer notre image auprès de nos patients-clients pour les orienter dans leur choix.* »

Cette politique a consisté à créer un « label Générale de Santé ». En coopération avec l'Association française d'assurance qualité (AFAQ), la « démarche label » a impliqué des représentants des différents métiers du Groupe pour concevoir un « référentiel qualité » formulant les cinq engagements suivants à l'égard des clients :

1. Assurer la sécurité du séjour des patients.

2. Offrir un accueil convivial et efficace.

3. Apporter une information utile et compréhensible.

4. Connaître les attentes des patients pour mieux les satisfaire.

5. Agir ensemble contre la douleur.

Établi à partir d'une étude de satisfaction menée auprès de 2 300 patients, le référentiel qualité a été validé par une commission composée de représentants du conseil de l'ordre, du ministère de la Santé, d'associations d'usagers et d'instances tutélaires.

Treize premiers établissements ont reçu la certification de services AFAQ en 2003, l'objectif étant de labelliser l'ensemble des établissements du Groupe dans le cadre d'un programme pluriannuel. Un « comité label », dans lequel siégeaient le président directeur général et les principaux cadres dirigeants du Groupe, a été créé en 2000 afin de définir, suivre et évaluer le lancement du programme de labellisation. Depuis le début de l'année 2004, ce comité label a été transformé en comité plus opérationnel, garant auprès du président du respect des valeurs de la démarche et de son avancement. Il se réunit actuellement tous les deux mois. Un « département label » a été chargé de coordonner la mise en œuvre et de venir en appui aux établissements inscrits dans la démarche (particulièrement dans le domaine de la communication interne et de la formation des personnels concernés). Il propose une batterie d'outils expérimentés et mis en place dans les premiers établissements pilotes[1].

Le processus de labellisation d'un établissement dure plusieurs mois, voire plus d'un an. Cinq équipes locales pluridisciplinaires sont constituées pour travailler sur les cinq engagements du référentiel qualité. Ces équipes reçoivent une aide des services centraux et parfois de consultants extérieurs. Un responsable désigné pour chaque engagement a pour mission d'évaluer les pratiques au sein des différents services, et de proposer des plans d'amélioration ainsi que des outils de suivi des activités. Le pilotage est assuré par le directeur de l'établissement qui s'appuie sur un comité qualité (composé de représentants des différents métiers et services) se réunissant périodiquement. Le personnel d'encadrement est bien sûr totalement impliqué dans le pilotage du projet pour son secteur. Il veille tout particulièrement à informer les professionnels de son service, et reçoit systématiquement l'information sur les évolutions constatées par les observateurs désignés. Ces différents aspects font partie intégrante de sa définition de fonction.

À titre d'exemple, pour l'engagement N° 2 sur l'accueil, le processus débute par une réunion de l'ensemble des chefs de services (d'une durée d'environ trois heures) au cours de laquelle le directeur d'établissement présente les modalités de déploiement de cet engagement. La personne nommée responsable de cet engagement explique alors les

---

1. Par exemple des fiches de poste avec référentiels de compétences afférents, ou des outils graphiques présentant en rosace une liste de critères d'évaluation de la qualité de manière spécifique à un domaine.

outils utilisés. Les chefs de services, éventuellement assistés par le responsable de l'engagement, vont ensuite réunir leurs collaborateurs (pendant une heure environ) pour leur expliquer comment ils seront amenés à coopérer avec les membres du groupe de travail afin de décliner la démarche accueil.

Les retours des questionnaires de satisfaction remplis par les patients à l'issue d'un séjour font l'objet d'une exploitation minutieuse, à l'issue de laquelle chaque insatisfaction exprimée reçoit un commentaire par téléphone ou courrier. L'intérêt accordé à cette source d'information est tel, que les patients sont activement incités à remplir le questionnaire avant leur départ[1]. Ces retours de questionnaires ainsi que les réclamations orales des patients (retranscrites dans un cahier au sein de chaque service) et les courriers reçus par la direction, donnent lieu à une synthèse réalisée par le groupe de travail, et à un commentaire trimestriel du responsable de l'unité de soins aux différents personnels concernés. Les principaux éléments font l'objet d'un affichage : résultats de l'établissement et du service, taux de retour du service, comparaisons avec le trimestre précédent afin de pointer les évolutions.

Au-delà de la gestion de l'activité de soins au quotidien, les principes de management de la Générale de Santé ont permis d'illustrer de nombreux éléments abordés dans ce chapitre. Il y est question de « *manager les équipes sur des objectifs quantifiables et créer une dynamique inter-services, améliorer la cohésion de l'équipe soignante et porter une nouvelle culture : l'esprit de service santé* ».

---

1. À titre d'exemple, dans les deux établissements observés par l'auteur de ce chapitre, les taux de retour de ces questionnaires ont été évalués à 40 % et à 75 %, alors qu'ils dépassent rarement 10 % dans des établissements comparables du secteur public ou privé.

5 Piloter la performance des entités du réseau

Si dans le monde des services peut-être plus qu'ailleurs, la satisfaction et la fidélité des clients sont les indicateurs majeurs de la réussite des stratégies mises en œuvre, n'oublions cependant pas le « juge de paix » que constitue la rentabilité ! Profit et rentabilité ne sont pas nécessairement le but ultime de l'entreprise, mais ils sont néanmoins la condition nécessaire à sa survie (sinon elle ne pourra plus faire face à ses engagements) et à son développement (sinon elle ne pourra plus financer ses choix stratégiques). Ce n'est donc pas par hasard que les termes de « *création de valeur* », « *développements sélectifs* », « *croissance rentable* », « *maîtrise des coûts* », « *génération de liquidités* », prennent une place importante dans les discours des dirigeants et soient formalisés au travers d'objectifs.

L'atteinte de ces objectifs passe d'abord et avant tout par une performance opérationnelle, laquelle va se transformer plus ou moins puissamment en performance économique et financière. Mais le pilotage de cette performance ne peut pas et ne doit pas être la préoccupation des seuls contrôleurs de gestion. C'est bien l'affaire de tous les acteurs de l'entreprise, et en particulier des managers opérationnels qui pilotent des entités dans le réseau. Ce sont eux qui, par leurs actions quotidiennes, contribuent à créer de la valeur, à maîtriser les coûts opérationnels, à générer du « cash »… Force est cependant de constater qu'aujourd'hui, ceux-ci sont de plus en plus « pris en tenaille » entre :

- la *pression du marché* qui pèse sur les prix et les marges (dans le secteur de l'intérim par exemple, les marges brutes de l'ordre de 20 % il y a quelques années sont aujourd'hui de 12 % à 15 %) ;
- la *pression du siège* qui leur répercute les exigences de rentabilité des actionnaires (les fameux 12 ou 15 % de rentabilité des fonds propres ou ROE[1]) par des objectifs qu'ils jugent souvent intenables.

De plus, ces managers aux multiples fonctions, pris dans le feu de l'action, peuvent avoir de la peine à s'investir dans le champ du pilotage économique et financier, faute de temps, de motivation, voire tout simplement par manque de culture de gestion. Or, dans les services plus qu'ailleurs, du fait de la forte décentralisation et délégation de responsabilité, et de leur corollaire, une certaine autonomie de décision et d'action, les managers opérationnels sont les acteurs centraux de la démarche de pilotage.

À travers ce chapitre, nous nous efforcerons de diffuser une « culture du pilotage économique » auprès des managers opérationnels, afin qu'ils se l'approprient et puissent mettre en œuvre cette démarche dans leur unité. Après avoir précisé la notion même de pilotage économique, nous présenterons les différentes logiques de mesure de la performance des entités. Nous aborderons ensuite l'utilisation des coûts pertinents pour la prise de décision. Enfin, nous envisagerons l'intérêt de la gestion prévisionnelle et de son suivi avec un développement particulier sur le tableau de bord opérationnel. Nous poserons tout au long du chapitre les conditions nécessaires au bon déroulement de la démarche de pilotage, en développant notamment la nécessaire cohérence entre contrôle et pilotage, stratégie et structure organisationnelle.

---

1. Les principaux termes financiers techniques, ainsi que leurs abréviations, donnent lieu à un petit lexique à la fin de ce chapitre.

■ La démarche du pilotage économique

Un processus dynamique

Une métaphore bien connue nous permettra de présenter les enjeux de ce processus de pilotage économique. Deux skippers peuvent s'engager dans la course autour du monde en solitaire avec des objectifs différents. Pour l'un il s'agira de finir premier, pour l'autre tout simplement de « boucler la boucle ». Leur navigation devra naturellement tenir compte et s'adapter à l'objectif recherché (prise de risque, nombre et finesse de réglage des voiles, prise en compte de la force des courants et des vents…). En cours de navigation, ils vont l'un comme l'autre, à l'aide de leurs instruments de bord, mesurer la route parcourue (suis-je dans la bonne trajectoire par rapport à l'objectif ?), comprendre les causes de dérives (est-ce un problème de pilotage ? Est-ce dû à une météo défavorable ?) et corriger si nécessaire la route et la navigation. Parfois, si les icebergs s'en mêlent, l'objectif lui-même peut être remis en cause. Définir l'objectif et le plan de route ne suffit pas. Si l'on veut pouvoir mesurer, comprendre, et réagir (ne serait-ce que pour arriver à bon port !), il faut que les instruments de navigation et de pilotage fonctionnent efficacement. Et il faut aussi, bien sûr, des pilotes de qualité…

Qu'est-ce que piloter dans l'entreprise, si ce n'est s'efforcer d'atteindre des objectifs de performance en mettant en œuvre des plans d'action, d'en assurer la mesure et le suivi, de comprendre les causes d'écarts et mettre en œuvre d'éventuelles actions correctives, voire parfois de modifier le cap… le tout dans un environnement de plus en plus concurrentiel et mouvant, voire parfois hostile. Anthony (1965), un des précurseurs de la discipline, définit ainsi le contrôle de gestion comme *« le processus par lequel les dirigeants s'assurent que les ressources sont obtenues et utilisées de manière efficace et efficiente pour atteindre les objectifs de l'organisation »*. Comme dans notre métaphore marine, les objectifs de performance peuvent différer d'une entreprise à l'autre, d'une entité à l'autre dans l'entreprise, et évoluer dans le temps en fonction des orientations stratégiques.

Ce pilotage, ou démarche de contrôle de gestion, s'inscrit donc dans un horizon temporel et s'articule autour d'un processus représenté par une boucle dans la figure 1.

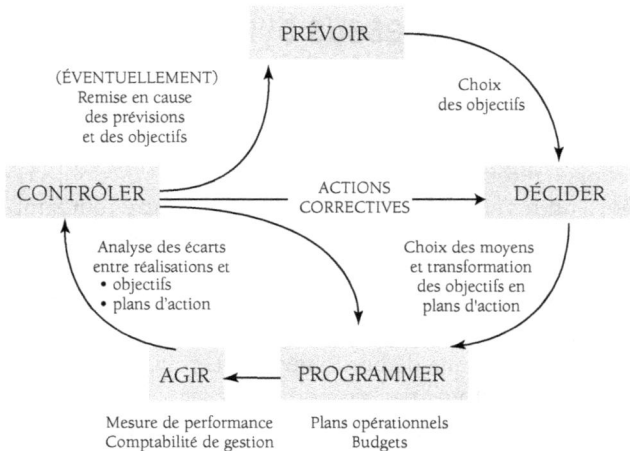

Figure 1 – Le processus de contrôle

Si les dirigeants veulent exercer un rôle de pilotage de l'ensemble de l'entreprise, cette démarche de pilotage doit se déployer dans le réseau auprès des managers, acteurs de la performance.

Une « mise sous tension » du réseau

Nous l'avons souligné, l'organisation en réseau d'agences nécessite une délégation des responsabilités et de la prise de décision, car il est impossible à un siège de gérer en direct des dizaines, voire des centaines d'unités éparpillées géographiquement. Or, cette délégation crée le besoin de contrôle, car rien ne permet de penser que naturellement, les individus et notamment les managers vont chercher à atteindre les objectifs de l'entreprise. Pourquoi spontanément adhérerait-on à un objectif global de 12 % de rentabilité des fonds propres ? Les comportements et donc les actions des uns et des autres pouvant être plus ou moins convergents avec les objectifs, le rôle du contrôle de gestion est de les inciter à aller dans leur sens. Ainsi, Anthony (1988), complète sa première définition : « *Le contrôle de gestion est le processus par lequel les dirigeants influencent les membres de l'organisation pour mettre en œuvre les stratégies.* » Il s'agit donc ici de s'assurer de la convergence entre actions locales et intérêt global. Enfin, en synthèse, Bouquin (1997) précise : « *On appellera contrôle de gestion, les dispositifs et processus qui garantissent la cohérence entre la stratégie et les actions opérationnelles et quotidiennes.* » Il faut désormais transférer la préoccupation stratégique dans l'opérationnel et le quotidien, difficulté majeure, et s'assurer par une régulation des comportements, que l'action quotidienne est bien cohérente avec la stratégie. Le contrôle de gestion, parmi d'autres modes de contrôle (les procédures, les facteurs de motivation, la culture) va donc favoriser cette convergence des buts.

Dans les services, le système de contrôle s'articule donc autour de la structure en réseau, au sein duquel chaque entité opérationnelle constitue en terme de structure de gestion, un centre de responsabilité, que l'on peut définir comme étant une entité :

– ayant des *objectifs de performance* à atteindre, en cohérence avec l'objectif global ;
– ayant une *délégation d'autorité* et une certaine *autonomie d'action*, assorties de *moyens* humains, matériels, financiers, pour mettre en œuvre les *plans d'action* ;
– et doté d'un *système de pilotage* (pour son auto-contrôle) ainsi que d'un *système de reporting* (pour rendre compte à sa hiérarchie).

Dans le réseau, les agences sont le plus souvent organisées en centres de profit ou centres d'investissement. Dans les premiers, le critère de fixation d'objectif et de mesure de la performance en termes financiers s'exprime à travers une rentabilité opérationnelle (marge ou résultat), dans les deuxièmes par une rentabilité des capitaux engagés. L'idée sous-jacente réside dans le fait que, généralement, ces agences à la fois produisent et vendent des services, et que par là même, elles ont un périmètre de responsabilité et d'action portant à la fois sur un chiffre d'affaires et sur des coûts d'exploitation, voire des capitaux engagés. Ainsi, les rapports entre le siège et les entités opérationnelles sont clarifiés : au siège la responsabilité de la stratégie, de l'allocation des ressources et de la coordination du réseau ; aux centres de profit la responsabilité de la gestion opérationnelle et donc de la génération du profit.

Nous verrons plus loin cependant, que certaines de ces entités ne font que produire des services (cf. la gestion des dépôts TNT), et que leur performance, qui réside alors essentiellement dans l'optimisation de leurs moyens, se mesure à travers des coûts.

Pour conclure ce paragraphe, soulignons la nécessité de disposer d'un système de contrôle et de pilotage homogène et standardisé pour les unités opérationnelles, dès lors que le réseau s'étoffe : selon quels critères les objectifs sont-ils fixés ? et mesurées et évaluées les performances ? Quels sont les périodicités et les délais de production des informations de gestion ? Quelle est la terminologie utilisée ? Il s'agit là de clarifier les conditions du pilotage par les opérationnels et du dialogue économique réseau/siège. Comme le dit le vieil adage : « Pour se comprendre, il vaut mieux parler la même langue… »

■ Différentes approches pour mesurer la performance financière des entités opérationnelles

La mesure du profit

Si la notion de profit est claire dans son principe (un chiffre d'affaires moins des coûts), elle se prête à différents types de mesure, selon le niveau de coûts que l'on va intégrer. De quel profit parle-t-on ? Il existe deux logiques de base possibles pour sa détermination, avec bien sûr des variantes en fonction des entreprises.

Logique de marge opérationnelle (ou contribution)	Logique de marge nette (ou résultat)
Chiffre d'affaires	Chiffre d'affaires
− Coûts variables	− Coûts variables
= Marge sur coûts variables (marge brute)	= Marge sur coûts variables (marge brute)
− Coûts fixes directs ou spécifiques	− Coûts fixes directs ou spécifiques
= Marge opérationnelle	= Marge opérationnelle
	− Frais généraux répartis (%)
	= Marge nette

L'approche en terme de *marge opérationnelle ou contribution* (sous-entendu à la couverture des frais du réseau et de structure de l'entreprise), présente l'avantage de n'inclure dans la mesure de la performance économique de l'entité que des coûts représentatifs des leviers d'action que les managers peuvent gérer, et dont ils ont donc une maîtrise potentielle. C'est le respect même du principe de « contrôlabilité » qui repose sur l'idée que la responsabilité est limitée aux seuls éléments qui sont sous le contrôle du manager. Ainsi, cette approche permet de représenter correctement leur marge de manœuvre et de préserver leur motivation liée notamment au caractère incitatif du système de rémunération en fonction des marges dégagées.

L'approche en terme de *marge nette ou résultat* (après imputation d'une quote-part des frais du réseau – secteur, région…– et de siège) présente l'avantage de faire prendre conscience aux opérationnels qu'ils sont « consommateurs » de fonctions d'encadrement et de support, que sans elles ils ne pourraient exercer leur activité, et que celles-ci ont un coût. De plus, on comprend qu'il ne suffit pas de faire de la marge mais du résultat pour que, dans son ensemble, l'entreprise soit performante. Inconvénient : ces frais généraux, souvent imputés aux agences sur la base d'un % de leur chiffre d'affaires, sont fréquemment l'objet de discussions ardues, voire stériles, entre le siège et le réseau, qui a parfois l'impression de trop « cotiser ». On fera remarquer à cet égard, que si cette répartition est opérée, il convient de bien isoler ces coûts « non contrôlables » par l'agence dans son compte de résultat.

De l'importance des capitaux engagés selon les secteurs d'activité...

La *rentabilité opérationnelle* est une condition *sine qua non* de la performance de l'entreprise et permet de répondre à une question de bon sens : quand on facture cent euros à un client, est-on capable de lui facturer de la marge ? C'est ici que se traduit la maîtrise des parts de marché, des prix de vente et des marges brutes, des coûts d'exploitation. Mais pour réaliser ces cent euros de chiffre d'affaires, les entités opérationnelles ont besoin de moyens économiques et financiers. En effet, dans un métier de service donné, il faut investir plus ou moins lourdement (transport routier *versus* conseil, par exemple) dans un outil de production : ce sont les *immobilisations*. Il faut ensuite faire face au cycle financier que génère le cycle d'exploitation (achat/production/vente au sens le plus large) ; c'est le *besoin en fonds de roulement* (BFR), qui prend des formes variables selon que l'on exerce son métier en B to B ou en B to C. Dans le premier cas, le BFR, essentiellement constitué dans les services du crédit clients, peut représenter 2 à 3 mois de chiffre d'affaires (intérim, nettoyage industriel, conseil). Dans le deuxième cas, il peut être nul, voire négatif et constituer donc un excédent. Acadomia par exemple, leader du marché du soutien scolaire en France avec une soixantaine d'agences, a une structure de BFR négative. Pas de stocks, pas de crédit clients mais au contraire des avances (car les clients achètent et paient par avance l'équivalent de 10 à 20 séances... alors même qu'elles ne sont pas produites !) et des dettes fournisseurs (salaires chargés des professeurs) probablement égales à quelques semaines d'activité. Donc, plus Acadomia vend, et plus l'entreprise tire de ressources (du « cash ») de son cycle d'exploitation. On retrouve ce type de structure dans la plupart des services qui s'exercent en B to C. On peut citer notamment la grande distribution qui certes a des stocks à financer, mais a en contrepartie des ressources liées au crédit fournisseur qui, compte tenu de la faible valeur ajoutée, viennent largement les compenser.

L'ensemble de ces moyens mis en œuvre pour générer un certain niveau de chiffre d'affaires constitue les *capitaux engagés* (immobilisations et BFR), qu'il faut financer par des *ressources* (fonds propres et dettes), lesquelles doivent être rémunérées. Nous mettons ici en perspective les deux termes de la *création de valeur* ; les capitaux engagés doivent « produire » une rentabilité supérieure au coût moyen pondéré des ressources. Si celui-ci reste l'affaire des financiers, la RCE (rentabilité des capitaux engagés) est d'abord et avant tout l'affaire des opérationnels…

… À la mesure de la rentabilité des capitaux engagés

Lorsqu'au-delà des décisions opérationnelles, les décisions relatives à la gestion des capitaux engagés sont déléguées, et donc « sous contrôle » des managers d'agence, alors la mesure de la performance prend une forme élargie et s'exprime à travers la *rentabilité des capitaux engagés*. Celle-ci dépend à la fois de la rentabilité opérationnelle (marge/chiffre d'affaires) et de la rotation des capitaux engagés (chiffre d'affaires/capitaux engagés). Il ne s'agit plus ici uniquement de « facturer de la marge » mais d'optimiser le rendement des capitaux engagés (accroître le rendement de l'outil de production, réduire le crédit client pour l'essentiel).

On observe quelques variantes à cette approche :

– la gestion des immobilisations est rarement déléguée en totalité. Elle peut l'être pour les investissements de nature opérationnelle (renouvellement), mais rester une décision centralisée dès lors que les investissements acquièrent une nature stratégique. Il y a alors nécessité que le siège « mette en musique » et arbitre les projets pour des raisons de cohérence stratégique, et d'allocations de ressources.

– les entreprises de services dont le réseau est organisé en centres de profit, et dans lesquelles le siège « facture » des frais financiers aux entités, dont l'essentiel du BFR est constitué du crédit client, ont d'une façon détournée transformé ces centres de profit en centres d'investissement.

Cette logique correspond à une volonté de « mettre sous pilote » la bonne gestion du crédit client dans les agences, car c'est bien là que se négocient prix de vente, mais aussi délais de règlement. Ainsi, la pression sur la « génération de cash » est fortement déployée dans le réseau.

Une mesure de performance problématique lorsqu'il y a interdépendance entre les entités opérationnelles : nécessité d'un système de prix de cessions internes

Nous prendrons l'exemple d'une entreprise assurant la collecte et le traitement de déchets ménagers et industriels. Elle est organisée en réseau, avec des agences de services assurant la collecte des déchets et des agences de traitement les enfouissant ou les incinérant. Les agences de service ont pour mission de commercialiser l'offre de collecte et d'en assurer la réalisation, et de commercialiser dans le même temps l'offre de traitement car le client achète une prestation globale. Elles sont organisées en centres de profit. Les agences de traitement ont pour mission d'exploiter en les optimisant les moyens de traitement (centres d'enfouissement, incinérateurs…), compte tenu de tonnages à traiter. Elles sont organisées en centres de coûts. Le chiffre d'affaires de la prestation traitement étant affecté à l'agence services, et les coûts de traitement gérés et affectés à l'agence traitement, comment mesurer les performances respectives des deux entités ? L'agence service va recevoir une marge de commercialisation (différence entre le prix de vente au client et le prix moyen du marché qu'elle aurait supporté si elle avait eu recours à la sous-traitance) ; l'agence traitement va supporter de son côté ses coûts réels et sa performance sera évaluée par rapport aux coûts budgétés.

Le bon sens économique prédomine ici : l'agence service est évaluée sur son action de commercialisation du traitement, et l'agence traitement sur la maîtrise de ses coûts d'exploitation. La cohérente mesure de performance/leviers d'action est respectée.

La définition des prix de cessions internes inhérents à certaines organisations (cas de la banque avec la facturation des coûts de traitement des services aux agences) est régulièrement une source de conflit entre les entités (comment définir un prix équitable ?). Une littérature abondante existe sur le sujet (Bouquin, 1997). La logique, qui a longtemps prévalu, de faire « rentrer le marché dans l'entreprise » et de transformer via les prix de cession, des centres de coûts en centres de profit, semble aujourd'hui remise en cause, car devenue source de dysfonctionnements potentiels. En effet, les intérêts locaux peuvent parfois aller à l'encontre de l'intérêt global.

De l'impact de la structure de coûts sur le résultat : la sensibilité opérationnelle

À un métier de services donné, est lié un certain modèle économique, c'est-à-dire une certaine structure de coûts et de marges, lequel peut être modulé en fonction des choix de gestion opérés. Pour exercer le métier de transporteur routier par exemple, il faut des camions. Peu importe que ceux-ci soient achetés ou loués (vision financière), ils sont les moyens nécessaires à l'exercice de ce métier (vision économique), et constituent l'outil de production à travers des immobilisations. De même, pour une chaîne hôtelière, les terrains, constructions et aménagements. Dans ces métiers, les *coûts fixes* qui constituent des coûts de capacité relativement indépendants du chiffre d'affaires sont prédominants. De même, dans les services intellectuels (conseil, audit), le poids relatif des coûts fixes est lourd et lié aux coûts de personnel représentant en moyenne 60 à 70 % du chiffre d'affaires.

À l'inverse, dans les services d'intermédiation (distribution, intérim), sans véritable processus de transformation, les coûts des moyens « achetés » mis en œuvre (les marchandises, la main-d'œuvre intérimaire) constituent des *coûts variables*, car ils sont étroitement liés au niveau de chiffre d'affaires réalisé et peuvent représenter jusqu'à 80 à 85 % de celui-ci.

À l'heure de la flexibilité, bon nombre d'entreprises s'efforcent de flexibiliser aussi leur structure de coûts que des choix de gestion peuvent donc venir modifier. On peut citer le cas du transport aérien où deux modèles économiques se côtoient avec les compagnies traditionnelles et les *low cost*.

Résultante de ces modèles économiques, la notion de *sensibilité opérationnelle* permet de mesurer la volatilité du résultat opérationnel aux variations de chiffre d'affaires.

☞ Prenons l'exemple de deux entreprises réalisant le même niveau d'activité et produisant le même résultat, mais avec des structures de coûts pour l'une plutôt variable, pour l'autre plutôt fixe.

Entreprise A		Entreprise B	
Chiffre d'affaires	1 000	Chiffre d'affaires	1 000
Coûts variables	700	Coûts variables	300
Marge/coûts variables	300	*Marge/coûts variables*	700
Coûts fixes	150	Coûts fixes	550
Résultat opérationnel	150	*Résultat opérationnel*	150

Si leur chiffre d'affaires augmente de 10 % sans augmentation de la capacité, donc des coûts fixes, leur marge sur coûts variables augmentera dans la même proportion, et ce supplément de marge se traduira directement dans le résultat. Ainsi, A verra son résultat passer à 180, B à 220. L'entreprise B profitera donc plus d'une hausse de son activité que A. C'est la sensibilité opérationnelle que l'on peut déterminer par le rapport de la marge sur coûts variables sur le résultat opérationnel. Dans notre exemple, A a une sensibilité opérationnelle de 2 (ce qui signifie que pour une augmentation du chiffre d'affaires de 10 %, le résultat augmente de 20 %), et B de 4,7. Mais, attention, ce qui est valable à la hausse l'est aussi à la baisse !

En synthèse, les entreprises à forte structure de coûts fixes voient leur résultat être plus sensible aux variations d'activité que les entreprises à structure de coûts plus variables. Ceci explique pourquoi les premières sont « condamnées à faire du chiffre » par une utilisation optimale des capacités qu'elles exploitent, d'autant plus qu'elles ne peuvent pas faire de stock à cause de la périssabilité des services. Ces raisons amènent notamment à mettre en œuvre, dans certains métiers, des politiques de *yield management*, consistant à moduler les prix de vente des prestations en fonction de critères liés à la demande et à sa structure, mais qui pour être pleinement pertinentes, doivent intégrer les coûts marginaux. Nous en reparlerons plus loin.

■ Les coûts pertinents pour la prise de décision

Au-delà de la mesure de la performance économique et financière des entités opérationnelles, il est nécessaire pour un manager de mesurer la performance sur d'autres axes d'analyse afin de disposer d'éclairages multicritères sur la construction de celle-ci. Ces mesures, construites sur la base de systèmes d'informations analytiques, s'articulent essentiellement autour de deux axes :

— les *prestations vendues* pour identifier les marges dégagées et asseoir les décisions de gestion de portefeuille (suppression/développement de telle prestation) ;
— les *segments de clients* pour en mesurer la profitabilité afin d'orienter les choix commerciaux et la stratégie de développement. Cette approche, relativement nouvelle, devient de plus en plus essentielle lorsque se développe en terme commercial la segmentation clients, qui induit des politiques différenciées par segment (marketing, gestion commerciale, fidélisation, après-vente…), et donc la mise en œuvre de moyens spécifiques, lesquels ont bien sûr un coût.

Ainsi, dans la banque, au-delà de l'analyse de la rentabilité par agence, on détermine des rentabilités par produit (tel type de crédit ou de service) et des rentabilités par segment de clients (artisans, professions libérales, PME…), voire par client isolément.

Ces mesures reposent bien évidemment sur des méthodes d'analyse, dont le choix n'est pas neutre quant aux résultats obtenus et à l'utilisation que l'on peut en faire pour la prise de décision. Comme pour la mesure de la performance des entités opérationnelles, deux logiques sont possibles, selon le type et le niveau de coûts que l'on incorpore. On peut se contenter de calculer des marges par produit ou client (logique de *coûts partiels* dans laquelle on n'incorpore que les éléments de coût consommés par celui-ci sans ambiguïté, c'est-à-dire ses coûts directs, qu'ils soient variables ou fixes). On peut prolonger l'analyse jusqu'à la détermination d'un résultat (logique de *coûts complets* dans laquelle on incorpore en plus, des coûts indirects, selon différents modes d'allocation dont on peut pour certains contester d'ailleurs la pertinence). Cette dernière approche connaît aujourd'hui des évolutions avec *l'activity based costing* (ABC) qui vise à mieux « tracer » les coûts, notamment les coûts indirects liés aux activités de support, par rapport à tel type de prestation, voire tel segment de clients.

Dans cet esprit, certaines entreprises de services (Adecco et TNT par exemple) développent aujourd'hui des outils *pricing* permettant de déterminer de façon spécifique le coût d'une prestation pour un client donné, en fonction de ses caractéristiques. Ces outils sont destinés à mieux comprendre les causes opérationnelles des coûts, mieux fixer les prix de vente, voire parfois à renégocier ceux-ci. À l'extrême, ils peuvent amener à remettre en cause la relation commerciale avec le client… Dans les deux exemples précités, ils permettent en tout cas de sortir de logiques parfois trop grossières de tarification à la marge (le fameux coefficient de facturation) ou fonction du poids du colis transporté…

La relation coûts/volume/profit : le point mort

Nombre de décisions opérationnelles prises par les managers dans le réseau ont un impact qui, en terme économique, peut s'analyser à partir de la relation qui existe entre coûts, volume, et profit. C'est la fameuse notion du *point mort*, encore appelé *seuil de rentabilité*. Cet outil, qui permet de déterminer le point d'équilibre d'une entité opérationnelle, permet aussi d'évaluer l'opportunité économique d'une décision.

☞ Prenons l'exemple d'une agence assurant, entre autres activités, la collecte de déchets industriels, et dégageant une faible rentabilité. Elle utilise, pour exercer son activité, des camions, du personnel d'exploitation, voire en cas de besoin des intérimaires.

Elle vend à ses clients des tournées dont le prix de vente est de 100 euros, avec un coût variable par tournée (gazole, pneus, lubrifiants…) de 15 euros. Les moyens alloués à cette activité se traduisent par des coûts fixes directs (coût de possession des véhicules et coût des équipages) de 221 000 euros par mois. Par ailleurs, les coûts de fonctionnement de l'agence affectés à cette activité, et fixes eux aussi, sont de 25 500 euros par mois.

Combien de tournées faut-il vendre pour que l'activité couvre ses coûts directs d'exploitation et pour qu'elle couvre les coûts de fonctionnement de l'agence ?

Chaque tournée génère ici une marge sur coûts variables de 85 euros, qui contribue à « payer » les coûts fixes directs de l'activité dans un premier temps, les coûts de fonctionnement de l'agence ensuite.

Point mort pour marge opérationnelle égale à 0 :
coûts fixes directs/MSCV (Marge sur coûts variables) **unitaire**

---

221 000 € / 85 € = 2 600 tournées

Point mort pour marge nette égale à 0 :
coûts fixes totaux/MSCV unitaire

---

246 500 € / 85 € = 2 900 tournées

En réalité, cette agence vend en moyenne 3 000 tournées par mois, alors même que sa capacité lui permettrait d'en assurer 3 750. Elle dégage donc une marge nette de 8 500 euros (100 tours au-delà du point mort à 85 euros). Elle a pour objectif d'accroître sa marge opérationnelle sur cette activité à 15 % du chiffre d'affaires, sachant que le prix de vente par tournée est en phase avec le prix du marché, et qu'il n'y a donc pas de levier d'action sur cette variable. Les pistes d'actions possibles peuvent alors s'orienter autour de deux axes : rechercher plus de volume d'affaires à moyens constants, ou optimiser l'utilisation des moyens à chiffre d'affaires constant.

Axe 1 – Combien de tours faut-il vendre à 100 euros pour absorber les coûts variables par tour de 15 euros, les coûts fixes directs de 221 000 euros et dégager une marge opérationnelle de 15 euros ?

Appelons X le nombre de tours à vendre :

$(100X - 15X - 15X) = 221\ 000$ €, d'où $X = 221\ 000 / 70 = 3\ 157$ tours

Il faut donc vendre à la marge 157 tours en plus, soit une augmentation d'environ 5 %. Est-ce compatible avec le marché ? Combien de clients nouveaux faudrait-il conquérir ?

Axe 2 – Les camions ne tournent pas à leur plein potentiel, puisque leur taux d'utilisation est de 80 %. Par une meilleure planification et organisation des tournées, on pourrait accroître ce taux à 90 %, ce qui permettrait de réduire le parc de trois camions. Cette action impacte les coûts fixes directs par l'économie du coût de possession des camions que l'on réalise. Celui-ci est évalué à 1 500 euros par mois ; les coûts fixes directs diminueraient donc de 4 500 euros et passeraient à 216 500 euros.

Impact de la décision : 3 000 tours vendus à 85 euros de marge sur coûts variables permettent d'absorber 216 500 euros de coûts fixes et de dégager une marge opérationnelle de 38 500 euros, soit environ 13 % du chiffre d'affaires.

C'est bien souvent par une action combinée des différents leviers opérationnels, que les managers vont améliorer leur performance. Encore faut-il qu'ils puissent en évaluer l'enjeu économique.

Les coûts marginaux pour la prise de décision

Nous l'avons évoqué précédemment, la connaissance des coûts et des revenus marginaux est nécessaire lorsque des décisions de fixation ou d'acceptation de prix se posent au prestataire de services ; cas particulièrement fréquent quand celui-ci « vend de la capacité », non stockable, et fait face à une saisonnalité de la demande.

☞ Prenons l'exemple d'un hôtel de 120 chambres au prix de 120 euros la nuit, avec un taux de remplissage de 75 % d'octobre à juin et de 50 % de juillet à septembre. Le coût variable par chambre et par nuit est de 12 euros. Le manager de l'hôtel reçoit d'un tour operating, une proposition de réservation de 40 chambres pour une période allant du 1er juin au 31 août, et ce à un prix de 40 euros la chambre. Un raisonnement de type marginal permet de mesurer l'intérêt économique de celle-ci. Quelles sont les composantes du modèle économique affectées par la décision ? Ici, la marge sur coût variable par nuit qui va diminuer de la baisse du prix.

La marge sur coûts variables dégagée serait de 103 040 euros (28 euros de marge unitaire multipliée par le nombre de nuitées du contrat, soit 3 680). Seulement, pour remplir ce contrat, il lui faut renoncer à certaines nuitées plein tarif en juin, car la capacité n'y suffira pas. La marge perdue sur ses clients habituels s'élèvera à 32 400 euros (108 euros de marge unitaire multipliée par 300 nuitées). Au total, cette proposition est intéressante puisqu'elle permet, à la marge, de dégager un résultat de 70 640 euros. Il reste à s'assurer que cette offre ne nécessitera pas de moyens de fonctionnement supplémentaires (personnel d'accueil). Si tel n'était pas le cas, il faudrait en évaluer le coût et l'impact à la marge, sur le résultat.

En synthèse :

– en période de sous-emploi de la capacité de production, le coût marginal d'une prestation est égal à son coût variable. Rappelons que dans les métiers où l'essentiel des moyens mis en œuvre est de la capacité (comme le transport ou l'hôtellerie), le coût marginal peut être très faible et justifier par là même d'importantes baisses de prix.

– en période de plein emploi de la capacité de production, le coût marginal doit intégrer au-delà du coût variable de la prestation, les coûts fixes supplémentaires nécessaires à l'ajustement des moyens opérationnels.

Concluons cette partie avec l'idée qu'il n'y a pas, dans l'absolu, de bonne ou de mauvaise méthode d'évaluation des coûts et de la rentabilité. Il n'y a de méthode pertinente que par rapport à un type de décision à prendre. Et, d'une façon générale, on peut affirmer que pour l'évaluation économique des décisions opérationnelles dont l'horizon est le court terme, l'utilisation des coûts partiels est plus pertinente que les coûts complets ; les coûts indirects étant souvent invariants pour ce type de décision.

La gestion prévisionnelle de la performance et son suivi

Nous l'avons vu, le pilotage de la performance est un processus dynamique qui s'inscrit d'abord dans l'anticipation. C'est la phase de prévisions à travers laquelle sont définis dans un premier temps les objectifs globaux de l'entreprise et la stratégie choisie pour les atteindre. Le rôle des dirigeants est bien évidemment majeur. N'oublions pas non plus que cette stratégie va nécessiter des besoins économiques (capitaux engagés) qu'il faut financer par des ressources, dont on sait qu'elles sont rares… Le principe de cohérence, et ne serait-ce que le simple bon sens, amène à affirmer que ces objectifs et stratégie doivent ensuite être déployés dans l'organisation, et notamment dans le réseau, car au quotidien la stratégie se met en œuvre sur le terrain. C'est bien là que la performance se construit. À travers les plans opérationnels, les objectifs globaux vont se décliner en objectifs sectoriels, avec l'identification des leviers opérationnels, des programmes d'actions et de l'allocation de moyens.

☞ Illustrons cette démarche en prenant l'exemple d'un distributeur de produits d'électroménagers. Au niveau global de l'entreprise, les dirigeants se sont fixés entre autres objectifs, un objectif de fidélisation des clients reposant sur une meilleure qualité de service. La réalisation de celui-ci contribuera à l'atteinte des objectifs économiques et financiers (chiffres d'affaires et marges). Le déploiement de cet objectif de performance se décline au niveau du *service après-vente* de la façon suivante.

© Éditions d'Organisation

Objectif	➤ Raccourcir les délais d'intervention de quatre jours à l'horizon de l'année	
↓		Moyens nécessaires
Leviers et plans d'action	➤ Informatiser le traitement des demandes d'intervention ➤ Mieux gérer l'interface prise de commandes/ services techniques ⟶ ➤ Optimiser l'organisation des tournées des techniciens	Investissements ? Formation ? Moyens humains ?
↓		↓
		Budget
Contrôle	➤ Opérationnel : tableau de bord ➤ Financier : contrôle budgétaire	

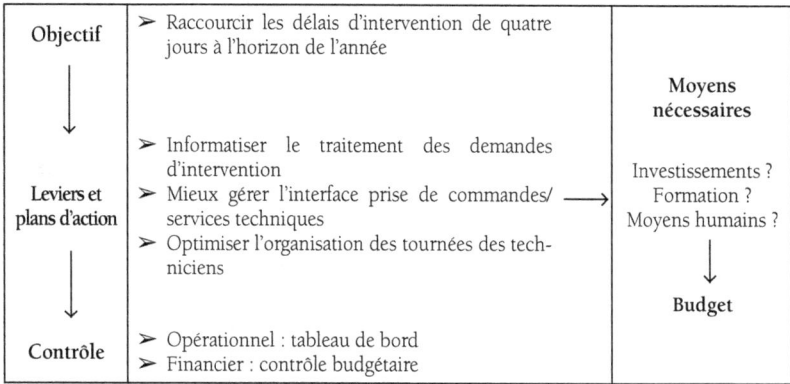

Le rôle des budgets : définir le cap et la feuille de route

Bien que régulièrement décriés pour leurs limites (langage plus comptable qu'opérationnel, focalisation sur le court terme, processus parfois bureaucratique...), les budgets restent un outil largement utilisé dans les entreprises de services. Certaines de leurs limites sont bien réelles mais peuvent être en grande partie levées, à condition de concevoir le système budgétaire comme :

- un support efficace à la conduite de la stratégie (liens objectifs – leviers opérationnels et plans d'action – indicateurs de mesure de la performance) ;
- un processus permettant flexibilité et réactivité (capacité à prévoir et re-prévoir, à allouer et réallouer les ressources – prévisions glissantes ou *rolling forecast*) ;
- un outil intégrant à la fois des paramètres opérationnels et financiers dans sa construction et son suivi.

Dans ces conditions, les budgets peuvent remplir trois rôles :

- *aide au pilotage et à la décision* ; le budget est la valorisation en euros de programmes d'actions destinés à atteindre un objectif. C'est la « feuille de route », le repère qui va guider l'action.

© Éditions d'Organisation

– *coordination des actions* des entités opérationnelles, pour s'assurer de leur cohérence entre elles et de leur convergence par rapport aux objectifs globaux ; rôle d'autant plus nécessaire lorsqu'il y a une interdépendance entre leurs activités (cas de la banque, de la collecte et du traitement de déchets).

– *responsabilisation et motivation des managers opérationnels* à travers le processus de délégation. Les budgets, avec les objectifs et plans d'action qui les sous-tendent, se traduisent par un « contrat » entre les managers et leur hiérarchie. Ce contrat est le support de l'évaluation de leur performance. Ils seront d'autant plus motivés (au sens où ils feront des efforts) à le mettre en œuvre qu'ils auront été impliqués dans son élaboration. Une démarche participative, dans le cadre d'une procédure budgétaire définie, doit permettre aux opérationnels de faire entendre leur voix dans la négociation des objectifs.

Sans rentrer dans des détails techniques de construction budgétaire, démarche relativement connue et variable selon les métiers exercés, soulignons cependant quelques points clés.

– Dans les métiers dans lesquels la *contrainte de capacité* est forte (hommes ou outil de production), et le réseau organisé en centres de profit, il y a nécessité de s'assurer de l'adéquation entre le niveau des ventes prévues et la capacité de production.

☞ Prenons l'exemple d'une société de formation qui dispose de plusieurs centres. Le budget des ventes, construit selon un cadre homogène et standard pour tous, se traduit pour l'un d'entre eux comme suit :

Nombre moyen de stages par semaine	8
Durée moyenne d'un stage (en jours)	2
Nombre de semaines d'activité par an	45
Programme d'activité (en jours)	**720**
Nombre moyen de stagiaires par stage	6
Prix de vente de la journée stage	250 €
Budget des ventes	**1.080 K€**

Le programme d'activité représente ici la capacité de production (plus exactement de servuction) nécessaire à l'atteinte des objectifs commerciaux, c'est-à-dire le nombre de journées formateurs dont il faut disposer. Si le centre a cinq formateurs assurant 120 jours de formation par an, soit un potentiel de 600 jours, il va lui falloir ajuster sa capacité avec des moyens pouvant prendre diverses formes : embauche d'un formateur, recours à la sous-traitance, partage de capacités avec d'autres centres. Dans le dernier cas, le problème des prix de cession interne resurgit…

- Dans les métiers dans lesquels la *saisonnalité de la demande* est forte (et peut être conjuguée à des contraintes de capacité), le processus budgétaire est l'occasion d'identifier dans le temps les éventuels goulots d'étranglement et d'anticiper les choix tactiques pour lisser au mieux l'offre et la demande (flexibilisation temporaire de la capacité, partage de ressources entre agences, politique de prix différenciés…). Rappelons-nous qu'il est impossible de stocker l'offre (périssabilité des services) et qu'il est difficile de « stocker la demande ».

Pour conclure, précisons que la nécessité de formaliser les budgets est d'autant plus importante que l'entreprise « vend de la capacité », laquelle induit un modèle économique où prédominent les coûts fixes et donc une forte sensibilité opérationnelle. Dans les services d'inter-médiation, cette nécessité est moindre. Les budgets y ont souvent une place moins grande, parfois même n'existent pas. Adecco par exemple, n'a pas dans son processus de pilotage mis en œuvre de budgets par agence. Cela ne signifie pas pour autant que les chefs d'agences n'ont pas d'objectifs de performance à atteindre…

La dimension financière du suivi :
le contrôle budgétaire

Le contrôle budgétaire, à travers un suivi de la performance financière, est une première étape vers la gestion de la performance. Cependant, il s'avère aujourd'hui trop restrictif et unidimensionnel dans une logique de pilotage. C'est pourquoi il doit être enrichi par des tableaux de bord.

Le contrôle qui est fait des budgets porte sur la comparaison entre les objectifs et les réalisations, et permet de mettre en évidence des *écarts*, exprimés en unités monétaires. Ainsi, dans le cas d'un centre de profit, on détermine à partir d'un écart global de marge ou de résultat (selon le critère de mesure de performance choisi) des écarts de chiffre d'affaires, de coûts opérationnels variables et fixes. On recense généralement trois grands types de déviations : un écart de volume, un écart de prix ou de coût unitaire, un écart de rendement. Différentes formules existent pour les chiffrer. Retenons la plus simple et la plus parlante.

☞ Prenons l'exemple d'un établissement dans une société de restauration collective et analysons son écart de chiffre d'affaires pour un mois donné :

	Budget initial	Réel	Budget flexible
Volume (nombre de repas)	2 000	1 850	1 850
Prix de vente moyen	6 €	5,70 €	6 €
Chiffre d'affaires	12 000 €	10 545 €	11 100 €

Écart global : CA réel – CA budgété (10 545 – 12 000) = – 1 455 €
Écart de prix : Réel – Budget flexible (10 545 – 11 100) = – 555 €
Écart de volume : Budget flexible – Budget initial (11 100 – 12 000) = – 900 €

Le budget flexible permet de mettre en évidence ce qu'aurait été le chiffre d'affaires budgété si on avait prévu le volume réel (inconnue majeure), tout en conservant le standard de prix. Cette analyse d'écarts doit obéir à deux principes clés ; un *principe d'exception* consistant à n'analyser que les écarts significatifs, ce qui nécessite de définir des seuils de tolérance, et un *principe de contrôlabilité* consistant à ne mettre en valeur que les écarts « sous contrôle » du pilote. On pourrait en énoncer un troisième : le *principe de causalité* consistant à s'interroger sur les origines des déviations, car c'est bien en identifiant la cause de l'écart que l'on peut agir sur son effet. Or, les causes d'écarts sont toujours de nature opérationnelle. Par exemple, un écart défavorable de chiffre d'affaires peut provenir d'un problème de qualité des prestations, de délais, de mauvaise performance des vendeurs… et le contrôle budgétaire ne pointe pas les variables clés avec lesquelles le responsable décide, agit, et donc peut réagir.

Une approche multidimensionnelle de la performance à travers le tableau de bord opérationnel

Nous prenons volontairement le parti de développer ici la logique du tableau de bord opérationnel, d'autres approches (telle le *balanced scorecard*) nous paraissant plus adaptées à la sphère de décisions stratégiques.

Rappelons tout d'abord que la performance financière des entités opérationnelles (qu'elle s'exprime en termes de marge, de résultat, ou de maîtrise des coûts), n'est que la résultante de leur performance opérationnelle et non l'inverse. Or, cette mesure financière porte essentiellement sur les effets des décisions et des actions menées. La recherche des causes opérationnelles, tout comme la mise en évidence des signes avant-coureurs des dérives potentielles, sont indispensables à une maîtrise de la performance. En d'autres termes, il faut avoir une vision multidimensionnelle de la performance, et c'est un des apports du tableau de bord opérationnel. Celui-ci peut se définir comme un outil présentant une *synthèse d'indicateurs*, sélectionnés pour leur *pertinence* et permettant d'alerter de manière *périodique* et *rapide* un manager, sur les performances et le pilotage de son entité. Centré sur l'essentiel, il doit lui permettre de voir où et comment *réagir*.

Le tableau de bord est donc à la fois un outil :

- de *contrôle*, en rapprochant les réalisations des objectifs ;
- de *diagnostic*, en faisant l'état des lieux (de ce qui va et de ce qui ne va pas) ;
- d'*aide à la décision*, en poussant les managers à expliquer leurs écarts de performance et identifier les actions correctives à mettre en œuvre ;
- de *communication*, en enrichissant le dialogue économique entre les managers et leur hiérarchie.

Quelques principes clés sous-tendent l'efficacité du tableau de bord. Soulignons tout d'abord la nécessité d'une *cohérence* transversale et pyramidale par rapport à la structure en réseau. Les entités opérationnelles exerçant le même métier doivent disposer d'une structure de tableau de bord et des indicateurs de nature homogène (ce qui ne veut pas dire nécessairement que le « curseur » des objectifs et des plans d'action se situe au même niveau). Les tableaux de bord remontent le long de la ligne hiérarchique selon un principe gigogne (avec un « filtrage » des indicateurs lié aux besoins d'information du décideur).

La *pertinence* des indicateurs nécessite un ciblage sur les points clés. À cet égard, la démarche OVAR[1] (Löning et Pesqueux, 1998) offre une méthode structurée partant des objectifs et variables d'action dont dispose chaque centre de responsabilité, pour les traduire en indicateurs de performance et de pilotage.

☞ Prenons le cas d'une agence bancaire dont l'*objectif* est d'augmenter son PNB de 10 %. Une *variable d'action* consiste à démarcher de nouveaux clients. Un *plan d'action* est défini (ciblage des prospects, politique commerciale). On en mesure le suivi par des indicateurs de pilotage (tels le nombre de prospects démarchés) et l'efficacité par des indicateurs de performance (tels le nombre de nouveaux clients, le PNB réalisé avec les clients de moins d'un an).

D'une manière générale, le tableau de bord doit comporter trois types d'indicateurs :

– des *indicateurs de performance* (a-t-on atteint l'objectif ?) ;
– des *indicateurs de pilotage* (a-t-on suivi les plans d'action ?) ;
– des *indicateurs d'éclairage* (y a-t-il dans notre environnement, interne ou externe, des éléments susceptibles d'influer sur notre pilotage et nos performances ?).

Les indicateurs opérationnels physiques présentent l'avantage d'être plus parlants pour les managers d'unités car plus proches de l'action (par exemple, le suivi des délais de règlement clients en nombre de jours est plus lisible que le chiffre d'affaires non encaissé). Par ailleurs, ces indicateurs permettent de « capter » la performance plus en amont que les indicateurs financiers, et de constater des dérives quand elles apparaissent et non pas seulement quand elles se traduisent dans les résultats.

L'établissement de références est indispensable pour que les « clignotants » puissent s'allumer. Ces références peuvent être l'objectif, l'historique

---

1. OVAR : Objectifs, Variables d'Action, Responsables.

Les enjeux

(attention à la saisonnalité), une donnée externe (concurrence, secteur), une donnée interne (entité similaire dans le réseau). Ces deux dernières références permettent le *benchmarking* (étalonnage) en se comparant à d'autres pour identifier les meilleures pratiques. Le *benchmarking* interne est facilement exploitable dans les services en réseau pour comparer les agences entre elles. Attention cependant à ce que celles-ci soient véritablement comparables…

L'*urgence* du tableau de bord (périodicité et délai de sortie) doit être fonction de la durée du cycle d'exploitation et de décision du manager. Un chef de rayon dans la grande distribution a besoin d'informations quotidiennes (chiffre d'affaires, rotation des stocks…) alors que, dans le conseil, un manager peut se contenter d'informations mensuelles (taux d'activité des consultants, carnet de commandes…).

Ainsi conçu, le tableau de bord enrichit l'analyse de la performance, par une vision plus opérationnelle et donc plus proche de l'action. Ce faisant, il est mieux orienté vers la prise de décision et la mise en œuvre d'actions correctives.

Le manager opérationnel, un pilote assisté d'un copilote

Nous l'avons souligné tout au long de ce chapitre, la démarche de pilotage de la performance constitue l'une des multiples facettes du rôle des managers opérationnels dans les services en réseau. Acteurs centraux de la construction de la performance, ces pilotes doivent s'approprier cette démarche. Cela nécessite :

– l'acquisition d'une culture de gestion homogène et commune à tous, pour que le dialogue économique transversal (entre entités interdépendantes) et vertical (réseau/direction régionale/siège) soit porteur d'amélioration des performances ;
– un appui pédagogique des services de contrôle de gestion. Les contrôleurs de gestion doivent former les managers aux mécanismes économiques de leur métier plutôt qu'à des techniques comptables parfois complexes et obscures. Ils doivent aussi les sensibiliser aux

enjeux économiques des décisions qu'ils prennent, en leur apportant des outils pertinents. C'est donc à la fois un rôle d'*experts* (concepteurs du système de pilotage en adéquation avec les besoins des opérationnels), de *logisticiens* (producteurs en temps et en heures d'informations fiables et pertinentes) et de *conseils* (facilitateurs de la prise de décision) que ces contrôleurs de gestion doivent remplir. À ces différents titres, ils pourront en tant que copilotes, participer efficacement avec les managers à l'atteinte des objectifs économiques de l'organisation.

Références bibliographiques

ANTHONY R.N. (1993), *La fonction contrôle de gestion*, Publi union.

BOUQUIN H. (1997), *Le contrôle de gestion*, PUF.

GIRAUD F., SAULPIC O., NAULLEAU G., DELMOND M.H. et BESCOS P.L. (2004), *Contrôle de gestion et pilotage de la performance*, Gualino éditeur.

LÖNING H. et PESQUEUX Y. (1998), *Le contrôle de gestion*, Dunod.

MENDOZA C., DELMOND M.H., GIRAUD F. et LÖNING H. (2002), *Tableaux de bord et balanced scorecards*, Guide de gestion RF.

Petit lexique des termes financiers

Besoin en fonds de roulement (BFR encore appelé besoin financier d'exploitation) : terme employé pour définir le besoin de financement lié au cycle d'exploitation (achat/production/vente). Il est égal aux stocks et créances clients moins les dettes fournisseurs et les dettes fiscales et sociales liées à l'exploitation. Lorsque ce besoin est négatif, on parle d'excédent.

Capitaux engagés (ou capitaux employés) : ensemble des fonds investis dans l'entreprise, ou dans l'un de ses métiers, que ce soit dans son outil de production (immobilisations) ou dans son cycle d'exploitation (BFR). La bonne gestion de ces capitaux engagés est un facteur crucial de la performance de l'entreprise.

Capitaux propres (ou fonds propres) : ensemble des fonds mis à la disposition de l'entreprise par ses actionnaires, soit sous forme de capital, soit sous forme de réserves en ne retirant pas par le biais de dividendes la totalité des résultats générés chaque année.

Cash flow : terme équivoque recouvrant des notions différentes (à faire préciser par entreprise). Littéralement, ce terme désigne un flux de liquidités (encaissements/décaissements).

Création de valeur : du point de vue de l'actionnaire, la création de valeur résulte du fait que l'entreprise dégage une rentabilité de ses capitaux engagés supérieure au coût moyen pondéré de ses ressources (fonds propres + dettes).

Résultat brut d'exploitation (ou EBITDA en anglais) : égal au chiffre d'affaires moins les charges d'exploitation décaissables, c'est un indicateur majeur de la performance économique, car indépendant des politiques d'amortissement, financières, et avant éléments exceptionnels. Constitue par ailleurs un indicateur de cash, car représente le flux de trésorerie potentielle généré par l'exploitation.

Résultat d'exploitation (ou EBIT en anglais) : égal au chiffre d'affaires moins toutes les charges d'exploitation (y compris amortissements et provisions), c'est un indicateur de la performance liée à l'activité courante de l'entreprise, avant impact financier et exceptionnel. On parle aussi de rentabilité ou de marge opérationnelle.

Rentabilité des capitaux engagés (ou ROCE en anglais) : rapport entre le résultat d'exploitation et les capitaux engagés, la RCE est l'indicateur clé de la performance obtenue par l'entreprise dans son ou ses métiers, indépendamment des choix retenus pour financer ces capitaux engagés. Elle résulte de la combinaison du taux de marge opérationnelle (résultat d'exploitation/CA) et de la rotation des capitaux engagés (CA/capitaux engagés). La RCE peut se calculer avant ou après IS (Impôt Société).

Rentabilité des fonds propres (ou ROE en anglais) : rapport entre le résultat net comptable et les capitaux propres, c'est un indicateur majeur pour les actionnaires, d'appréciation de la rentabilité des sommes qu'ils ont investies.

Les enjeux

Dossier : TNT Express France

Un pilotage de la performance des dépôts centré sur les leviers d'action opérationnels[1]

Le Groupe TNT est un des tout premiers acteurs mondiaux du transport postal et du transport express. Il dégage dans son secteur la meilleure profitabilité.

TNT Express France est le numéro un en France du transport express interentreprises. S'appuyant sur un réseau national de 120 sites et de 4 300 collaborateurs, TNT livre chaque jour plus de 300 000 colis en France et 10 000 à l'international, générant ainsi 600 M€ de chiffre d'affaires annuel, ceci en exploitant une flotte de plus de 3 000 véhicules et de 8 avions.

Outre son maillage sur le territoire français, et forte de son appartenance au groupe hollandais TNT, l'entreprise s'appuie sur un réseau mondial capable de desservir plus de 200 pays dans le monde. Elle est une société organisée en réseau, dont l'objectif est d'assurer la meilleure qualité de service à ses clients en respectant ses engagements (soit un objectif de taux de livraison dans les délais de 98,5 %) et ce en optimisant ses coûts logistiques pour rester compétitive sur un marché très concurrencé.

Son organisation opérationnelle s'articule autour d'une direction commerciale avec une force de vente chargée de commercialiser les prestations aux clients industriels, et d'une direction des opérations supervisant, à l'aide de directeurs régionaux, les managers de dépôts responsables des sites d'exploitation chargés de « produire » les prestations (ramassage, tri, livraison).

---

1. Merci à Isabelle Lory, responsable du contrôle de gestion opérationnel TNT Express France, pour sa précieuse collaboration.

Ramassage chez le client expéditeur	Regroupement des colis sur un centre de tri	Acheminement du centre de tri au centre de livraison	Tri des colis par destination	Livraison au client final

Gestion des dépôts : d'un système de centres de profit à des centres de coûts

Les centres ont longtemps été gérés en centres de profit. Le chiffre d'affaires réalisé par les équipes commerciales était affecté respectivement à chacun des dépôts. Pour respecter cette logique opérationnelle, une répartition du chiffre d'affaires était effectuée au travers de prix de cession interne : le chiffre d'affaires était attribué au centre ayant ramassé les colis, tandis que le centre ayant réalisé la livraison chez le client final était rémunéré par le biais de prix de cessions internes. Une évolution vers des centres de coûts a été décidée. Pourquoi une telle mutation ? Tout simplement par souci de cohérence entre « responsabilité et moyens d'action ». Ce principe signifie, pour un manager de dépôt chez TNT, le pilotage de leviers opérationnels portant essentiellement sur des moyens, dont il doit s'efforcer de maîtriser les coûts. Ainsi, chaque manager peut gérer ses propres coûts de sous-traitance, sur lesquels il peut agir puisqu'il négocie directement avec les différents fournisseurs qu'il choisit. C'est lui qui gère également les frais de personnel en adaptant les moyens aux volumes traités par l'utilisation de contrats à durée déterminée ou, éventuellement, de l'intérim.

Dès lors que la responsabilité peut être partagée entre différents dépôts, les coûts sont mutualisés et sortent donc du périmètre financier du chef de centre. C'est par exemple le cas pour l'acheminement des colis d'un dépôt à un autre qui nécessite la mise en œuvre de moyens bénéficiant aux deux sites. Qui en a la maîtrise et qui doit en supporter les coûts ? Face à cette problématique, décision a été prise de les mutualiser et de créer un centre de coûts spécifique « réseau acheminement », avec une structure dédiée qui en est totalement responsable. Chacun peut ainsi se concentrer sur l'essentiel de son métier et de son champ d'action. Le chef de centre doit mettre tous les moyens en œuvre pour assurer la meilleure exploitation possible en garantissant la qualité requise. Il est responsable des coûts induits par les activités dont il a l'entière maîtrise. Quant au chiffre d'affaires, il est géré sur un centre analytique spécifique, sous la responsabilité de la direction commerciale.

Quelle mise en œuvre opérationnelle ?

Appropriation du système par les managers

Dès leur intégration dans la société, les nouveaux managers suivent une formation interne, développée en collaboration avec le département formation et la direction Méthode et Qualité. Cette session d'une dizaine de jours permet de former les nouveaux managers (également les responsables d'activité ayant le potentiel de prétendre aux fonctions de chefs de centre) aux différents métiers liés à la vie d'un centre. Le but est d'apporter un réel soutien de la part des spécialistes des différents départements, et de sensibiliser les futurs managers aux aspects fondamentaux de la gestion de leur propre activité.

Le contenu intègre la présentation du groupe et de l'offre, les métiers opérationnels, tous les aspects touchant à la qualité, et enfin des aspects plus théoriques mais extrêmement importants tels que le juridique et réglementation des transports ou le contrôle de gestion.

Décentralisation du contrôle de gestion

En 2002, le contrôle de gestion jusque-là central, a été décentralisé afin d'assurer une meilleure proximité avec les opérationnels et de pouvoir étayer les différentes analyses par une approche terrain.

Cette réorganisation est devenue nécessaire pour améliorer la pertinence des études fournies par les contrôleurs de gestion. Une certaine opposition régnait en effet entre les services : les opérationnels n'étaient pas convaincus de la pertinence des études menées et les contrôleurs de gestion avaient le sentiment de ne pas pouvoir accéder à une information fiable. Le remède à ce malaise a été la décentralisation de la gestion, assurée conjointement par les contrôleurs de gestion opérationnels et les managers de dépôts. Il est important de noter que la réussite d'une telle opération passe par une définition très précise des fonctions et des responsabilités de chacun. Le rôle du contrôle de gestion est de fournir un support aux opérationnels et d'alerter la direction générale des éventuelles dérives ou dysfonctionnements constatés. Ceci justifie un rattachement du contrôle de gestion à la direction générale qui souhaite *monitorer* au plus près les coûts de la société, et une hiérarchie centralisée.

Un reporting très fréquent assorti de déplacements en régions

Le pilotage des dépôts et de l'entreprise est quotidien, à travers le suivi précis de l'activité réalisée. Afin d'apporter la plus grande réactivité sur les actions à mener, un compte de résultat hebdomadaire est établi. Enfin, l'analyse détaillée des différents comptes de charges est réalisée mensuellement.

À ces analyses sont associées des revues trimestrielles portant sur l'évolution des coûts dans les sept directions régionales qui couvrent le territoire français. À ces réunions sur site participent le directeur général et les managers des différents départements impliqués : direction opérationnelle, direction qualité et contrôle de gestion.

Une analyse précise des tableaux de bord « financiers » permet d'expliquer les écarts entre les réalisations et le budget, avec une comparaison par rapport à l'année précédente. Les managers de chacun des sites doivent expliquer les variations qui apparaissent sur les différents tableaux de bord établis par les contrôleurs de gestion régionaux.

Après s'être assurés que les coûts sont réellement sous contrôle, l'analyse porte sur des indicateurs opérationnels (de densité, de taux de remplissage de véhicule, d'adaptation des moyens humains aux volumes traités). Là encore, le but est d'apporter les améliorations nécessaires pour atteindre la meilleure efficience possible. Les *Best Practices* identifiées lors de ces déplacements sont ensuite appliquées par les sites en difficulté pour les aider à accroître leurs résultats. Dans tous les cas, les moyens doivent être adaptés aux volumes traités. Les solutions sont donc recherchées en commun et des plans d'action décidés. Afin de veiller à la bonne mise en œuvre de ces actions, le contrôle de gestion a en charge de suivre les réalisations effectives ainsi que les non-réalisations au travers de tableaux de bord (qui seront parfois éphémères et supprimés après corrections des anomalies).

La gestion des coûts ne doit pas se faire au détriment de l'autre dimension de la performance, à savoir la qualité et le respect des délais. Les indicateurs financiers sont donc mis en relation avec les indicateurs qualité. Si la maîtrise des coûts permet à l'entreprise de rester compétitive, le respect des taux de qualité lui permet d'accroître ses parts de marché. C'est de cette manière qu'est intégré le parallèle entre le dialogue économique et l'approche opérationnelle de l'entreprise.

La mise en perspective des aspects coûts et qualité est capitale car elle permet d'intégrer la vision long terme de la performance. La sensibilisation à cette adéquation se fait au travers d'une communication efficace établie entre les managers régionaux et la direction générale.

Évaluation et motivation au travers des objectifs budgétés

Le pilotage en région doit permettre l'atteinte des objectifs déterminés au travers des budgets. La performance est évaluée sur des critères simples tels que le respect des taux de qualité ou bien l'efficacité de la gestion. Une bonne gestion doit permettre d'adapter les moyens aux volumes traités. C'est pour cela qu'un des indicateurs principaux est le coût à l'unité d'œuvre (l'unité d'œuvre en l'occurrence étant le colis traité).

L'élaboration budgétaire est exclusivement bâtie sur les volumes prévus par la force de vente. Les règles du jeu sont simples : il s'agit de déterminer les coûts nécessaires au traitement des volumes estimés, tout ceci en optimisant les moyens déjà en place, pour réaliser des économies d'échelle.

La cohérence entre l'évaluation de la performance du centre et le degré de maîtrise des moyens par les managers, se trouve dans les coûts intégrés au calcul du coût de l'unité d'œuvre : seuls les coûts maîtrisables par les chefs de centre sont pris en compte pour sa détermination. Afin d'assurer la meilleure adéquation entre leurs objectifs annuels et leur motivation, un des critères de la rémunération variable des chefs de centre est l'atteinte du CUO (Coût d'Unité d'Œuvre) budgété.

Plus l'implication des opérationnels est forte dans le processus d'élaboration des budgets, plus grande est leur motivation à atteindre leurs objectifs.

Synthèse

L'avantage de ce nouveau système réside dans la responsabilisation et l'implication de chacun à piloter au mieux sa performance économique. Ceci, dans la mesure où il n'est plus aujourd'hui nécessaire de pratiquer le jeu des prix de cessions internes, source de conflit régulier du fait des modes de calcul utilisés. Dans le même état d'esprit, les coûts indirects, et notamment les coûts groupe ne sont pas répartis à ce niveau d'analyse. Cela évite de définir des clés de répartition aléatoires. Ainsi, TNT a choisi un système de pilotage par centre de coûts, permettant à chacun de prendre des décisions basées sur des résultats en cohérence avec leur délégation de responsabilité et leur champ d'action.

6 Le développement durable : une nouvelle responsabilité

Cet ouvrage, qui s'intéresse aux enjeux majeurs auxquels sont aujourd'hui confrontés les managers services, ne pouvait passer à côté de la question très actuelle du développement durable.

Cette notion, qui s'est imposée lors du Sommet de la Terre en 1992, propose un développement « *qui répond aux besoins du présent sans compromettre la capacité des générations futures à répondre à leurs propres besoins. Deux concepts sont inhérents à cette notion : le concept de besoin et plus particulièrement des besoins essentiels des plus démunis, à qui il convient d'accorder la plus grande priorité, et l'idée des limitations que l'état de nos techniques et de notre organisation sociale impose sur la capacité de l'environnement à répondre aux besoins actuels et à venir* »[1]. Certains lecteurs ne manqueront pas cependant de s'interroger sur la pertinence de cette question pour des managers services, de surcroît opérationnels. La notion de développement durable, souvent associée à la protection de l'environnement (prévenir les pollutions et la surexploitation des ressources naturelles) ne concernerait pas les activités de services, réputées intangibles donc sans impact sur la nature. En outre, les politiques de développement durable seraient l'affaire des directions générales et des services communication au siège et ne toucheraient donc que marginalement le manager d'un centre de profit.

Nous débuterons donc ce chapitre par la démonstration du contraire. Les activités de services, bien qu'immatérielles, ont en effet des impacts sur l'environnement. Il suffit d'évoquer le tourisme pour s'en convaincre. Par ailleurs, la notion globale, universelle et transversale de développement durable, est vouée à se concrétiser localement sur un territoire donné. Ce territoire ou ces territoires, ce sont les rayons d'action des implantations d'agences, de magasins… qui font le réseau d'une entreprise de services. Le manager d'un centre de profit apparaît donc comme un acteur clé de cet ancrage territorial et social.

■ Développement durable et activités de services

De l'intangible aux impacts sociaux et environnementaux

L'intangibilité est, nous l'avons déjà largement souligné dans ce livre, la spécificité principale des activités de services. Cependant, ne nous méprenons pas, intangibilité ne signifie pas « sans impact sur l'environnement ». Bien des activités de services ont même un impact

---

1. Commission mondiale sur l'environnement et le développement, 1988.

direct sur la nature ou certaines de ses composantes : les activités de transport (train, camion/bus, avion) émettent des gaz à effet de serre. Les activités de distribution supposent des magasins dont l'intégration dans le paysage est parfois discutable et génère une importante activité de transport afin d'acheminer les marchandises. La restauration utilise des huiles de friture qui, vidées dans un évier, encrassent les stations d'épuration. Le nettoyage industriel emploie des produits d'entretien dont certains sont mis en cause dans les pollutions intérieures. Le tourisme s'accompagne de flux de voyageurs qui piétinent la flore et dérangent la faune locale... L'empreinte écologique[1] d'une entreprise de service n'est donc pas nulle.

Les activités de services ont également un impact social et sociétal, impact positif ou négatif. En tant qu'activités généralement fondées sur des hommes et des femmes, elles constituent souvent les premiers employeurs sur un territoire donné. L'exploitation du réseau de transport en commun de Lyon, qui mobilise plus de 4 000 salariés, fait ainsi de la Société Lyonnaise de Transport en Commun (SLTC) l'un des premiers employeurs de la région.

À l'exception de certains services reposant sur les nouvelles technologies de l'information (centre d'appel, société d'affacturage, société de gestion informatique...), la nécessaire proximité physique avec les clients limite les délocalisations et fait de ces activités un levier du développement économique des territoires. Sur un autre plan, la petite épicerie du village ou le facteur entretenant le lien avec des personnes socialement et géographiquement isolées, sont emblématiques de ces activités de services proches des hommes et donnant vie à un territoire. L'impact social peut également être négatif. Le tourisme, s'il peut créer des emplois saisonniers pour les autochtones, peut tout aussi bien contribuer à la disparition de métiers traditionnels et à la « folklorisation » des rites, notamment dans les pays en voie de développement.

Les exemples ne manquent donc pas pour montrer combien les activités de service, comme toutes les activités humaines, sont concernées par la question du développement durable, quand bien même

---

1. Mesure les quantités de terre et d'eau qui sont nécessaires pour produire ce que l'entreprise consomme et pour absorber ce qu'elle rejette dans le cadre de ses activités.

certaines de leurs problématiques diffèrent de celles des entreprises industrielles. Nous verrons par la suite comment cette question peut être appréhendée par le responsable d'une unité opérationnelle de service.

L'esprit du développement durable

Avant d'en venir à des considérations managériales, il nous paraît utile de revenir en quelques lignes sur cette notion de développement durable afin de disposer d'éléments supplémentaires de compréhension et ainsi de mieux saisir les enjeux qu'elle soulève. Une compréhension plus « macro » situant les activités économiques dans la communauté humaine et dans l'environnement naturel est la condition d'une meilleure appropriation d'un concept réputé, à raison, flou.

La notion de développement durable, dont les idées fondatrices remontent aux mouvements contestataires des années 1970, nous invite à nous interroger sur les modes de production et de consommation « à l'occidental ». Ces derniers, pourtant censés conduire au bonheur et au bien-être de l'humanité, ne parviennent cependant pas à éradiquer la pauvreté. Bien au contraire, force est de constater que l'écart entre les pays pauvres et les pays riches se creuse, alors même que l'économie libérale se mondialise.

Depuis 1970, « *alors que le commerce international a été multiplié par plus de 19 et le développement économique par 6, le nombre des pays pauvres a doublé (…). La richesse cumulée des 225 plus grosses fortunes mondiales est égale au revenu annuel cumulé de la moitié de l'humanité la plus pauvre* » rapporte Dubigeon (2002). Il reprend les données du Rapport mondial du développement humain, réalisé par le PNUD[1]. Ces données confirment les mécanismes mis au jour par Partant (1982) : « *Plus les économies du Tiers-Monde s'ouvrent sur le marché mondial, plus la masse des populations s'enfonce dans le dénuement.* » Il en est de même de l'écart entre nantis et exclus au sein d'un même pays, aussi développé soit-il.

---

1. Programme des Nations Unies pour le Développement.

Parallèlement notre économie entame le capital naturel, compromettant ainsi les possibilités de reproduction de la biosphère dont dépend la reproduction de l'humanité. Altération de la biodiversité, effet de serre, changement climatique, désertification et déforestation, raréfaction de l'eau potable et multiplication des déchets constituent les principaux problèmes environnementaux déclarés cruciaux au niveau international.

Réduire le développement durable à une recherche d'équilibre entre trois sphères équivalentes que seraient l'économique, le social et l'environnemental nous paraît une erreur d'interprétation. En effet, ces trois sphères ne se situent pas sur le même plan et sont en fait emboîtées les unes dans les autres, selon un ordre qu'il est nécessaire de reconnaître aujourd'hui comme un principe incontournable : l'économique est un sous-système du système social, lui-même sous-système de l'environnement naturel. Or, l'ordre de la biosphère apparaît placé de façon incongrue sous la dépendance d'un de ses sous-systèmes, l'économique, défiant ainsi les lois de fonctionnement d'un système par rapport aux sous-systèmes qu'il contient.

Penser le développement durable, c'est donc replacer la dimension économique à sa juste place et la reconsidérer *« en fonction de son insertion dans un ensemble de mécanismes qu'(elle) ne saurait bouleverser sans se détruire (elle-même) »* (Passet, 1979).

Tel est donc le point de départ à partir duquel une entreprise responsable peut aborder le (et non son) développement durable, *en reconsidérant sa mission en fonction de son insertion dans une communauté humaine et un environnement naturel qu'elle ne saurait bouleverser sans se détruire elle-même.* L'échelle du territoire local apparaît de ce fait comme une unité de raisonnement particulièrement pertinente, celle que pilote précisément le manager dit opérationnel d'une entité service.

■ De l'état des lieux local à la stratégie globale

Repartir des pratiques du terrain

L'entreprise de services qui s'engage dans une stratégie de développement durable a généralement le réflexe de partir des expériences terrain. Débuter sa réflexion par un état des lieux des pratiques existantes paraît à cet égard un bon démarrage pour alimenter la stratégie du siège.

Pour faciliter l'exhaustivité, l'état des lieux reprend généralement un découpage classique en recensant les actions environnementales, sociales internes et sociales externes (ou sociétales). Cet exercice est intéressant à plus d'un titre. Au-delà de l'explicitation de pratiques permettant de construire sur des bases existantes, cet état des lieux s'avère très révélateur des valeurs en acte de l'entreprise, de ses savoir-faire et constitue un bon indicateur de la réceptivité et du potentiel des collaborateurs en matière de développement durable. Car, on le devine déjà, ceux-ci seront les acteurs de la mise en œuvre.

Ainsi, en effectuant un état des lieux sur le terrain de ses pratiques sociales et sociétales, la SLTC, société exploitant le réseau de transport en commun lyonnais, a mis au jour une multitude d'initiatives locales permettant d'assurer au mieux sa mission de service public. Collaborer avec les acteurs locaux des quartiers et communes desservies (associations sportives, mairies, associations d'insertion, écoles…) fait quasiment partie intégrante du métier. Pour limiter les incivilités dans les bus, voire le « caillassage » de ceux-ci, les conducteurs interviennent en personne dans les écoles des quartiers réputés difficiles, afin d'expliquer leur rôle. Ils participent par ailleurs à des tournois sportifs afin de développer une autre relation avec les jeunes. Ici, c'est le conducteur qui se rend « maître » d'un territoire, celui de son bus et de sa ligne.

Il est intéressant de voir en quoi l'histoire de l'entreprise est une composante explicative de l'avancée et de la tournure des politiques de développement durable qui se mettent en place aujourd'hui. Capitaliser sur ces fondements nous apparaît comme un gage de réussite. Chez Casino, les racines paternalistes, auxquelles on doit la création d'une caisse de prévoyance et d'assurance décès en 1904 et les allocations familiales en 1916, confèrent à l'entreprise une certaine avance sur le volet social. Aujourd'hui, c'est le volet environnemental qui reste à développer.

Pour des entreprises qui ont déjà des acquis à leur actif (et toutes en ont plus ou moins), il convient cependant de ne pas tomber dans le syndrome de Monsieur Jourdain et de conclure : « Nous faisons depuis toujours du développement durable. » Ces acquis ne dispensent pas de revisiter de manière approfondie la vocation de l'entreprise à la lumière des enjeux énoncés précédemment du développement durable.

Les motivations « développement durable » des entreprises

Précisons brièvement, à l'aide du schéma ci-après, quelles sont les raisons principales qui motivent une entreprise à s'engager dans une politique de développement durable et les bénéfices attendus de cet engagement. Ce dernier doit être considéré comme un investissement à long terme, dont une partie des retombées est difficilement mesurable en termes financiers. Si une utilisation parcimonieuse des ressources permet de limiter les coûts et donc d'améliorer la rentabilité de l'entreprise, qu'en est-il de la suppression des sacs plastiques en sortie de caisse ? Cette décision, prise par Leclerc, s'est soldée dans un premier temps par une baisse de la fréquentation des magasins que les économies de coûts ne compensaient certainement pas. En revanche, ces choix contribuent à la construction de l'image et de la réputation de l'entreprise qui, si elles sont positives, garantissent sur le plus long terme la légitimité de celle-ci, lui octroyant le fameux « droit d'exercer » (*licence to operate*).

179

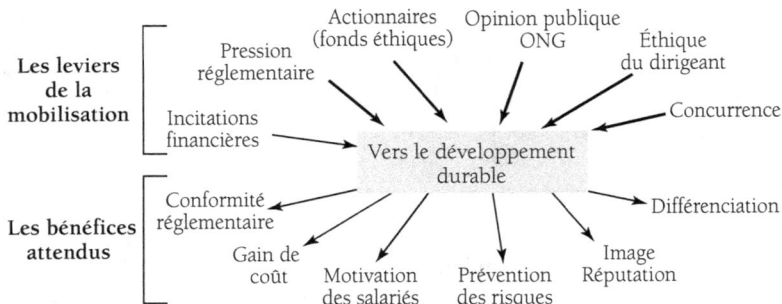

Figure 1 – Leviers et bénéfices d'un engagement développement durable

Deux grandes approches

Par rapport à un engagement développement durable d'une entreprise de services, il convient de distinguer deux types d'approches : une approche *back-office* et une approche *front-office* (en reprenant la terminologie spécifique au management de ces activités).

L'approche *back-office* vise à améliorer les relations avec les collaborateurs (marketing interne) et à limiter les impacts des pratiques sur l'environnement (tri des déchets, utilisation de papier recyclé...). Ces actions sont, par principe même, peu visibles de l'extérieur. Il s'agit de poursuivre l'activité, en améliorant les façons de faire, sans remettre en question ses fondements.

L'approche *front-office* va plus loin dans la mesure où les transformations menées sous l'égide du développement durable ont un impact sur le contenu même de l'activité, sur sa finalité. Elles sont visibles par le grand public et donc par les clients. Offrir des produits de placements socialement responsables et respectueux de l'environnement, ainsi que des services adaptés aux personnes à faible revenu, comme le fait la banque luxembourgeoise Dexia, touche l'activité proprement dite et rejaillit sur le positionnement de l'entreprise. Cette stratégie, si elle a un impact marketing, va bien au-delà. Il s'agit d'un engagement affectant toutes les activités et toutes les fonctions dans leurs processus et dans leurs résultats. C'est cette seconde approche, plus exigeante, à laquelle s'intéresse la suite de notre propos.

Une question de vision

Dans le cadre de l'approche *front-office*, la première question qui se pose à l'entreprise est de reconsidérer sa mission en termes de services aux hommes et de respect de l'environnement. Une telle considération peut conduire à des évolutions majeures des offres et des pratiques en cours, évolutions qui seront pilotées dans la durée afin de ménager certaines transitions et ne pas compromettre la pérennité de l'entreprise.

Cette vision découlera de la conception que les dirigeants, et ceux qu'ils voudront bien associer à la réflexion, ont du monde, de ses problèmes et des solutions possibles. Aucune vérité n'est disponible en la matière. Actuellement, le dialogue avec les parties prenantes apparaît comme la voie la plus prometteuse pour faire émerger des pistes satisfaisantes, car co-construites avec les intéressés. *« Il est désormais admis,* comme le rappelle Elisabeth Laville, *que plus l'entreprise s'ouvre à des problématiques sociales ou environnementales nouvelles, moins elle peut trouver, seule, les réponses. »* (2002) L'approche « parties prenantes » que nous présenterons plus loin offre un cadre pour identifier et organiser cette ouverture au dialogue, propre à l'esprit du développement durable.

La vision « développement durable » de l'entreprise gagne à être formalisée dans un document souvent appelé charte. Celle de Nature et Découverte illustre bien le caractère de l'exercice. Elle présente quatre engagements : un engagement pour la satisfaction des clients portant sur les produits et les magasins, un « engagement pédagogique », très révélateur de sa vocation (« *Faire comprendre et aimer la nature* »), un « engagement écologique » qui se traduit dans les pratiques de l'entreprise et les actions de mécénat en faveur de la nature et, enfin, un « engagement économique », couvrant ainsi l'ensemble des piliers du développement durable. Pour une telle entreprise, nous pouvons considérer que le développement durable est pour partie présent dans ses gènes. Dans un autre domaine, le Crédit

Coopératif propose « *des produits bancaires permettant de soutenir des actions de solidarité, de promouvoir l'agriculture bio ou le commerce équitable* ». Son métier : « *financer l'avenir* ». À partir de cette idée simple, l'entreprise privilégie le soutien à l'emploi et au développement local, aux activités associatives dans le domaine de la santé, de l'insertion, du handicap, du logement... par le biais des produits solidaires qu'elle offre à ses clients-citoyens : placement éthique, livret solidaire, carte bancaire solidaire (à chaque transaction, 6 centimes d'euro sont reversés à une association de solidarité). Ici, les préoccupations « humanistes » constituent les fondements de l'activité, sa justification.

Pour d'autres entreprises, il s'agit davantage de retrouver une vocation au service des hommes. Bien sûr, nous n'avons pas la naïveté d'ignorer qu'avec un peu d'habileté rhétorique, bien des entreprises peuvent ainsi livrer au grand public de nobles desseins qui resteront de l'ordre du discours. Certes, mais il n'empêche qu'un tel exercice de formulation amorce inévitablement une réflexion de fond et manifeste une forme d'engagement auquel il faudra bien donner un contenu effectif par la suite.

Cette vision de la vocation ou de la mission, revue à l'aune des critères du développement durable, sera ensuite déclinée en objectifs stratégiques. L'initiative britannique SIGMA[1] d'élaboration d'un standard pour un management intégré du développement durable, offre une liste exhaustive de 29 enjeux classés en 6 rubriques permettant d'examiner systématiquement tous les aspects du développement durable :

– le *capital naturel* (eau, énergie, air, déchets, biodiversité, bruits et odeurs) ;
– le *capital social* (gestion des retombées sur le territoire, communication interne, système de management, organisation et responsabilités, participation, implication et motivation du personnel, intégration territoriale de l'entreprise...) ;
– le *capital humain* (travail, équité, emploi, compétences, gestion et prévention des risques) ;
– le *capital manufacturé* (veille réglementaire, relations avec les sous-traitants, transports et logistique...) ;
– le *capital financier* (gestion de la réputation, répartition équitable de la valeur...) ;

1. www.bsi.org.uk/sigma
SIGMA : *Sustainability Integrated Guidelines for Management.*

© Éditions d'Organisation

– la *gouvernance* (engagement de la direction, éthique, stratégie, identification des parties prenantes, mesure de la performance, *reporting*…).

De ces objectifs stratégiques découleront des objectifs opérationnels mesurables et mesurés, assortis d'un plan d'action. Se posera alors la délicate question des indicateurs. À ce niveau, Dubigeon (2002) propose plusieurs approches tout en reconnaissant que les indicateurs intégrés, ceux capables de saisir transversalement les différentes facettes du développement durable, sont encore à inventer. Pour l'heure, les plus sophistiqués proposent des mesures à l'interface de deux « piliers » comme par exemple l'éco-efficacité.

Ces indicateurs de suivi permettront également de rendre des comptes, notamment aux actionnaires. Cette forme d'information est appelée « reddition » afin de la distinguer de l'acte de communication plus axé sur la valorisation de l'entreprise. Mais la frontière entre reddition et communication reste perméable (Capron et Quairel-Lanoizelée, 2004).

Actuellement, seules les entreprises du CAC 40 sont dans l'obligation de publier un rapport développement durable (Loi NRE votée en mai 2001), mais toute entreprise gagnera à réfléchir à la production d'un tel document. Une enquête menée auprès des entreprises ayant publié un tel rapport montre que cet exercice a été l'occasion pour elles *« de créer, de développer ou d'améliorer et d'enrichir leur système d'informations sociétales internes »* (Capron et Quairel-Lanoizelée, 2004). Pour le moment, la reddition environnementale et sociétale n'est pas normalisée, le guide le plus avancé et reconnu en la matière ayant été produit par le GRI (*Global Reporting Initiative*). Pour en approfondir le contenu, une présentation commentée nous est proposée par Capron et Quairel-Lanoizelée (2004).

Après avoir passé brièvement en revue les étapes clés d'une démarche développement durable – état des lieux, vision de la mission, stratégie, objectifs opérationnels et suivi – nous allons maintenant nous intéresser à la mise en œuvre de cette stratégie à un niveau local.

■ De la stratégie globale au déploiement local intégré

Il revient donc au manager local de mettre en œuvre la stratégie de développement durable, de l'ancrer dans « son » territoire. Sur les dix points de la charte de Casino, sept concernent les magasins, dont trois exclusivement : « *favoriser l'implication des collaborateurs dans des partenariats locaux en faveur de l'aide humanitaire, de l'insertion professionnelle et de l'environnement* », « *sensibiliser nos clients aux comportements et modes de consommation responsable* », « *contribuer au développement économique local en veillant à l'intégration territoriale de nos implantations* ».

C'est une lourde responsabilité qui pèse sur les épaules des managers opérationnels quand on sait que certaines ONGs exercent une observation vigilante afin de dénoncer les entreprises qui se contenteraient de discourir dans le seul but de promouvoir une image verte (on parle alors de *greenwasching*). Corpwatch épingle ainsi les entreprises qui présentent des écarts flagrants entre les déclarations d'intention et les réalisations concrètes. Elle désigne, par exemple, nommément les entreprises membres du « Global Compact »[1] qui, par leurs pratiques, en violeraient un ou plusieurs principes.

C'est au niveau du manager local que les promesses doivent donc être tenues sous peine d'endommager gravement le capital réputation si cher aux dirigeants d'aujourd'hui. C'est à lui qu'appartient de piloter une mise en œuvre s'articulant sur deux plans : technique et comportemental.

La mise en œuvre technique

Elle fait référence à toutes les actions objectivables et mesurables à mettre en œuvre pour améliorer les impacts sociaux et environnementaux de

---

1. Initiative de Kofi Annan qui demande aux entreprises signataires d'adhérer à neuf principes universels relatifs aux droits de l'homme, aux normes du travail et à la protection de l'environnement.

l'unité de service. Certains choix relèvent du siège comme la conception d'un magasin HQE (Haute Qualité Environnementale) ou la création d'une fondation. D'autres relèvent de l'application de directives laissant peu de marge de manœuvre comme la mise en place de bac de récupération des déchets par exemple. Nous ne nous attarderons pas sur ces actions qui ne présentent pas de changement particulier quant à la mise en place de nouvelles procédures. La mise en œuvre dans une perspective purement technique peut s'accommoder d'une approche cloisonnée. Une fonction, un salarié peut prendre en charge cette nouvelle contrainte imposée du siège. C'est l'issue qu'ont connu certaines démarches qualité qui avaient pourtant vocation, elles aussi, à être intégrées.

L'appropriation par la participation

Plus complexe est l'appropriation de la démarche par les collaborateurs de l'entité « services », voire dans le cas qui nous occupe, leur adhésion. Les changements techniques évoqués précédemment ne seront complètement effectifs que s'ils sont accompagnés de changements de comportement. Trier implique un geste volontaire que seuls les collaborateurs convaincus effectueront correctement. Leur implication sera à la hauteur de l'authenticité perçue de la démarche engagée par les dirigeants. Inversement, les collaborateurs ne manqueront pas d'ironiser sur les engagements d'une direction dont ils perçoivent en interne la fausseté et l'incohérence. Les dégâts seront alors désastreux sur la motivation de chacun. En revanche, si le projet développement durable, en principe très mobilisateur car porteur de sens, est légitime et crédible aux yeux des collaborateurs, il constituera une source de mobilisation et d'enthousiasme qui démultipliera les énergies. Le principe le plus sûr pour mobiliser est celui du dialogue et de la participation. Plus que n'importe quel autre sujet, le développement durable est l'affaire de tout individu responsable, donc à responsabiliser, ce qui ne caractérise pas tous les styles de management. *« Seules la volonté et l'énergie des acteurs transforment les stratégies en pratiques. C'est voir naître un projet commun dans lequel chacun ressent une part de responsabilité, et où chacun trouve un intérêt spécifique qui mobilise les acteurs. »*[1]

---

1. Source : rapport avril 2003 du Conseil national du développement durable, CNDD.

© Éditions d'Organisation

Au siège de la SLTC, dans le cadre de l'encouragement à la prise d'initiative pour améliorer la qualité, s'est spontanément mis en place un système de collecte des cartouches d'encre d'imprimantes et de piles dont le succès rapide n'a d'égal que la mobilisation des deux collaborateurs qui en sont les promoteurs. Il y a fort à parier qu'une directive *top down* concernant le même dispositif aurait nécessité plus de temps et de ressources sans parvenir pour autant à un même résultat.

Il est utile de disposer d'une charte ou de tout autre document pour engager la direction et baliser l'orientation développement durable de l'entreprise. Il est en revanche contre-productif d'en ficeler les moindres détails pour un déploiement identique et imposé dans toutes les unités services. Cette démarche serait en fait contradictoire avec l'esprit même du développement durable.

L'approche parties prenantes : une grille de lecture utile pour le manager local

La notion de partie prenante est mobilisée dans la plupart des rapports développement durable des grands groupes mais elle donne le meilleur de sa pertinence dans le cadre d'une politique locale. À ce titre, elle constitue un outil utile pour le manager d'un centre de profit services.

La notion de partie prenante (ou encore partie intéressée ou porteur d'enjeu) désigne « *tout groupe ou tout individu qui peut affecter ou être affecté par la réalisation des objectifs d'une organisation* » (Freeman, 1984). L'approche parties prenantes est constituée de trois étapes successives :

– l'identification des parties prenantes et la compréhension de leurs intérêts respectifs ;
– la prise en compte de ces intérêts dans la stratégie de l'entreprise ;
– et enfin un dispositif de négociation ou de médiation.

L'originalité de cette approche tient, d'une part, à la prise en compte de parties prenantes « non contractuelles » que peuvent être une association de riverains, les collectivités locales, des ONGs, certaines pouvant d'ailleurs être « hostiles ». D'autre part, c'est la nature même de la relation avec les parties prenantes qui évolue. Elle ne se limite plus à de l'information mais peut aller jusqu'à la participation aux choix stratégiques de l'entreprise, voire à son activité.

La théorie des parties prenantes, qui a connu un premier succès au début des années 1980, trouve un regain avec le développement durable. Elle propose en effet des éléments d'opérationnalisation utiles aux managers à l'affût de guides pour aborder cette question globale, multidisciplinaire et transversale. Elle permet d'identifier nommément des acteurs qui vont de ce fait incarner les différents intérêts du développement durable. Les responsables d'entreprises auront donc face à eux des interlocuteurs en chair et en os. Les intérêts économiques vont par exemple être pris en charge par les actionnaires, les intérêts sociaux internes par les salariés et les syndicats, les intérêts sociaux externes par une collectivité locale et/ou une association de réinsertion, les intérêts environnementaux par une ONG (du type Greenpeace, WWF, Les Amis de la Terre) ou des associations (LPO, FRAPNA...).

La première difficulté de mise en œuvre de cette approche réside dans l'identification des parties prenantes légitimes qui peut amener à prendre en considération une multitude d'acteurs. Afin de rester dans des projets gérables, les tenants de l'approche proposent un recensement des acteurs indiquant non seulement leurs intérêts mais aussi leur pouvoir d'action et d'influence et leur propension à coopérer. Ces critères permettent de fixer des priorités et de traiter sur des plans divers les différents porteurs d'intérêt. L'exactitude d'une telle appréciation suppose une rencontre effective avec les parties prenantes présentes sur le territoire afin de bien connaître et valider leurs attentes.

Ce travail d'identification et de compréhension des enjeux des parties prenantes effectué, la question est d'intégrer ces données dans la stratégie locale de l'entité. En d'autres termes, les intérêts qui représentent un enjeu important pour l'entreprise se retrouvent dans ses axes stratégiques. Prendre en compte les riverains dans le cadre d'un projet d'aménagement et d'expansion d'un aéroport est une démarche aujourd'hui presque banale.

Enfin le dispositif doit prévoir les formes d'interaction avec les parties prenantes, allant de l'information à la participation. Les partenariats qui se multiplient entre ONG et entreprises relèvent de cette dernière modalité encore relativement nouvelle.

La vision de l'entreprise que nous propose finalement l'approche parties prenantes est celle d'un lieu de débats autour d'intérêts plus ou moins convergents. Elle devient un lieu de médiation sur des projets dont la finalité est l'homme. La vocation de l'approche parties prenantes insiste en effet sur l'homme en tant que finalité au cœur de l'entreprise. L'homme (le salarié, le consommateur, le riverain…) ne peut, dans cette perspective, constituer un outil au service des intérêts des actionnaires, un principe encore souvent démenti par l'actualité (délocalisation, licenciement, précarité, discrimination…). Ces inévitables contradictions montrent combien l'équilibre entre les trois piliers du développement durable ne va pas de soi. Mais l'approche parties prenantes a le mérite de resituer l'entreprise dans une perspective plus large que la stricte poursuite du profit. Elle donne à l'entreprise un visage plus humain et plus responsable.

Cette approche présente cependant quelques limites. Son caractère reste très anthropocentré et nous pouvons à cet égard craindre que la nature et ses composantes (air, eau, biodiversité, espèces animales, forêts…) n'y tiennent pas la place qui leur revient. Elles font en effet partie de ce que Brodhag (2003) appelle les « *parties prenantes faibles* » parce qu'elles ne peuvent s'exprimer directement dans les lieux de négociations.

Pour conclure ce paragraphe sur les parties prenantes, nous aimerions nous attarder sur la partie prenante client qui, dans une activité de service, présente la particularité d'être un client coproducteur. Il participe à la prestation de service et, par voie de conséquence, va à certains égards participer (ou ne pas participer) à la politique de développement durable du prestataire. Il conviendra de l'aider à coproduire ou plus exactement à co-s'engager à ses côtés. Cet engagement peut s'avérer tout à fait indispensable à la mise en œuvre même de la politique de développement durable du prestataire.

Prenons un exemple concret à ce niveau. Comme nous l'avons brièvement évoqué, les activités touristiques peuvent générer des dégradations environnementales, culturelles et même économiques pour les populations autochtones. Un voyagiste qui s'engage à limiter ces impacts négatifs, ne pourra aller au bout de sa démarche si cette dernière n'est pas prolongée par l'adhésion des clients aux mêmes valeurs. La charte éthique du voyageur créée par Atalante illustre parfaitement ce propos en abordant très concrètement la conduite à tenir suivant les pays visités (ancrage dans le territoire). Il s'agit du respect des populations rencontrées et des territoires foulés. Tenues vestimentaires, photos, argent, cadeaux, déchets sont tour à tour abordés. Le respect de la charte par le voyageur-découvreur (le client) est donc la condition d'un voyage placé sous le signe du développement durable.

■ Quelques implications pour le manager opérationnel

Après avoir examiné certains éléments du processus d'élaboration et de mise en œuvre d'une politique de développement durable, considérons maintenant les implications pour le manager opérationnel local. Qu'il soit en situation de mettre en œuvre les orientations du siège ou qu'il soit lui-même à l'initiative d'innovation sociale ou environnementale, il est un acteur clé car le référent sur le territoire social et géographique dans lequel s'inscrivent les activités de services qu'il pilote. L'intégration du développement durable amène principalement deux évolutions majeures dans son rôle. En interne, il devra adopter vis-à-vis de ses collaborateurs des pratiques de management en phase avec les principes de développement durable. En externe, son rôle de représentation s'élargit à un cercle plus large de parties prenantes avec lesquelles il va instaurer de nouvelles formes de relation.

Un management éthique et participatif

Si nous sommes toujours réticents à utiliser le terme galvaudé d'éthique, il paraît difficile de traiter de développement durable et de responsabilité sociétale de l'entreprise sans y avoir recours, notamment quand on aborde la question des pratiques de ceux qui décident et agissent au sein de l'entreprise. Peut-il y avoir une politique de développement durable sans éthique ? C'est parfois le seul et dernier rempart que des individus, non sans héroïsme, dressent devant le déferlement massif d'une logique économique déconnectée du vivant. L'éthique désigne « *un discours normatif mais non impératif (ou sans autres impératifs qu'hypothétiques), qui résulte de l'opposition du bon et du mauvais, considérés comme valeurs simplement relatives. Elle est faite de connaissance et de choix : c'est l'ensemble réfléchi et hiérarchisé de nos désirs (…). Elle est toujours particulière à un individu ou à un groupe (…). Ainsi l'éthique est un travail, un processus, un cheminement : c'est le chemin réfléchi de vivre, en tant qu'il tend vers la vie bonne, comme disaient les Grecs, ou la moins mauvaise possible, et c'est la seule sagesse en vérité* »[1]

Le manager opérationnel est le premier concerné par la cohérence entre le discours institutionnel (engagement développement durable, charte, code de conduite…) et les actes (les siens au premier rang). Il doit faire preuve d'exemplarité vis-à-vis de ses collaborateurs, ceux qu'il lui faut faire adhérer au projet. Il incarne en première ligne la mise en acte des discours, position très exigeante. L'exercice de son autorité devrait s'en ressentir (toujours le cas idéal d'entreprise faisant preuve d'un engagement profond et sincère) car une bonne gouvernance (terme consacré) au sens du développement durable suppose participation, transparence et responsabilité. La participation (évoquée dans le Principe 10 de la déclaration de Rio) constitue à la fois un moyen d'adhésion (cf. plus haut) mais aussi une ressource créative. Le manager se doit d'animer cette participation et il devient ainsi davantage accoucheur (maïeuticien) que décideur. La transparence implique un partage des informations, sans omission, ce qui nécessite humilité et confiance en l'autre. Mais la transparence n'est pas qu'un état d'esprit : elle nécessite aussi, comme nous l'avons déjà évoqué, des indicateurs de mesure et de suivi. Enfin, la responsabilité exige que chacun rende compte de ses actes, assume ses erreurs et prenne à sa charge les réparations. C'est un principe de responsabilisation déjà largement prôné dans le chapitre consacré au management des hommes.

---

1. Comte-Sponville, 2001, p. 219.

Un rôle externe élargi et des relations enrichies

Vis-à-vis de l'extérieur, nous avons proposé au manager d'intégrer un plus grand nombre de parties prenantes au-delà des parties prenantes classiques que sont les clients, le siège, les fournisseurs locaux et les collaborateurs. Son périmètre de représentation s'élargit donc auprès de nouveaux acteurs dont certains peuvent lui être hostiles, nécessitant de sa part des compétences nouvelles de médiation.

Une seconde évolution tient à la nature des relations qu'il va entretenir avec ces parties prenantes. Elles sont de quatre types possibles :

- la *communication* caractérisée par un flux unilatéral d'informations de l'entreprise vers les parties prenantes ;
- la *concertation* caractérisée par un flux unilatéral d'informations des parties prenantes sollicitées vers l'entreprise (par exemple : concertation des Lyonnais par le Grand Lyon sur le projet d'Agenda 21) ;
- le *dialogue* qui induit un échange afin d'explorer des solutions (avec les riverains d'un aéroport par exemple) ;
- la *participation* qui se traduit par un partenariat entre l'entreprise et des parties prenantes sur un projet donné (partenariat de Lafarge et de Care pour lutter contre le SIDA en Afrique).

Sur les problématiques de développement durable impliquant de nombreuses parties prenantes aux intérêts souvent contradictoires, le recours au dialogue et à la participation semble la piste la plus prometteuse. Le manager local voit ainsi son rôle et ses compétences évoluer, de diffuseur d'information à animateur de la concertation et médiateur des conflits.

Le manager opérationnel responsable, impliqué dans le développement durable, verra par conséquent son rôle et sa fonction évoluer vers l'exemplarité éthique, le management participatif et la médiation avec les parties prenantes locales.

Au-delà des pistes amorcées ici et des quelques exemples de bonnes pratiques mentionnés, il reste encore beaucoup à inventer pour parvenir à une approche intégrée du développement durable dans les entreprises de services. Celles-ci, compte tenu de l'intangibilité de leurs prestations, ont pris plus tardivement conscience des enjeux sociaux et surtout environnementaux de leurs activités. En revanche, leur structure en réseau, impliquant un ancrage dans les territoires et une proximité avec les clients et les autres parties prenantes, présente une configuration favorable à la prise en compte d'un véritable développement durable, celui qui se concrétise à l'échelle locale, selon un périmètre propice à la concertation, au dialogue, voire à la participation. Une appropriation, une réappropriation du territoire par les acteurs locaux apparaît aujourd'hui comme le point d'entrée le plus pertinent pour repenser un développement plus humain et plus respectueux de l'environnement.

Nous clôturerons ce chapitre par quelques questions posées par le philosophe Dominique Bourg (2003), nous rappelant que nous sommes encore loin de relever le défi sans précédent devant lequel se trouve l'humanité en ce début de XXIe siècle : « *Qu'est-ce que serait une société où le commerce ne serait plus considéré comme une fin, mais comme un moyen ? Quelle pourrait être la société où la puissance technique et la vitesse seraient déchues de leur statut de fins soustraites à toute espèce d'interrogation ? De quelle nature pourrait être la société où il paraîtrait naturel de débattre collectivement des orientations de la recherche, de conduire un véritable débat public sur l'avenir des retraites ou sur tout autre sujet ? Sur un autre registre, qu'est-ce que serait une société sans carbone ? Qu'est-ce que serait effectivement une société soucieuse de son impact sur le milieu, ne voyant plus exclusivement dans la nature un capital destiné à la destruction, substituable par diverses techniques ? Nous ne le savons pas et ne savons donc pas ce qu'est le développement durable. Nous savons en revanche très clairement ce qu'il n'est pas : la poursuite des grandes tendances qui sous-tendent nos propres sociétés et modes de vie.* »

Références bibliographiques

BOURG D. (2003), « Peut-on enseigner ce qu'on ne connaît pas ? », *Économie et Humanisme*, N° 365, juin-juillet, p. 73.

BRODHAG C. (2003), « Le développement durable, mythe ou réalité », session méditerranéenne des Hautes Études Stratégiques, le 12 juin.

CAPRON M. et QUAIREL-LANOIZELEE F. (2004), *Mythes et réalités de l'entreprise responsable, Acteurs, Enjeux, Stratégies*, La Découverte.

COMTE-SPONVILLE A. (2001), *Dictionnaire philosophique*, PUF.

DUBIGEON O. (2002), *Mettre en pratique le développement durable, Quels processus pour l'entreprise responsable ?*, Village Mondial.

FREEMAN R.E. (1984), *Strategic Management, A stakeholder Approach*, Massachusetts, Pitman Publisching Inc.

LAVILLE E. (2002), *L'entreprise verte, le développement durable change l'entreprise pour changer le monde*, Village Mondial.

PARTANT F. (1982), *La fin du développement, Naissance d'une alternative ?*, La Découverte.

PASSET R. (1979), *L'économique et le vivant*, Payot.

Dossier : Monoprix

Quinze ans d'engagement dans le développement durable

Monoprix fait figure de pionnier concernant le développement durable (DD). L'enseigne, sous l'impulsion de son président directeur général, Philippe Houzé, fut en effet l'une des premières, dès 1990, à lancer une gamme de produits plus respectueux de l'environnement et à développer en 1994 une marque propre dédiée aux produits issus de l'agriculture biologique. Monoprix constitue un cas intéressant tant par l'ambition de sa stratégie qui questionne le cœur de son métier, que par le recul dont cette entreprise bénéficie aujourd'hui, suite à quinze ans d'expérimentation en la matière.

Monoprix a enclenché son engagement sociétal par le volet environnemental, à une époque où le concept de DD était encore méconnu et où les sociétés de distribution ne faisaient pas véritablement l'objet de pression de la part de l'opinion publique en matière de développement durable. De façon très pragmatique, son engagement premier s'est manifesté par le développement d'une marque propre – Monoprix Vert – dédiée aux produits plus respectueux de l'environnement, sous la houlette d'un responsable environnement et l'aide d'un cabinet, l'agence O2 France.

C'est fin 1999 – Monoprix venait tout juste d'introduire le café Max Havelaar dans la distribution généraliste en France – que l'entreprise décide de formaliser une politique de DD. Cette nouvelle étape est franchie avec l'intégration, en septembre 1999, de Stéphanie Levet, aujourd'hui directrice des relations extérieures et du développement durable. Son tout premier travail consiste à doter l'entreprise d'une charte de DD qui voit le jour en juin 2000 et qui s'articule autour de cinq axes d'engagements :

– être leader dans l'offre de produits pour la qualité de vie ;
– renforcer et accroître la qualité de vie dans les magasins ;

– maîtriser les impacts sur l'environnement de l'activité du Groupe Monoprix ;
– initier des actions locales en s'inscrivant dans une démarche de développement durable ;
– informer et rendre compte des actions de développement durable de Monoprix.

En 2001, le DD devient un axe stratégique du Groupe ; le premier rapport prenant en compte les dimensions économiques, sociales et environnementales de l'activité est publié cette même année.

Le Citymarché Idéal

Apparaît alors ce qui marque la troisième étape clé du processus de DD chez Monoprix : la formalisation du cahier des charges du « Citymarché Idéal » dont la finalisation est prévue pour 2005. Son ambition est que le DD s'incarne dans les magasins, qu'il s'agisse de structure, d'organisation, de management, d'offre de produits et de services ou encore de relations avec l'environnement. Cette étape rend compte d'une démarche de plus en plus maîtrisée, celle d'une entreprise qui a compris et intégré les implications globales du DD pour son métier de commerçant de centre-ville. Ce processus aura pris environ quatre ans à partir de l'orientation explicite en faveur du DD. Quatre années, une longue période si on se place dans une perspective financière visant des retours sur investissement mensuels, mais très courte face à la complexité, la transversalité et la globalité du concept de DD. Un délai bien long encore pour ceux qui voient la planète se dégrader de jour en jour, mais particulièrement court pour modifier des schémas de pensée, transformer des structures, changer des processus et des comportements.

Aujourd'hui donc, Monoprix se trouve face à un nouvel enjeu dans son ambition de déployer une politique de développement durable : inscrire concrètement et progressivement cette démarche dans ses magasins en privilégiant une approche pragmatique. À cet égard, le Citymarché Idéal constitue un outil de communication, d'expérimentation et d'évaluation, un support pour aller continuellement plus loin dans la démarche. Toujours dans une perspective pragmatique, conforme à une culture de l'action, une première version de ce magasin « idéal » s'incarnera à Angers. Ce magasin pilote rassemblera, en un même lieu, les meilleures pratiques de Monoprix en matière de DD. Il représentera le magasin le plus abouti compte tenu des solutions disponibles. Il est construit selon les critères de l'éco-construction, conçu pour limiter les nuisances liées au transport de livraison, réduire les consommations d'eau et d'énergies, récupérer et trier les déchets. Ce magasin disposera dans ses rayons de l'ensemble des produits pour la qualité de vie : produits issus du commerce équitable, produits Monoprix Vert… Le magasin encouragera également les bonnes pratiques chez ses clients en proposant des sacs réutilisables payants, en collectant les sur-emballages, en prêtant des poussettes de marché…

Il est intéressant de noter qu'une telle démarche déborde les frontières de l'entreprise. Le centre commercial dans lequel se situera le magasin d'Angers, entraîné par les ambitions de Monoprix, sera entièrement HQE (Haute Qualité Environnementale), et la gestion des déchets sera également mutualisée.

Le cahier des charges du Citymarché Idéal non seulement guide la conception des nouveaux points de vente, mais va constituer une grille d'évaluation destinée à l'ensemble des directeurs de magasin. Chacun pourra ainsi se situer en matière de développement durable sur une échelle de 1 à 4 (4 représentant le Citymarché Idéal) et mesurer ses progrès au fil du temps. L'évaluation des performances des directeurs de magasin devra à terme intégrer ces nouveaux critères.

Une organisation participative en réseau

Depuis 2002, l'entreprise a mis en place un système de management dédié, fonctionnant selon un mode d'animation en réseau original. Une soixantaine de cadres volontaires du siège (Acteurs Relais Siège) et des magasins (Acteurs Relais Magasins) travaillent sur des projets de DD et diffusent la démarche au sein de leur direction ou de leur région. Le succès de cette organisation transversale repose sur la motivation des acteurs, motivation pérenne dans la durée comme le souligne

Stéphanie Levet. Pour faire partie de ce réseau, les personnes se sont portées volontaires. Elles sont expertes d'un métier et participent à ce titre à des groupes de travail où leurs compétences sont requises. Tous les grands métiers de l'entreprise sont ainsi représentés. Le rôle des Acteurs Relais est reconnu par les équipes ; ils portent en toute légitimité la démarche de l'enseigne. L'originalité de ce dispositif consiste à ne pas suivre un déploiement classique *top down* par voie hiérarchique : on fonctionne selon une logique de conduite de projets impliquant les équipes du siège et des magasins, et un mode participatif favorisant l'émergence de propositions des équipes opérationnelles vers la direction.

Les membres du réseau d'Acteurs Relais ont en commun une triple volonté :

– la volonté de donner un sens à leur engagement professionnel et de procéder à un accomplissement de soi dans la perspective de servir l'intérêt général ;
– la volonté de changer et de progresser ;
– la volonté d'assumer des responsabilités supplémentaires.

Cette organisation participative en réseau développe la transversalité, encourage les initiatives, amène les managers à reconnaître et accepter la part d'inconnu, favorise la transparence et, enfin, voit des formes de travail informel se multiplier.

À certains égards, un nouveau mode de fonctionnement, plus apte à appréhender la complexité, semble véritablement émerger. On peut s'interroger sur l'opportunité de généraliser à terme ces pratiques à l'ensemble de l'entreprise. Pourrait-il s'agir d'une source potentielle d'avantage concurrentiel ? Ce nouveau mode de fonctionnement est-il propre à la question du DD ? Certainement. Est-il généralisable ? Sans doute mais à quelles conditions ? Telles sont les questions de fond que soulève Stéphanie Levet qui anime au quotidien ce réseau d'Acteurs Relais.

Deux directeurs de magasins témoignent

Venons-en aux magasins gagnés progressivement à la cause du développement durable via quarante Magasins Relais. Notre étude de cas nous a conduit auprès de deux directeurs afin de recueillir leur témoignage. Nous avons rencontré sur une même région, un directeur de magasin Acteurs Relais et un directeur de magasin que nous qualifierons de « classique ».

Comme il était prévisible, la maturité DD n'est pas la même chez un Acteur Relais qui participe fortement et volontairement à la démarche, et un directeur de magasin « classique ». Le premier possède une vision globale du DD intégrant l'ensemble des parties prenantes de son territoire, et fait preuve d'une grande conviction. Le second a une définition du DD plus restreinte, inspirée par des préoccupations environnementales : tri des déchets, lutte contre la pollution... ; il s'interroge sur les enjeux liés à la consommation de produits pour la qualité de vie.

Ils perçoivent tous deux une véritable volonté et conviction de la part de la direction de promouvoir le DD. Ils se sentent acteurs de la mise en œuvre concrète et effective de la politique du Groupe, qualifié, non sans une certaine fierté, *« de précurseur »*. Ce sont eux, par exemple, qui ont organisé la réduction de la diffusion des sacs plastiques gratuits en caisse, remplacés progressivement par des sacs en tissu, pliables et réutilisables, vendus au prix de 0,80 euro. En première ligne, ils ont dû faire face aux nombreuses critiques des clients. Le directeur Acteur Relais a pour sa part apposé rapidement une affiche en caisse, expliquant les raisons de cette mesure. *« Il faut se montrer ferme et pédagogue »* déclare-t-il.

Encourager les clients à adopter une consommation plus responsable en leur proposant des produits DD, s'associer à des manifestations de socialisation pour une ville plus humaine (Immeuble en fête), ou encore animer le magasin lors de la semaine du DD confère au directeur de magasin de nouvelles responsabilités. L'objectif est de tirer la demande par l'offre. Nous avons utilisé l'expression « d'encouragement au co-engagement ».

Le magasin est donc la cheville ouvrière du développement durable dans sa mise en œuvre concrète. Il peut aussi pousser en retour à des mesures encore plus ambitieuses et plus rapides. « *Dans chaque processus promotionnel, une page entière devrait être consacrée aux produits issus du commerce équitable. Nous devrions avoir davantage de références et la PLV (publicité sur le lieu de vente) mériterait d'être développée.* » En acteur de terrain convaincu, le directeur Acteurs Relais souhaite aller plus loin dans les signes visibles de l'engagement DD de l'enseigne. Le magasin « classique » rencontré se montre plus réactif et offre moins de propositions.

Le management des équipes est une question préoccupant principalement le directeur Acteurs Relais, qui constate que le personnel se montre de plus en plus sensible à la démarche (tri des déchets, économie d'énergie…). Certains salariés proposent même ponctuellement des initiatives, à l'instar de cette employée qui encourage le don du sang.

L'entrée progressive dans les Agenda 21 locaux marque par ailleurs un pas décisif dans la capacité à travailler avec les acteurs locaux et témoigne d'un élargissement du rôle du directeur de magasin, au-delà du management de ses équipes, des fournisseurs locaux et des clients. « *Agissons pour demain tous les jours* » – signature exprimant l'engagement de l'enseigne pour un commerce plus équitable et respectueux de l'environnement – est la définition que le directeur Acteurs Relais retient personnellement du développement durable, un travail quotidien auprès des clients, des équipes et des partenaires locaux.

Dans ce parcours de déploiement d'une politique de DD, tout n'est pas idyllique. Au-delà des difficultés externes liées au manque de solutions alternatives plus conformes aux exigences du DD, des difficultés temporelles, organisationnelles et humaines peuvent fragiliser ou retarder ce projet.

Les conflits d'échéances constituent une première difficulté : une démarche de DD, comme nous l'avons vu, est un investissement dans la durée, sans que les décideurs puissent toujours disposer d'une visibilité quant aux retombées de cet investissement, du moins selon les critères habituels d'évaluation. À cet égard, l'engagement et le soutien de la direction générale sont des éléments clés de la réussite.

Savoir donner envie à chaque collaborateur de devenir acteur et relais de la démarche, notamment en magasin, constitue également un facteur clé de succès de pérennisation de la démarche dans le temps. Un dispositif pilote de sensibilisation et de formation des collaborateurs des « Magasins Relais » à la démarche de DD de l'enseigne est en cours d'élaboration. Ce dispositif a vocation à être étendu à l'ensemble des magasins et à préparer ainsi les équipes au déploiement progressif de l'outil de mesure de la performance DD selon les critères définis dans le cahier des charges du Citymarché Idéal. Le caractère participatif de la démarche, que nous avons précédemment mentionné, pourra ainsi concerner l'ensemble des collaborateurs, de façon plus systématique.

Maintenir la flamme chez les Acteurs Relais dans la durée constitue également un défi managérial, même si actuellement les membres du réseau ne manifestent aucun signe de lassitude. Au contraire, leur ténacité témoigne d'une mobilisation profonde montrant que donner du sens à son travail ne relève pas d'une mode !

Synthèse : les enseignements de cette expérience

L'expérience de Monoprix met en évidence certaines caractéristiques dont pourraient s'inspirer les entreprises désireuses de s'engager dans une politique de développement durable :

- une vision de la part d'un dirigeant respecté ;
- un processus cumulatif qui intègre, dès son origine, tous les piliers du DD ;
- une stratégie globale centrée sur le métier ;
- une approche pragmatique fondée sur « le courage de faire, même si les choses ne sont pas parfaites immédiatement » ;
- une démarche dynamique de progrès continu ;
- un principe de participation, impliquant les cadres et l'ensemble des collaborateurs de certains magasins ;
- un outil évolutif : le Citymarché Idéal ;

– un mode de fonctionnement transversal en réseau adapté à la complexité du DD ;
– un ancrage dans le territoire avec des responsabilités élargies pour le directeur de magasin qu'illustre le schéma suivant des parties prenantes.

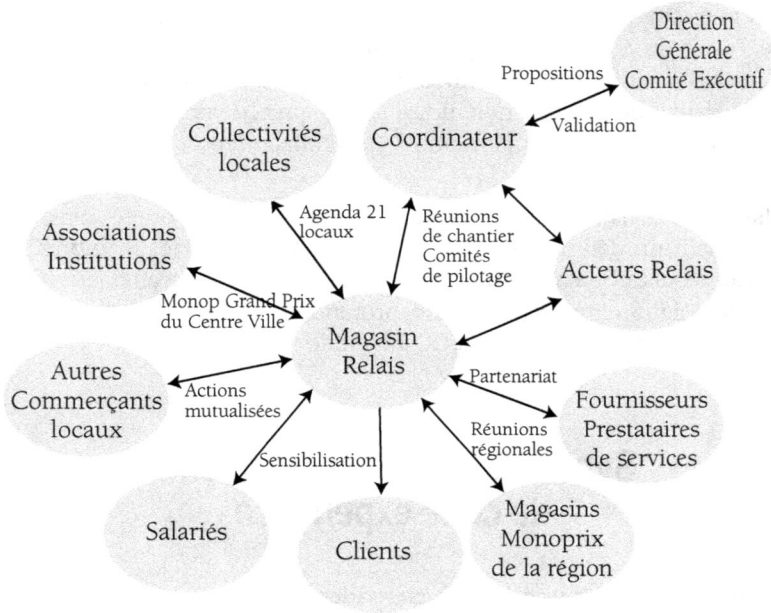

7 La stratégie d'un centre de profit service

L'importance de l'encadrement intermédiaire dans le fonctionnement quotidien d'une entreprise de services à réseau a été soulignée dès l'introduction de cet ouvrage. Ce chapitre consacré à la stratégie d'un centre de profit géographique (une agence ou une région) a pour objet de décrire l'implication des managers services dans le processus stratégique, de l'analyse à la mise en œuvre.

Le cadre intermédiaire semble souvent écrasé entre l'enclume opérationnelle du terrain et le marteau stratégique du siège, entre la dure réalité et les « châteaux en Espagne ». Il doit dès lors manifester une grande diplomatie dans sa « conversation stratégique » avec le siège et dans la mise en œuvre de la stratégie par son agence : c'est la conception classique, dite *top down*, de son rôle. Selon cette conception, les *middle managers* ne sont que faiblement à l'initiative d'une réflexion stratégique. Ils sont surtout les chevilles ouvrières utiles pour faire passer auprès du terrain des axes stratégiques « concoctés » par le siège, et mettre de l'huile dans les rouages. Or, cette vision classique est progressivement remise en question. En effet, nombre d'entreprises développent depuis la fin des années 1980 une décentralisation stratégique qui, en remettant en cause la planification stratégique imposée par le siège aux agences, donne plus de liberté et plus d'autonomie aux managers intermédiaires à un niveau local. Il ne s'agit plus d'envoyer des lettres de missions de Versailles pour les faire appliquer dans les provinces…

La première partie de ce chapitre présentera le mouvement (inexorable mais nuancé) vers plus de décentralisation stratégique, mouvement qui s'impose assez naturellement dans les entreprises de services à réseau, du fait que chaque entité de ce réseau se trouve intégrée dans un environnement local spécifique. Ainsi, le responsable d'un centre de profit se libère progressivement du carcan stratégique traditionnel en s'affranchissant de certaines contraintes imposées par sa hiérarchie pour proposer lui-même une stratégie locale : c'est la conception plus contemporaine, dite *bottom up*, de sa mission. Une stratégie locale tente d'intégrer à la fois les pressions supérieures (de la hiérarchie) et inférieures (des opérationnels) qui s'exercent sur le centre de profit pour créer de la valeur localement. Nous considérons que cette forte territorialité d'une stratégie locale décidée de façon autonome permet une création de valeur plus forte qu'une simple adaptation (ou déclinaison) imparfaite d'une stratégie *corporate*.

Bien sûr, la multiplication des stratégies locales pose avec plus d'acuité la question de l'homogénéité de la stratégie, et de l'identité même de l'entreprise. Comment accepter des stratégies locales pertinentes sur de petits territoires, fortement contributives à la performance de l'entreprise, tout en exigeant, dans le même temps, une lisibilité d'ensemble pour les dirigeants (et les actionnaires), une comparabilité entre les unités, une mise en œuvre efficace de synergies ? Cette question centrale nécessite de clarifier le rôle du siège auquel incombe la responsabilité d'assurer la cohérence globale de la stratégie et d'en contrôler l'efficacité[1]. Elle permet également d'insister sur l'importance fréquente de l'échelon régional (constitué le plus souvent par des directions régionales), véritable charnière d'une organisation en réseau.

---

1. On retrouve ici la dialectique global/local exprimée par le néologisme « glocal » dans le chapitre consacré au marketing.

© Éditions d'Organisation

La deuxième partie du chapitre apportera justement des éclaircissements sur les rôles respectifs du siège et de l'échelon régional.

Il reste que le *middle manager* dispose de plus en plus d'une certaine latitude pour conduire une véritable analyse stratégique de son centre de profit. Encore faut-il qu'il puisse s'appuyer sur une méthodologie adaptée à sa situation. Ce sera l'objectif de la troisième et dernière partie de ce chapitre que de fournir cette base méthodologique.

Ce chapitre devrait donc permettre aux *middle managers*, responsables de centres de profit géographiques, de se doter d'outils pour mieux « dialoguer stratégiquement » avec le siège, et donc être mieux écoutés et peut-être mieux compris… Le siège, quant à lui, pourra mieux cerner les raisons et l'intérêt de stratégies locales tout en essayant de les intégrer dans une stratégie *corporate* cohérente.

■ L'inexorable mouvement vers la décentralisation

Après un rappel des rôles classiques du cadre intermédiaire dans le processus stratégique, nous verrons que l'avènement d'une certaine décentralisation stratégique modifie et amplifie ces rôles. Cependant, la décentralisation ne signifie pas nécessairement une autonomie complète des acteurs de terrain.

Les quatre rôles stratégiques classiques du cadre intermédiaire

Le *middle manager* apparaît souvent écartelé entre les réalités opérationnelles qui lui remontent directement et les directives stratégiques du siège parfois peu évidentes à faire passer auprès de ses « troupes » (quand elles ne sont pas totalement déconnectées des réalités du terrain…). Cette position difficile le conduit à jouer classiquement quatre rôles principaux[1].

La proposition d'alternatives stratégiques aux dirigeants du siège

Par un mécanisme que l'on pourrait qualifier de vente d'idées stratégiques (*issue selling*), le cadre intermédiaire attire l'attention des dirigeants sur des propositions ou des solutions préalablement testées à son niveau, auxquelles la direction n'aurait pas accès ou auxquelles elle n'aurait pas porté attention.

La synthèse d'informations pour la direction générale

Le cadre intermédiaire joue un rôle central dans la synthèse d'informations internes ou externes. Mais il n'est pas un canal de communication totalement objectif : le simple fait de rapporter des événements présentés comme des « opportunités » ou comme des « menaces » influence les perceptions des dirigeants. À ce titre, les *middle managers* peuvent donc exercer une certaine influence sur les décisions prises par la direction. C'est une première reconnaissance d'une relation *bottom up* entre le terrain et le siège.

L'amélioration de l'adaptabilité de l'entreprise

Les cadres intermédiaires rendent les organisations plus flexibles en stimulant parfois des comportements qui divergent des attentes de la direction. Ils sont ainsi des « facilitateurs » de changement.

---

1. Voir Floyd et Woodridge (1994).

La mise en œuvre de la stratégie

Cette fonction d'implémentation de la stratégie suppose une série d'interventions « chemin faisant » des *middle managers*, ces interventions n'étant que partiellement anticipées par la direction.

Les deux derniers points portent les germes de stratégies locales divergentes de la stratégie *corporate*. Cette « déviance stratégique » que doit gérer le siège provient d'un phénomène ayant pris de l'ampleur depuis une vingtaine d'années : l'avènement d'une certaine décentralisation stratégique.

L'avènement de la décentralisation

Un débat vigoureux a animé le début des années 1990 sur la fin présumée de l'ère de la planification stratégique. On a alors opposé des stratégies qualifiées de *délibérées* (c'est-à-dire réalisées telles que prévues par les dirigeants) et des stratégies dites *émergentes* (réalisées malgré l'absence d'intentions délibérées des dirigeants). Sans vouloir restituer ici ni la critique, ni la défense de la planification stratégique, il convient de constater les changements visibles dans la pratique stratégique et l'utilisation formelle de la planification stratégique. Si les outils de planification ne sont pas abandonnés, ils sont simplifiés et davantage partagés. Des couches de management auparavant cantonnées dans un simple rôle de mise en œuvre, sont désormais associées dans le cadre d'une démarche participative. Tel est le cas notamment des directions opérationnelles d'unités et donc des *middle managers*.

En fait, il faut nuancer cette évolution. Si certaines entreprises laissent effectivement émerger des stratégies locales portées par des *middle managers* disposant d'une autonomie assez forte, d'autres (plutôt de taille très importante d'ailleurs) continuent de pratiquer une planification stratégique que l'on qualifiera de bureaucratique, formelle et contraignante pour le management intermédiaire, laissant à celui-ci très peu d'autonomie.

En fait, il apparaît réducteur d'opposer deux positions extrêmes (planification et décentralisation) alors que les pratiques des entreprises s'avèrent plus complexes et nuancées. En particulier, il convient de clarifier la notion même de décentralisation. Celle-ci peut prendre concrètement trois formes différentes[1] :

– *la décentralisation verticale* a pour objectif de permettre à l'entreprise d'être plus réactive aux changements rapides de son environnement. Les cadres intermédiaires étant les plus en contact avec l'environnement concurrentiel, ce sont eux les principaux bénéficiaires potentiels de cette décentralisation dite verticale (car elle concerne des cadres hiérarchiquement en dessous du sommet stratégique habituel).

– la *décentralisation horizontale* porte sur la participation d'acteurs non traditionnellement décideurs à l'élaboration de la stratégie. C'est donc le caractère collégial de la démarche qui est ici souligné. Ce mode de décentralisation renforce souvent le poids des *middle managers* qui peuvent être davantage associés et donc engagés dans le processus stratégique. Parfois, au contraire, elle peut conduire à renforcer le pouvoir de certains fonctionnels, analystes et experts de toutes sortes au niveau du siège, et donc servir une centralisation verticale. La décentralisation n'implique donc pas nécessairement des processus stratégiques plus émergents, autonomes, et ascendants !

– la *décentralisation géographique*. Par analogie avec la sphère politique, c'est cette forme géographique de la décentralisation qui vient le plus spontanément à l'esprit. Elle a bien sûr un intérêt tout particulier dans le cadre des entreprises de services ayant déployé un réseau géographique d'agences ou d'établissements.

---

1. Cet éclaircissement de la notion de décentralisation est dû à Mintzberg (1994), tout comme la distinction précédente entre stratégies délibérées et stratégies émergentes (1985).

Décentralisation = autonomie ?

La mise en évidence de trois formes possibles de décentralisation montre que l'on ne peut assimiler décentralisation et autonomie complète des acteurs. Souvent (au moins au départ), les processus stratégiques demeurent plutôt descendants, à l'initiative de dirigeants gagnés aux bienfaits de la décentralisation verticale, donnant plus de place aux *middle managers* dans l'exercice du pouvoir, mais aussi dans l'autonomie de la réflexion stratégique. Mais, parfois, les *middle managers* sont aussi à l'origine de stratégies autonomes qui peuvent ensuite, soit s'inscrire dans des stratégies délibérées de la direction générale (et donc planifiées car reprises et avalisées par les dirigeants), soit rester autonomes, voire déviantes ou rebelles !

Ce qui est sûr, c'est que la stratégie n'est plus l'apanage des seuls dirigeants. Ceux-ci, en tout cas la plupart d'entre eux, ont appris à partager avec leurs cadres intermédiaires, les associant plus ou moins à l'élaboration de stratégies délibérées, les faisant plus ou moins participer dans le cadre d'une décentralisation stratégique horizontale. Les cadres intermédiaires ont donc gagné du poids dans le processus stratégique. Ce ne sont généralement plus de simples courroies de transmission, chargées de la mise en œuvre d'une stratégie venant du haut, indiscutable, non négociable, et parfois peu adaptée au contexte local. Ils ont obtenu un rôle de participant à la réflexion (et quelquefois même à la décision) stratégique, de partenaire d'un siège, maintenant convaincu de la valeur de la connaissance du terrain.

■ Qui fait quoi ?

La décentralisation stratégique conduit à se poser des questions très pratiques sur les rôles et les relations des acteurs concernés : que fait le siège et que font les centres de profit géographiques (agences ou régions) ? Comment assurer l'homogénéité et la cohérence des stratégies locales qui émergent de tout le réseau ? Comment les intégrer dans une stratégie *corporate* délibérée (c'est-à-dire planifiée par le siège) sans que cette dernière ne perde de sa cohérence ? Tenter de répondre à ces questions appelle à préciser les rôles respectifs de deux acteurs majeurs : le siège et l'échelon régional.

Les rôles du siège

Le siège joue tout d'abord un rôle essentiel d'impulsion en faisant connaître (et si possible partager) sa vision stratégique, et en affirmant ses priorités. Le siège est également un arbitre. On attend en effet de lui qu'il réalise les arbitrages nécessaires à différents niveaux : objectifs stratégiques, portefeuille d'activités, grands investissements à réaliser, évolutions de carrière... Il est également le grand coordinateur. Il lui faut renforcer les relations entre les différentes unités du réseau, gérer des synergies, mutualiser des moyens... Il exerce enfin un rôle de contrôleur. C'est de sa responsabilité en effet, au-delà de la plus ou moins grande délégation qu'il accorde et de la plus ou moins grande décentralisation qu'il subit ou met en place, de veiller à l'atteinte des résultats et à la cohérence d'ensemble. Ces quatre rôles du siège (impulsion, arbitrage, coordination et contrôle) soulignent sa mission essentielle que l'on peut résumer par un seul mot : intégration.

En effet, les unités du réseau d'une entreprise de services sont nécessairement différenciées du fait des clients différents qu'elles desservent, des concurrents différents qu'elles affrontent, de l'environnement local différent dans lequel elles évoluent. Mais cette différenciation inévitable appelle une nécessaire intégration[1]. C'est justement le rôle du siège et de ses services fonctionnels de veiller à cette intégration en assurant une coordination et une cohésion nécessaires. Plus une organisation est décentralisée, plus il faudra d'ailleurs être vigilant sous peine que les forces de différenciation l'emportent définitivement. À ce niveau, le rôle de contrôle du siège est essentiel. Ce contrôle peut prendre trois formes principales que nous allons maintenant présenter[2].

---

1. Voir les recherches déjà anciennes sur les structures des entreprises (Lawrence et Lorsch, 1973) et les concepts d'intégration et de différenciation.
2. Nous nous appuyons ici notamment sur les travaux de Goold et Campbell (1987).

Le contrôle par le plan

Dans ce cas de figure, chaque centre de profit est contraint de mettre en œuvre localement le plan stratégique élaboré par le siège. Celui-ci, seul décisionnaire véritable, semble donc maîtriser totalement les orientations stratégiques. Par contre, son contrôle opérationnel sur les résultats des unités est généralement assez limité. Sur le plan stratégique, le cadre intermédiaire joue essentiellement un rôle de courroie de transmission.

Le contrôle financier

Le contrôle se réduit ici à un encadrement des centres de profit par l'élaboration et le suivi budgétaire. Même si ce type de contrôle semble prégnant et agace parfois les managers intermédiaires contraints à des *reportings* fréquents, il leur procure en fait de grandes marges de manœuvre. En effet, ils disposent d'une certaine latitude (explicite ou implicite) pour conduire une véritable réflexion stratégique, analysant localement la situation de leur agence (ressources et environnement concurrentiel). Seul le processus budgétaire permet au siège de s'exprimer et de tenter de contrôler les variances locales parfois fortes par rapport à la stratégie d'ensemble de l'entreprise. Ce deuxième type de contrôle apparaît donc comme l'exact opposé du précédent.

Le contrôle stratégique

Ce dernier type de contrôle constitue une position médiane par rapport aux deux précédents. Il impose en effet une planification moins rigoureuse que le premier et un suivi budgétaire moins strict que le second. La conversation stratégique ne se réduit plus à un monologue du siège (contrôle par le plan) ou à des envois par mail de tableaux Excel (contrôle financier) ! Elle devient un véritable dialogue équilibré, entre deux acteurs responsables aux logiques certes différentes mais qui peuvent être conciliées. La négociation prend alors tout son sens et la recherche du bien commun constitue le principe de ce contrôle stratégique, qui s'apparente à un dialogue stratégique.

Les rôles de l'échelon régional

L'échelon régional est souvent représenté par des directions régionales même si les termes et structures juridiques peuvent varier. Par exemple, certaines entreprises organisées en holding ont des filiales régionales alors que d'autres s'appuient sur des groupements régionaux. De même, le directeur régional est parfois appelé plus modestement responsable régional ou animateur de région. Dans certains cas, au contraire, il bénéficie d'un titre plus prestigieux comme directeur général de filiale, ou même « gouverneur » (dans la société d'expertise comptable In Extenso). Mais c'est généralement l'expression révélatrice de « patron de région » qui est utilisée en interne. Un patron quelquefois « baron », sûr et jaloux de son autorité sur son territoire, quelquefois représentant dévoué d'un siège national. Dans la suite du texte, nous utiliserons souvent l'abréviation DR (comme direction régionale ou directeur régional) pour désigner commodément cet échelon régional.

Une DR bénéficie tant d'une autorité conférée par sa proximité avec le siège que d'un pouvoir provenant de sa proximité avec le terrain. Elle joue ainsi un rôle charnière dans l'organisation en réseau de l'entreprise de services lui permettant d'alimenter une double conversation : une conversation stratégique avec le siège et une conversation opérationnelle avec les centres de profit de son territoire.

Une conversation stratégique avec le siège

La DR est le principal interlocuteur du siège dans le processus stratégique, que ce soit dans la phase de diagnostic ou dans la phase de mise en œuvre. Cette conversation stratégique s'appuie sur les quatre facettes de la DR[1] :

- une facette *hiérarchique* avec le siège comme interlocuteur, dans la préparation du budget par exemple, mais aussi dans la gestion quo-

---

1. Nous reprenons ici le modèle des « quatre facettes » (*Four Faces*) de Keys et Bell (1982) présenté dans le chapitre introductif de ce livre. Ce modèle permet, rappelons-le, de décrire les différentes relations que doit gérer un cadre intermédiaire (ici un DR) dans son environnement organisationnel.

tidienne des grands projets stratégiques (fusion de deux entités nationales sur le terrain régional, mise en place d'un système d'information intégré, etc.) ;

– une facette *collégiale* avec ses homologues, qui lui permet de mieux se positionner dans sa relation avec le siège et de mieux négocier avec celui-ci ;

– une facette *externe* qui, par sa connaissance des spécificités de l'environnement commercial et concurrentiel local, le place comme un intermédiaire irremplaçable dans la conversation stratégique ;

– une facette *opérationnelle*, qui le positionne pour le siège comme l'interlocuteur clé au niveau de l'analyse de la qualité des ressources actuelles sur son territoire, et sur les demandes de moyens supplémentaires et leurs justifications.

Une conversation opérationnelle avec les centres de profit de son territoire

La DR est le principal interlocuteur dans le dialogue opérationnel quotidien : demande de ressources supplémentaires, règlements de conflits internes ou externes avec des clients, voire des concurrents. Le DR se sert également de ses quatre facettes pour mener à bien la conversation opérationnelle avec les centres de profit, mais l'usage qui en est fait est alors très différent que précédemment :

– la facette *hiérarchique* avec le siège est utilisée pour asseoir son autorité, pour justifier un besoin de cohérence, au moins au niveau régional (la DR est parfois elle aussi placée en situation de négociation avec des centres de profit « rebelles ») ;

– la facette *collégiale* lui permet cette fois d'échanger avec ses pairs sur des problèmes rencontrés par tous pour gérer les centres de profit (les grèves, les négociations de moyens supplémentaires, la gestion de carrières des opérationnels, etc.) ;

– la facette *externe* lui permet d'asseoir encore son autorité en réglant des conflits entre différents centres de profit sur son territoire, voire avec des territoires connexes (la DR utilise alors sa relation avec ses pairs) ou avec le siège lui-même (la DR utilise dans ce cas sa relation hiérarchique), quand ce n'est pas pour régler d'importants problèmes avec des clients qui dépassent les limites ou les compétences de l'agence. Cette facette lui permet aussi de gérer les positionnements concurrentiels différenciés des agences et de mener une stratégie concurrentielle cohérente au niveau régional.

– la facette *opérationnelle* lui permet de gérer les relations parfois quotidiennes avec les agences, de régler rapidement les problèmes opérationnels, de décliner et de mettre en œuvre la stratégie régionale et nationale.

Ces deux conversations et leurs relations sont résumées dans la figure 1.

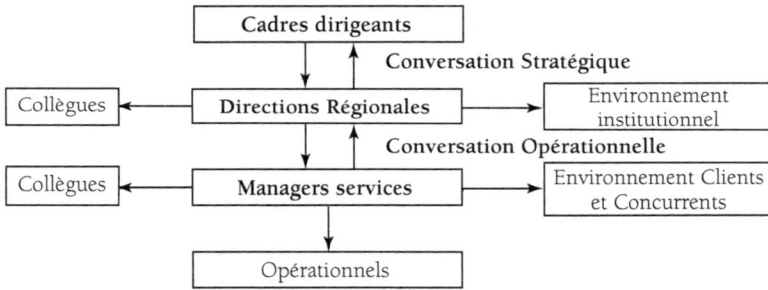

**Figure 1 – Modèle général de « conversation »
au sein de l'entreprise de services à réseau**

La conversation stratégique entre le siège et la DR se déroule à des moments précis dans l'année (période budgétaire par exemple) ou exceptionnels (lors d'un mouvement stratégique concurrentiel ou du déploiement d'un projet stratégique *corporate*). La conversation opérationnelle entre la DR et les agences est, quant à elle, plus régulière, presque quotidienne. L'une est donc décousue, intense, aux enjeux forts, alors que l'autre est fréquente, plus tempérée, avec des enjeux terrains quotidiens.

■ Le diagnostic stratégique d'un centre de profit

Les *middle managers* ont donc gagné une autonomie stratégique plus forte, particulièrement dans les entreprises de services. Mais que faire de cette autonomie ? Encore faut-il être capable d'analyser correctement un environnement local considéré comme si spécifique. Il faut également savoir jauger l'état des ressources disponibles pour exprimer au siège une demande pertinente de moyens supplémentaires. En bref, il s'agit de disposer d'une méthodologie stratégique. Notre objectif dans cette partie est justement de fournir un canevas d'analyse stratégique adapté à la situation d'un centre de profit et utilisable par son responsable. Or, la plupart des outils stratégiques ont été conçus pour une analyse *corporate*, c'est-à-dire pour analyser l'ensemble d'une entreprise. Sont-ils applicables tels quels à un centre de profit dans les services ? Deux problèmes principaux se posent à ce niveau.

Le premier est la plus ou moins bonne transposition de ces méthodes d'analyse à l'environnement spécifique des services. Dans certains cas de figure, une « traduction » est indispensable. Le deuxième écueil est celui de la transposition d'outils globaux à un contexte local hors de proportion et nécessitant de privilégier une approche « terrain ». Ce travail de transposition réclamant un livre entier (voir Vogler, 2004), nous n'en proposons ici qu'une trame, utile tant pour une direction régionale (niveau souvent pertinent pour l'analyse stratégique) que pour une unité opérationnelle, une agence (niveau souvent adapté à l'action stratégique).

Diagnostic de l'identité

Cette première étape du diagnostic reste assez classique et s'appuie sur quatre questionnements principaux (Atamer et Calori, 2003) :

- quelle est la finalité de l'agence (croissance, rentabilité ou plus-value sociale, il faut choisir la priorité) ?

- quelle est la « recette stratégique » de l'agence (son moteur et ses sources d'avantages concurrentiels) ?
- quelles sont les valeurs et les normes de comportements en usage dans l'agence (en soulignant les éventuelles différences entre le personnel en base arrière et celui en contact avec le client) ?
- quel est le style de management du directeur d'agence ?

Chacun de ces points peut être exploré au niveau d'une direction régionale, et bien sûr au niveau du siège. Il est alors intéressant de comparer ces diverses analyses (agence, région et siège) pour identifier les différences (futurs points de blocages dans les conversations à venir entre les diverses strates de l'organisation) et les ressemblances (leviers potentiels de dialogue et de synergies entre ces différents niveaux de l'entreprise).

Segmentation stratégique

Cette phase présente de nombreuses spécificités dans les services. Par contre, elle ne diffère guère selon que l'on se place au niveau de l'ensemble de l'entreprise ou d'une simple unité du réseau. Il faut préalablement définir les trois axes permettant de segmenter :

- l'offre locale du centre de profit, c'est-à-dire les différents services proposés : ce sont les *applications* ;
- les groupes de *clients* de l'agence : c'est la segmentation clients issue du marketing ;
- les différentes *technologies* mises en œuvre pour produire les différentes applications vendues aux différents groupes de clients.

Le dernier axe est le plus difficile à appliquer dans un contexte services. En effet, le mot technologie n'évoque souvent, d'une manière réductrice, que la dimension informatique alors qu'il concerne une question beaucoup plus large : quelles sont les différentes manières de réaliser les services proposés ? Par exemple, la gestion d'un compte bancaire peut être assurée au niveau d'un guichet, mais aussi par internet ou par téléphone. En fait, une technologie dans les services est synonyme de système de servuction, c'est-à-dire de l'ensemble complexe décrit dès le chapitre introductif, réunissant le personnel en

© Éditions d'Organisation

contact et en base arrière, le client coproducteur, le support physique, et le concept de service donnant du sens au système et à ses parties.

Une fois les axes déterminés (technologies, applications et clients), il s'agit de repérer les cellules réellement « vivantes », c'est-à-dire celles qui peuvent effectivement exister. À l'inverse, par exemple, l'offre de gestion de patrimoine pour étudiants n'existe pas, ni celle par *call centers*. On ne conserve *in fine* que les cellules vivantes, en supprimant donc les cellules « mortes » ou inexistantes.

La liste des cellules (ou trinômes, chaque cellule étant le résultat du croisement entre les trois dimensions technologies, applications et clients) est alors stabilisée. Pour chaque cellule, il s'agit ensuite d'iden-tifier les facteurs clés de succès, c'est-à-dire les réponses de toute entre-prise du secteur aux besoins des clients sur cette application délivrée par cette technologie.

Les cellules ayant des facteurs clés de succès similaires (c'est à une analyse « objective » de déterminer le niveau de similarité…) sont alors fusionnées en un domaine d'activité stratégique (ou DAS). C'est bien le but ultime de la segmentation stratégique que d'identifier ces segments stratégiques. Le diagnostic stratégique pourra se faire ensuite au niveau de l'ensemble du centre de profit mais gagnera en précision en se réalisant pour chaque DAS.

Diagnostic des ressources

La trame de ce diagnostic interne ne diffère pas sensiblement au niveau d'un centre de profit de celle utilisée au niveau de l'ensemble d'une entreprise. Ce sont en effet les mêmes types de ressources qui sont mobilisés, que ce soit au niveau local ou au niveau de l'entreprise dans sa globalité. Par contre, l'analyse se distingue assez sensiblement des « check-up » standard largement inspirés de réalités industrielles.

L'analyse spécifique au service doit faire le tour des principales ressources du système de production du service (le système de servuction). Il s'agit, pour chaque élément de ce système, de repérer les éventuelles sources d'avantage concurrentiel qu'il peut recéler. On réalisera ainsi une triple analyse :

- analyse du *personnel* (en contact avec le client et en base arrière) ;
- analyse de la *participation du client* à la réalisation du service (qui peut créer beaucoup de valeur dans les services) ;
- analyse du *support physique* (emplacement de l'agence, qualité de la décoration extérieure et intérieure, ergonomie, etc.) et du *support technologique* (procédures et système d'information).

Il convient aussi de s'interroger sur la « qualité stratégique » du management : est-il, ou non, source d'avantage concurrentiel ?

Il est souvent intéressant dans un centre de profit de descendre à un niveau encore plus fin d'analyse. La réalisation de chaque service (plus exactement de chaque DAS) est découpée en différentes étapes et placée dans un diagramme des flux (*flow chart*) utilisé classiquement en gestion des opérations. Dans les services (Lovelock et al., 2004), ce diagramme des flux place chronologiquement (en abscisse) les étapes de production avec différentes profondeurs (l'ordonnée) délimitées par trois lignes : ligne de coproduction avec le client (la plus en « surface »), ligne de visibilité distinguant le *front-office* et le *back-office*, ligne de coproduction interne entre le personnel en contact et le personnel en base arrière. Cet outil d'analyse apporte une nouvelle vision de la construction de l'avantage concurrentiel, à la fois plus fine, plus opérationnelle et plus réaliste.

Analyse des forces concurrentielles

Elle commence par la délimitation de l'environnement concurrentiel de l'agence : quels sont les territoires géographiques et « sectoriels » (ou de « métier ») pertinents ? Les limites géographiques de l'agence sont parfois trop étriquées, ce qui conduit à ouvrir le scope d'analyse. Dans d'autres cas, quand l'agence possède une aire d'influence sur plusieurs territoires concurrentiels, il conviendra plutôt de réduire ce scope. Il en est de même au niveau du métier, un centre de profit pouvant se positionner sur plusieurs secteurs concurrentiels, comme c'est le cas pour la société Brink's présente à la fois sur une activité de transport de fonds et sur une activité de gardiennage.

Vient ensuite assez classiquement l'analyse des cinq forces concurrentielles (Porter, 1982) : les clients, les fournisseurs, les concurrents directs actuels, les nouveaux entrants potentiels, les prestataires de substitution. Signalons que l'évaluation de la force concurrentielle « prestataires de substitution » recoupe souvent dans les services la force « clients ». En effet, la première menace pour un prestataire est la réinternalisation par le client de la prestation qu'il avait auparavant externalisée.

Là encore, il est intéressant de comparer les résultats de cette analyse locale avec ceux d'une analyse concurrentielle nationale. Lorsque les contextes concurrentiels sont notablement différents, on comprend que les stratégies peuvent gagner en pertinence si elles sont également différenciées.

On termine cette analyse par le choix d'un scénario d'évolution de l'environnement, en s'interrogeant sur les évolutions possibles de l'environnement dans son ensemble, et de chaque force concurrentielle en particulier. Cela nécessite de choisir avec pertinence le terme temporel de ce scénario (en fonction d'une date butoir de la réglementation, ou d'un événement important et prévisible). On s'aperçoit souvent de l'existence de différences notables entre l'évolution de l'environnement à un niveau local et à un niveau national. Ce constat renforce la nécessaire adaptation locale des stratégies.

Analyse du portefeuille d'activités

Cette phase est la synthèse de l'analyse interne (des ressources) et de l'analyse externe (de l'environnement concurrentiel). En effet, l'allocation des ressources entre les différents DAS au sein du portefeuille de l'agence passe par l'utilisation de matrices, comme la célèbre matrice Mc Kinsey. Cette matrice permet de placer les DAS selon deux dimensions : d'une part les atouts de l'entreprise sur cette activité (qui synthétisent la plus ou moins grande maîtrise des facteurs clés de succès par l'entreprise, telle qu'elle est donnée par le diagnostic des ressources) et les attraits de l'activité (résumés en grande partie par l'évaluation des cinq forces concurrentielles de l'environnement). La matrice Mc Kinsey ne pose pas de réels problèmes d'application dans les services, si ce n'est le risque hélas classique de myopie des interrelations entre activités : un DAS mal placé dans la matrice (donnant donc lieu à une recommandation de désinvestissement) peut être en fait à l'origine d'une position excellente pour un autre DAS. Avant de faire une coupe malheureuse, il est donc nécessaire de s'assurer des liens possibles entre une activité mal positionnée et d'autres activités mieux loties. Lorsque l'on constate des synergies bénéfiques, on aura tout intérêt à aider l'activité concernée à se sortir de ce mauvais pas.

Au final, la matrice de gestion de portefeuille d'activités doit permettre l'allocation des ressources entre les DAS identifiés lors de la segmentation stratégique. C'est le résultat principal du diagnostic stratégique dont les étapes sont résumées ci-après.

Plan pour un diagnostic stratégique d'agence ou de région

Diagnostic de l'identité du centre de profit

1) *Finalité de l'agence (ou de la DR) : croissance ou rentabilité ? Cohérence avec la finalité* corporate *exprimée par le siège ?*

2) *Valeurs et normes de comportements du personnel spécifiques à l'agence, à la DR. Contrastes avec le reste de l'entreprise ?*

3) *Style de management de la direction d'agence, de la direction régionale (ou filiale), du siège : contrastes, oppositions, cohérence ?*

Segmentation stratégique des activités du centre de profit

1) *Quelle est l'offre locale (identification des applications) ?*

2) *Quels sont les groupes de clients aux besoins homogènes ?*

3) *Quelles sont les différentes manières de réaliser l'offre (identification des technologies) ?*

4) *Croisement des trois dimensions : applications (offres), technologies (servuctions), clients, et détermination des facteurs clés de succès par cellule « vivante » (réellement existante).*

5) *Domaine d'activité stratégique (DAS) = cellules aux facteurs clés de succès homogènes*

6) *Différences et cohérence avec la segmentation stratégique* corporate *?*

Diagnostic des ressources (pour chacune des activités) du centre de profit

1) *Analyse du personnel* (back et front office).

2) *Analyse de la participation du client.*

3) *Analyse du support technologique* (+ procédures et système d'information).

4) *Analyse du support physique* (implantation, bâtiment, décoration et organisation de l'espace).

5) *Analyse des diagrammes de flux* (flow charts).

Analyse des forces concurrentielles sur le territoire du centre de profit

1) *Définition territoriale et sectorielle des limites de l'environnement concurrentiel.*

2) *Analyse de chaque force concurrentielle et synthèse : différences avec le national ?*

3) *Choix du scénario d'évolution de l'environnement : différences avec le national ?*

Analyse du portefeuille d'activités du centre de profit

1) *Identification des critères d'attraits pour toutes les activités et des critères d'atouts pour chaque activité, choix des niveaux de pondération de chaque critère.*

2) *Notation de chaque activité sur tous les critères.*

3) *Placement des activités sur la matrice de portefeuille et conclusion : différences avec le portefeuille corporate ?*

4) *Évaluation des synergies entre activités du portefeuille (au niveau local, régional, puis national) et conclusion définitive sur l'allocation de ressources.*

Un dialogue fructueux et sans fin

Ayant réalisé son diagnostic stratégique, le responsable d'un centre de profit disposera des éléments suffisants pour entamer une conversation stratégique avec sa direction régionale, voire avec le siège. En revanche, il aura souvent peu de latitude pour décider lui-même d'une stratégie à suivre. Un dialogue fructueux doit donc se nouer afin de lier la compréhension des enjeux locaux spécifiques et la nécessaire conduite d'une stratégie d'ensemble s'appliquant de façon homogène à toutes les unités dans le réseau. C'est alors que la gestion des tensions para-doxales entre les stratégies locales et les stratégies délibérées du siège en direction des agences, prend tout son sens et toute sa pertinence.

Conduire une réflexion stratégique locale permet au responsable d'un centre de profit (agence ou région) de mener à bien une tâche souvent bâclée : comprendre les spécificités locales expliquant la nécessité d'adapter la stratégie *corporate* à un territoire local très différent du territoire « type » analysé par le siège. En d'autres termes, il s'agit d'alimenter intelligemment à la fois le dialogue stratégique entre les DR et le siège, et le dialogue opérationnel entre les DR et les unités opérationnelles. L'objectif est d'arriver à un nécessaire consensus après de non moins nécessaires adaptations et concessions entre centre et périphérie, entre autorité et pouvoir, entre cohérence d'entreprise et efficacité opérationnelle.

Ne rêvons pas d'une réconciliation totale entre le terrain et le siège ! Chacun reste en effet avec sa logique différente. Mais le dialogue peut s'installer et les négociations commencer, au profit de l'intérêt général de l'entreprise comme de celui des multiples acteurs locaux. C'est cette réflexion que nous allons maintenant poursuivre avec le dossier concernant l'entreprise Sita France.

Références bibliographiques

ATAMER T. et CALORI R. (2003), *Diagnostic et décisions stratégiques*, Dunod.

FLOYD S.W. et WOOLDRIDGE B. (1994), « Dinosaurs or dynamos ? Recognizing middle management's strategic role », *Academy of Management Executive*, Vol. 8, N° 4, p. 47-57.

GOOLD M. et CAMPBELL A. (1987), *Strategies and Styles : the role of the center in managing diversified corporations*, Blackwell.

KEYS B. et BELL R. (1982), « The four faces of fully functioning middle manager », *California Management Review*, Vol. 24, p. 59-67.

LAWRENCE P. et LORSCH J. (1973), *Adapter les structures de l'entreprise*, Éditions d'Organisation.

LOVELOCK C., WIRTZ J. et LAPERT D. (2004), *Marketing des services*, Pearson.

MINTZBERG H. (1994), *Grandeur et décadence de la planification stratégique*, Dunod.

MINTZBERG H. et WATERS J.A. (1985), « Of strategies deliberate and emergent », *Strategic Management Journal*, Vol. 6, p. 257-272.

PORTER M. (1982), *Choix stratégiques et concurrence*, Economica.

VOGLER E. (2004), *Management stratégique des services*, Dunod.

Dossier : Sita France

D'une fédération de PME
à une entreprise intégrée

Quand Patrice Dauvin arrive à la tête de Sita France en l'an 2000, il mesure les enjeux qu'il doit affronter : une structure très (trop ?) décentralisée, une collection d'entités régionales aux profils spécifiques, des petits concurrents locaux très efficaces sur les prix, peu de technicité des métiers, une faible culture en R&D. Sita France était un géant aux pieds d'argile. Après une phase d'audit et d'écoute, le nouveau patron ne tarda pas à enclencher des actions de grande ampleur qui allaient changer la face de Sita.

Sita France et sa concurrence

Sita est la filiale propreté de Suez Environnement. Elle est présente sur l'ensemble de la chaîne allant de la collecte des déchets à leur traitement. Sita est le numéro deux en France, derrière son éternel rival Onyx (filiale de Véolia Environnement, maintenant indépendant de Vivendi Universal). Les deux groupes représentent à eux seuls les trois quarts du marché français, suivis de très loin par la SAUR, et par quelques acteurs régionaux comme Nicollin ou Séché Environnement. Ces acteurs locaux sont parfois très compétitifs, surtout en collecte où la technicité est encore faible (l'important est de « faire tourner des camions »). Par contre, Sita est leader dans le traitement, particulièrement dans le stockage (les décharges) et l'incinération, qui demandent des moyens techniques et financiers de plus en plus importants, hors de portée des « petits ».

L'arrivée de Dominique Voynet au ministère de l'Environnement a changé la donne : le « tout incinération » de la précédente ministre

Corinne Lepage qui avantageait les « gros » est battu en brèche. Place maintenant au recyclage, donc au tri sélectif, nouveau mode de collecte, mais aussi aux plates-formes de tri propices aux associations de réinsertion et aux petits locaux, et à la valorisation favorable aux industriels spécialisés dans le domaine. Sita doit donc réorienter sa stratégie. La collecte des déchets en France est un marché mature où la concurrence devient de plus en plus rude. La tension sur les prix est le fait des industriels, mais aussi, phénomène nouveau, des collectivités locales. Les appels d'offres de la collecte sont différenciés du traitement, traditionnellement plus rémunérateur : la bataille sur les coûts de la collecte se prépare et les filiales régionales de Sita doivent supporter des frais de siège et une convention collective sans comparaison avec les petits locaux…

Une fédération de PME

Historiquement, l'entreprise a toujours été très décentralisée, étant le résultat d'une succession quasi ininterrompue de fusions avec des petites entreprises régionales acquises au fil de l'eau : MOS en Rhône-Alpes ou Dectra en Lorraine, par exemple. En 1998, la structure de Sita France est un patchwork de PME fédérées par un siège paternaliste, passant des accords avec des barons locaux. Le fonctionnement stratégique est assez obscur : le siège s'est certes renforcé, au fil des années, d'experts sur des activités (comme les déchets hospitaliers) ou sur des fonctions (juridique, marketing, veille stratégique), mais le fossé reste grand entre un siège tentant maladroitement d'imposer sa vision et le terrain qui tire sa légitimité de résultats demeurant corrects. La culture de chaque entité est encore très forte (on est « MOS » à Lyon avant d'être Sita, sans parler de Suez…), le management paternaliste développé dans les régions et les agences favorisant encore plus ces particularismes locaux. La fête de Noël est un moment important dans chaque agence où les « rippeurs » des camions retrouvent leurs agents de maîtrise et la petite équipe de cadres. Chacun connaît les prénoms des enfants… Paris est loin, d'autant plus que chaque directeur d'agence prend bien soin de s'allier au directeur de sa filiale régionale (DR) contre les directives nationales « inadaptées à notre région » provenant d'experts techniciens éloignés des réalités du terrain. De fait, les collectivités n'ont pas le même profil dans le Rhône urbain et dans la Corrèze rurale, en région parisienne syndicalisée et en Savoie aux syndicats faibles, à Fos-sur-Mer très tournée vers les industriels et le traitement, et à Nice plutôt orientée collecte de déchets ménagers avec des pics estivaux, à Paris tentant la collecte sélective et les communautés de communes n'assumant pas les coûts induits par le tri… On pourrait multiplier les variables faisant changer du tout au tout le contexte de chaque territoire.

Les managers d'agence, piliers du système

Les *middle managers* ne s'y sont pas trompés, arguant des spécificités locales pour développer des stratégies très autonomes, sous le contrôle sourcilleux de leur DR, mais sans véritable pilotage stratégique du siège. Nous sommes bien dans le cas d'un contrôle financier léger où les entités ne sont pas pilotées par le siège, celui-ci se contentant de demander un *reporting* financier minimum. Dans ce contexte très décentralisé, les managers d'agence mènent leur propre stratégie, s'aidant de leur DR dès qu'ils ont besoin de nouvelles ressources (de nouveaux camions le plus souvent), et n'acceptant la censure que quand elle vient de cette même DR. Les refus d'investissement venant du siège sont en effet mal compris : que savent-ils « là-haut » des réalités du terrain ? Les managers d'agence connaissent mal et profitent peu des innovations qui sont connues et développées au siège. Leur champ d'observation de la concurrence est régional.

La conversation opérationnelle entre la DR et les agences est très forte, les contacts au moins hebdomadaires. Le vrai chef est le DR. Au contraire, la conversation stratégique entre le siège et les régions s'avère formelle et officielle (dans le cadre du PMT, le Plan Moyen Terme) mais sans grande conséquence opérationnelle, les investissements fixés dans ce plan pouvant être obtenus par la suite par chantage, négociation ou même coup de force !

Un siège faible

Le siège qui s'est avec le temps considérablement renforcé, reste cependant très éloigné du réseau. Il s'en plaint d'ailleurs et subit cette mise à l'écart comme une insubordination de « petits roitelets locaux ». Le DG doit donc concilier avec ses forces provinciales et les manœuvrer de façon diplomatique. Les synergies sont très faibles : pas de système d'information commun, peu de procédures partagées (chacun développant une professionnalisation de son métier dans son coin), des transferts de personnels et de matériels quasi impossibles (les recrutements, même de cadres, se font au niveau régional) et enfin une R & D balbutiante et à la traîne de la concurrence européenne.

Une nouvelle stratégie

Face à ces constats, Patrice Dauvin décide de réagir. Il s'agit de gagner la bataille des coûts qui s'annonce, d'abord sur la collecte, mais bientôt aussi en traitement. Pour ce faire, il décide de rendre Sita plus intégrée afin de bénéficier d'effets d'échelle et d'exploiter les synergies entre les différentes unités, au premier rang desquelles un système d'information jusque-là particulièrement défaillant.

L'application « Clear » est étendue à tout Sita France. Ce logiciel d'exploitation permet de rationaliser l'utilisation des moyens (camions, tournées, personnel) et de sécuriser les informations sur les réalisations, parfois sources de conflits avec les clients. Auparavant, chaque filiale, voire chaque agence, utilisait des programmes le plus souvent « maison » sur tableur. L'équipe projet ayant déployé Clear a été constituée avec l'aval des directeurs régionaux, qui ont envoyé du personnel ressource pour se former au logiciel et déployer ensuite dans chacune des régions le nouveau système. Si l'utilisation de ce logiciel particulier a été une décision forte de la direction, le déploiement s'est fait conjointement avec le terrain. Le logiciel a même subi des modifications après certaines remontées des agences : les *middle managers* ont clairement joué un rôle de synthèse d'informations, d'amélioration de l'adaptabilité de l'entreprise et de mise en œuvre de la stratégie.

Mais le changement perçu comme le plus fort par le personnel a été l'unification des noms et des logos des filiales régionales : après avoir connu Dectra, place à Sita Lorraine ! Les particularismes régionaux qui soulignaient la proximité de l'entreprise avec le tissu local (notamment politique) sont passés au second plan. Est maintenant mise en avant une entreprise qui affirme son ambition de leadership national, sa puissance de feu (capacité d'investissement, appartenance à un grand groupe, effets d'échelle) et son sérieux (pérennité, professionnalisme, application des normes de sécurité et des conventions collectives). Ce changement de nom pour les filiales régionales s'est accompagné d'un redécoupage territorial entre régions et au sein de chaque région. Les régions tout comme les agences sont maintenant plus grandes, pour favoriser l'atteinte des effets de seuil en management (un directeur d'agence peut désormais gérer avec ses collaborateurs entre 150 et 200 salariés contre une cinquantaine auparavant) et en exploitation (plus de camions à entretenir par le même garage, des tournées optimisées).

La démarche stratégique est plus structurée et intègre « officiellement » les idées et surtout les analyses (chiffrées) du réseau. Le cadre est fixé par la direction générale : un document que remplissent toutes les agences, qui reprend les grandes étapes du diagnostic stratégique et recueille les propositions de stratégies à mener et donc d'investissements à réaliser. Certaines directions régionales proposent des canevas spécifiques dans leur territoire mais en complément et non à la place de celui du siège. Celui-ci a la main sur les décisions finales concernant les investissements même si les demandes partent du terrain. Sita France est bien aujourd'hui dans une situation de contrôle stratégique et semble même s'orienter vers une planification stratégique plus contraignante pour les agences et surtout pour les directions régionales. Un signe en est une conversation stratégique plus directe entre le siège et les agences, et donc un affaiblissement du niveau régional qui évolue vers des missions de plus en plus opérationnelles.

Ces quelques années de nouvelle direction ont conduit à un affermissement du centre en essayant de ne pas perdre la force de la périphérie. On va vers plus d'effets d'échelle, plus d'autorité du siège, plus de centralisation sur certaines tâches (informatique, juridique, RH) mais en préservant les points forts historiques de Sita : réactivité des agences, *entrepreneurship* des directeurs d'agences et de régions, proximité avec les clients et responsabilisation du personnel sur cette dimension, gestion sociale locale efficace... Il s'agit de concilier intégration (au siège) et différenciation (locale), centralisation et décentralisation, planification stratégique et contrôle stratégique.

Si les stratégies délibérées du siège s'appliquent mieux aujourd'hui qu'hier, les stratégies autonomes, qui correspondent à la culture historique du management de Sita, restent d'actualité. Cohabitent ainsi des stratégies issues du centre, qui se déploient sur les différents terrains locaux, avec des *middle managers* appliqués, dévoués et loyaux (mais peu responsabilisés et « débrouillards »), et des stratégies autonomes, parfois encore frondeuses, efficaces sur le terrain, mais déstabilisatrices de l'ensemble (pas de règles communes, pas de système de récompenses partagé par tous). Ce doux mélange des genres permet une certaine efficacité mais nécessite des *middle managers* funambules, toujours sur le fil...

Mais qui a dit que le management d'une entreprise de services à réseau était simple ?

Deuxième partie

Les managers services ont la parole

8

Les managers services
Qui sont-ils ?
Que font-ils ?
Que nous disent-ils ?

Ce chapitre s'appuie sur les résultats d'une étude conduite auprès de vingt-six managers intermédiaires dans des entreprises de services à réseau : responsables d'agences, responsables de zones, directeurs de centres de profit, directeurs régionaux. Six secteurs d'activités caractéristiques de l'ensemble des services marchands (services aux particuliers et services aux entreprises) ont été sélectionnés : agences de voyages (Carlson Wagonlit Travel, Jet Tours, Nouvelles Frontières, Thomas Cook Voyages), travail temporaire (Adecco, Vedior Bis), banques (Société Générale, Banque Populaire), gestion des déchets (Sita, Onyx), cabinets de conseil (Ernst & Young, Accenture, Deloitte & Associés), hôtellerie d'affaires (Hilton, Kyriad Prestige – Envergure, Mercure, Sofitel).

Les vingt-six entretiens en profondeur d'une durée moyenne de deux heures ont été réalisés par nos étudiants de la promotion 2005 du Mastère Marketing et Management des Services de EM.LYON (école de Management de Lyon).

Le Mastère Marketing et Management des Services est une formation de niveau Bac + 5 accréditée par la Conférence des grandes écoles. Son objectif est de former en un an de futurs managers évoluant dans les réseaux des entreprises de services. Il présente deux atouts :

— sa pluridisciplinarité : les spécificités des services conduisent à une interdépendance très forte entre les différentes fonctions de l'entreprises (marketing et servuction, management des ressources humaines, innovation, management de la qualité et de la relation client, direction d'un centre de profit). En conséquence, le programme privilégie une approche détaillée et intégrée de ces fonctions.

— sa transversalité sectorielle : cette formation permet aux étudiants de bénéficier d'une fertilisation croisée entre les différents secteurs des services, notamment au travers de cas, de témoignages et de visites de sites.

*Les diplômés exercent des responsabilités **fonctionnelles** (marketing, fidélisation du client, gestion des ressources humaines, conseil…) ou des responsabilités **opérationnelles** (fonctions commerciales, gestionnaire de compte clé, responsable de centre de profit…).*

Pour s'assurer que l'échantillon reflète bien la grande diversité du secteur des services, nous avons utilisé la matrice de Schmenner (1986) proposant une typologie des activités de services. Cette matrice croise deux dimensions pour cartographier le secteur des services :

- le degré d'intensité travaillistique, qui évalue la part du coût de la main-d'œuvre par rapport à la valeur des immobilisations ;
- le degré d'interaction entre le personnel en contact et le client et le degré de personnalisation de la prestation (mesuré par l'adaptation de l'offre à la demande du client).

L'utilisation de ces deux dimensions nous a semblé particulièrement pertinente dans le cadre d'une étude visant à décrire les rôles des managers intermédiaires au sein d'entreprises de services à réseau, plus ou moins décentralisées. Nous faisons l'hypothèse qu'une entreprise de services à faible intensité travaillistique (où l'essentiel des coûts provient de l'amortissement des investissements = un fort degré d'intensité capitalistique) est plutôt centralisée : les managers auront une faible autonomie par rapport au siège. Par contre, si l'activité de service demande une forte interaction entre le personnel en contact et le client, nous pensons que le prestataire aura intérêt à adopter une structure décentralisée, laissant une large marge de manœuvre aux managers services.

La figure 1 indique la position sur la matrice des différents secteurs représentés dans l'échantillon. Si celui-ci n'est bien sûr pas statistiquement représentatif, il reflète cependant la diversité des entreprises de services à réseau.

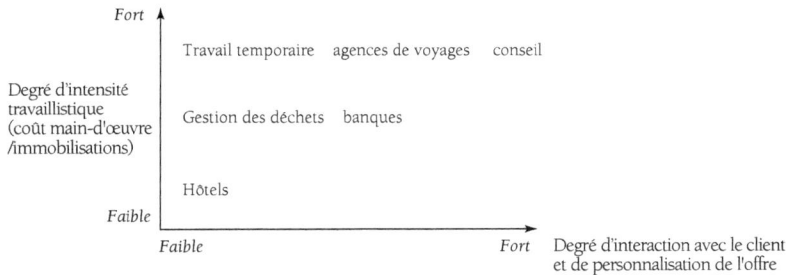

Figure 1 – Des secteurs qui caractérisent la diversité des services

Les services à faible intensité travaillistique et forte personnalisation de l'offre comme les hôpitaux sont absents de notre échantillon. Ils sont en effet moins intéressants par rapport au focus de notre étude sur l'autonomie et les rôles des managers services.

Nous présenterons dans un premier temps les grandes caractéristiques des différents acteurs du réseau rencontrés afin d'en dessiner un profil. La description des rôles respectifs du responsable d'agence, du directeur régional et du siège, donnera lieu à la deuxième partie de ce chapitre. Enfin, nous essaierons de comprendre comment le dialogue se noue à l'intérieur du réseau, entre les trois niveaux hiérarchiques principaux.

■ Le profil des acteurs du réseau

La figure 2 permet tout d'abord de visualiser la structure classique en réseau de l'entreprise de services, s'organisant du centre (le siège) à la périphérie (les unités opérationnelles), en passant par le niveau intermédiaire représenté par l'échelon régional.

Si toutes les entreprises analysées ont évidemment des organigrammes hiérarchiques différents et originaux, deux niveaux d'encadrement sont toujours présents : le responsable d'agence et le directeur régional. Dans certaines entreprises, comme Adecco par exemple, un niveau d'encadrement supplémentaire apparaît entre le responsable d'agence et le directeur régional : le directeur de secteur. Notre étude l'assimile au niveau régional, sa fonction étant en support des agences.

Les tableaux récapitulatifs présentés à la fin de ce chapitre donnent une vision synthétique des profils et de l'évolution de carrière des vingt-six cadres interviewés (15 responsable d'agences et 11 directeurs régionaux). L'analyse de ces tableaux fait émerger deux constats généraux partagés par toutes les entreprises de l'échantillon. Au-delà de ces deux caractéristiques communes, nous verrons cependant que les visages des managers services sont complexes et moins monolithiques qu'il n'y paraît.

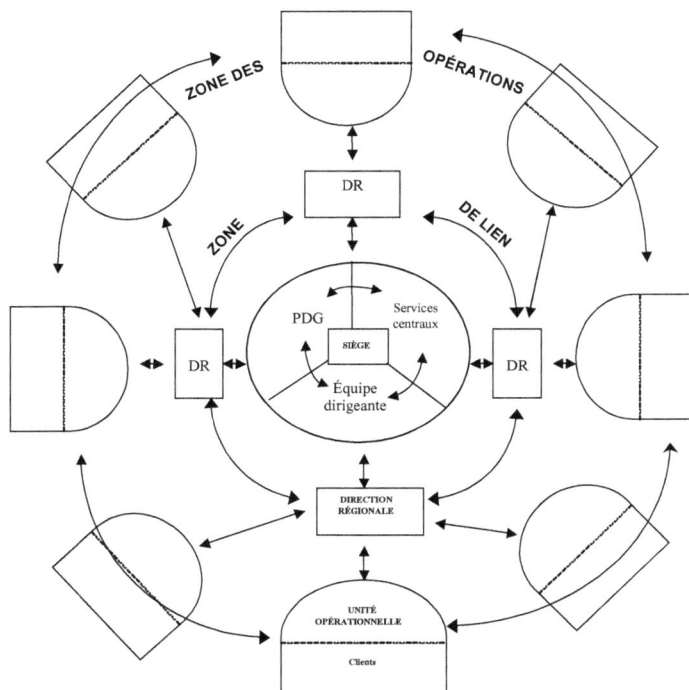

**Figure 2 – La structure en réseau des entreprises de services
(d'après le modèle flexiforme de Mills et al., 1983)**

Deux constats principaux

Un profil initial orienté terrain

La grande majorité des individus au poste de responsable d'agence ou de directeur régional sont issus du terrain. Quelles que soient leur formation initiale et leurs fonctions actuelles, ils sont généralement passés par des postes en contact direct avec le client (conseiller clientèle, commercial, vendeur en agence…). Ce passage sur le terrain confère au manager services une grande crédibilité et une certaines autonomie vis-à-vis de ses supérieurs hiérarchiques et du siège. Nous verrons par la suite que cette connaissance du terrain constitue également un atout majeur dans la gestion d'une unité et dans le management d'une équipe.

Une fidélité au réseau

Les managers sont généralement « fidèles » à leur enseigne ou à leur entreprise. Nombre d'entre eux sont entrés dans le réseau pour un premier emploi à la sortie de leur cursus de formation pour ne jamais le quitter. Les possibilités de promotion interne et d'évolution de carrière sont réelles dans l'échantillon d'entreprises observées. Cette condition est généralement favorable à l'attachement des salariés au réseau.

Des hétérogénéités importantes

Des dénominations diverses

Selon les secteurs d'activités, le responsable de l'unité décentralisée peut prendre plusieurs titres. Dans la suite de la présentation des résultats de l'enquête, nous parlerons d'une manière indifférenciée de responsable d'agence, responsable de site, responsable d'unité, chef d'agence ou responsable d'exploitation. Ces fonctions sont assez proches puisque seul le nombre de collaborateurs diffère. Le responsable de site ou d'exploitation encadre généralement plus de personnel qu'un responsable d'agence. Ainsi, l'un des responsables de site rencontré chez Sita gère une équipe de 80 personnes alors qu'un responsable d'une agence d'intérim Vedior Bis travaille avec une équipe de 4 personnes en moyenne. Il faut cependant noter que certaines agences d'intérim généralistes implantées dans les grandes villes comptent un effectif d'une

© Éditions d'Organisation

quarantaine de personnes. De manière très pragmatique, on peut retenir que, dans le cadre d'une activité de service comme l'exploitation d'un hôtel ou la gestion de déchets (qui suppose l'existence d'un site de stockage ou de traitement), les effectifs managés sont plus importants que dans des activités comme les banques, les agences de voyages, les agences d'intérim ou le conseil.

Poste définitif ou tremplin ?

Selon les cas, le poste de responsable d'agence peut être perçu comme une étape vers un poste à plus grande responsabilité ou comme un poste définitif. Dans la première configuration, l'individu est dans une logique de transition de carrière et se destine à terme à des fonctions de responsable de secteur ou de directeur régional.

La transition entre les divers niveaux hiérarchiques prend logiquement plusieurs années. Les résultats de l'étude montrent qu'il faut en moyenne cinq ans et demi d'ancienneté au poste de responsable d'agence pour pouvoir prétendre à un poste de responsable de secteur ou de directeur régional. Dans certains secteurs d'activités comme le conseil et l'audit, l'évolution de carrière et le passage des différents paliers hiérarchiques en fonction de l'ancienneté sont très clairement définis. Cependant, pour des raisons compréhensibles de confidentialité, il est très difficile de connaître les critères d'évolution de carrière en vigueur dans les entreprises rencontrées.

Notons donc que pour passer d'un poste de collaborateur en agence au poste de responsable d'agence (c'est-à-dire pour franchir une étape de carrières dans le réseau), il semble que cela prenne environ cinq ans. Ces transitions s'avèrent plus longues dans certaines activités comme les agences de voyages, où le salarié peut passer par l'étape de chef d'équipe ou de chef de comptoir avant d'envisager un poste de responsable d'agence. De même, la durée de transition entre les étapes d'une carrière classique dans le réseau peut être allongée si le salarié prend des fonctions au siège. Dans cette perspective, il est intéressant de noter qu'après un passage au siège, les individus rencontrés reviennent systématiquement dans le réseau. Ils justifient leur choix en invoquant souvent le dynamisme et la variété des postes en contact avec le terrain.

Les changements de poste et de responsabilités s'accompagnent souvent d'une formation. Les formations au management ou à la gestion de centres de profit peuvent être dispensées en interne ou suivies dans le cadre d'une formation continue dans un centre de formation (université ou école de commerce). Ces formations sont destinées majoritairement aux collaborateurs dont la formation initiale est inférieure ou égale à un niveau Bac + 2. Les collaborateurs possédant un diplôme de niveau Bac + 4 ou Bac + 5, ne suivent pas systématiquement de formations lorsqu'ils changent de poste et prennent de nouvelles responsabilités.

Pour certains managers services, le poste de directeur d'agence représente un aboutissement. C'est souvent le cas de profils opérationnels, montés par promotion interne, « à la force du poignet ». Si leurs compétences techniques et opérationnelles mais aussi managériales (encadrement d'équipe) et relationnelles (avec les clients) sont précieuses dans l'exercice de leur poste de directeur d'agence, ces profils souffrent souvent d'un manque de compétences financières et d'expérience en pilotage stratégique. Dans ces cas-là, leur carrière se poursuit par la prise de responsabilité d'unités de plus en plus grandes ou de plus en plus difficiles (agences à redresser, équipe démotivée à remobiliser, attaque concurrentielle d'ampleur, site client le plus important pour un grand compte, etc.). Il existe alors un « plafond de verre », une ligne infranchissable pour d'anciens opérationnels qui aspirent à « basculer au siège ».

Certaines entreprises institutionnalisent la stabilité dans le poste de directeur d'agence. C'est particulièrement le cas d'entreprises à la pyramide hiérarchique plate, qui ne peuvent offrir pour tous une évolution de carrière jusqu'au siège. On peut citer la restauration collective et le travail temporaire, où les directeurs d'agences restent non seulement dans le poste, mais aussi sur le territoire. Cette stabilité permet au directeur d'agence de connaître particulièrement bien son secteur (équipe, contexte local, concurrence, client), d'avoir un équilibre familial, mais peut aussi générer un engourdissement professionnel, une monotonie, un décalage progressif entre une réalité en évolution et des réflexes et pratiques anciennes inadaptés aujourd'hui.

Un destin régional et national

La possibilité d'évoluer tout au long de sa carrière dans la même entre-prise de services à réseau est réelle. Dans la plupart des entreprises analysées, le changement de poste s'accompagne d'une mobilité géographique. Si certains secteurs d'activités comme la banque par exemple sont connus pour conditionner l'évolution hiérarchique à la mobilité géographique, les résultats de l'étude permettent une analyse plus fine. Ainsi, le passage des diverses étapes de carrière jusqu'au poste de responsable d'agence peut se faire sur le même site et ne suppose pas forcément de mobilité. Une fois le poste de responsable d'agence atteint, le salarié devra être mobile au niveau régional : il pourra être affecté à la direction de plusieurs agences avant de postuler à un poste de directeur régional. Une fois ce nouveau pallier atteint, le manager services doit être mobile à une échelle nationale. Ainsi, certains directeurs régionaux peuvent se déplacer de région en région pour une durée de quatre ans en moyenne afin d'ouvrir de nouvelles directions régionales, de lancer des projets particuliers ou de redresser la situation dans une région où les indicateurs de performance sont peu satisfaisants.

■ À chacun son rôle

Afin de synthétiser la présentation des résultats de l'enquête concer-nant les fonctions des acteurs du réseau (responsable d'agence et direc-teur régional), nous aurons recours dans les paragraphes ci-dessous au schéma des quatre facettes du manager services (Keys et Bell, 1982) présenté dès le chapitre introductif de ce livre.

Les rôles du responsable d'agence

L'étude révèle que les rôles des responsables d'agences sont assez similaires dans l'ensemble des entreprises analysées. Cependant, certaines particularités peuvent apparaître en fonction du secteur d'activité et de la taille de l'unité gérée par le responsable d'agence. Ces résultats sont résumés dans la figure 3.

L'activité du responsable d'agence est organisée autour de trois missions principales : le management d'équipe, la gestion commerciale et la gestion quotidienne du centre de profit.

Le management d'équipe

Le responsable d'agence est un manager d'hommes. Il est en contact permanent et direct avec les acteurs opérationnels. Ce type de contact s'explique par deux raisons principales : la taille généralement réduite des unités et l'expérience passée du responsable d'agence en tant qu'acteur opérationnel. Dans les agences locales des entreprises de services à réseau, il n'existe généralement que deux niveaux hiérarchiques (les salariés opérationnels et le ou les salariés d'encadrement) impliquant une proximité physique et relationnelle de tous les acteurs. De même, les responsables d'agences rencontrés indiquent qu'ils sont parfois appelés à se substituer à un acteur opérationnel, rôle qu'ils remplissent d'ailleurs facilement étant eux-mêmes issus du terrain. Ce rôle temporaire favorise d'autant le contact avec les opérationnels.

Les managers rencontrés insistent sur le fait que leur rôle de management d'équipe se joue sur deux plans : les relations formelles et les relations informelles. Les réunions hebdomadaires ou mensuelles fixées par le responsable constituent la principale manifestation des contacts formels. Selon les entreprises, le chef d'agence organise un à quatre rendez-vous par mois pour présenter les objectifs commerciaux, les résultats attendus ou obtenus et discuter chaque point avec les opérationnels. Ces rendez-vous de synthèse menés en groupe sont très appréciés des responsables d'agences car ils permettent de compléter un management souvent direct et instantané.

Au-delà de ces réunions hebdomadaires ou mensuelles, faites en équipe, le responsable d'agence est également en charge de la gestion des carrières du personnel en contact. Les rencontres avec les opérationnels sont alors individuelles et annuelles et permettent d'aborder des points plus précis comme la promotion ou les choix individuels de formation. En revanche, peu de responsables d'agences sont en charge des aspects administratifs comme la gestion des contrats ou des paies, ce type de tâche étant centralisé au siège.

Les responsables d'agences soulignent par ailleurs l'importance des relations informelles : plus fréquentes que les relations formelles, elles constituent un enjeu central pour le bon fonctionnement de l'unité décentralisée. L'un des rôles du responsable d'agence est de créer une ambiance favorable et une cohésion au sein de l'équipe grâce à ces relations informelles quotidiennes.

La gestion commerciale

La dimension commerciale du rôle du chef d'agence est particulièrement visible dans ce que nous nommons la facette externe (cf. figure 3), c'est-à-dire lorsque ce dernier est en contact avec les clients, les fournisseurs et prestataires ou encore les acteurs institutionnels.

Le responsable d'agence est souvent seul maître à bord pour développer son offre commerciale locale afin de remplir les objectifs fixés par le siège. L'ancrage dans le contexte socio-économique est très important pour le succès des entreprises de services. C'est pourquoi les responsables d'agences développent des partenariats en fonction des spécificités locales. Un directeur d'hôtel peut ainsi conclure un accord pour mettre à disposition de ses clients des places pour les matchs de l'équipe de football locale.

Le responsable d'agence n'est cependant pas un commercial, il ne gère pas tous les clients. Il peut intervenir, comme nous l'avons vu précédemment, de manière ponctuelle pour aider ses collaborateurs en agence ou sur le terrain, pour intervenir sur un problème technique ou favoriser la signature d'un contrat avec un client grand compte.

243

En tant que responsable d'une unité, le chef d'agence est en contact avec les fournisseurs et les prestataires de services. Cette indépendance en matière de choix des fournisseurs lui permet de développer une politique commerciale cohérente à un niveau local. Cependant, les résultats de l'enquête révèlent que, dans certains secteurs comme l'hôtellerie et la restauration, les fournisseurs sont imposés par le siège afin de conserver une unicité dans l'image des établissements répartis sur tout le territoire.

Le responsable d'agence peut parfois exercer un rôle au niveau de l'environnement institutionnel. Il faut noter que le choix d'investissements dans ces thématiques parallèles à la gestion quotidienne de l'unité est généralement personnel et rare. La relation avec les acteurs institutionnels est en effet généralement assurée par le directeur régional, en charge de la représentativité de la marque ou de l'entreprise.

La gestion du centre de profit

Logiquement, le responsable d'agence a pour mission de veiller à la bonne marche de l'entité dont il a la charge. Il doit tout mettre en œuvre pour atteindre les objectifs annuels, trimestriels ou parfois mensuels fixés par son directeur régional. Dans tous les secteurs analysés, le responsable d'agence est libre d'organiser le travail de son équipe comme il le souhaite pour atteindre les objectifs fixés. Suivant les entreprises, la gestion administrative de l'agence occupe entre 50 et 70 % du temps de travail du chef d'agence, mais avec de fortes variations. Par exemple, le responsable d'une petite agence de voyages passera plus de 50 % de son temps à faire de la vente ou à coordonner ses vendeurs, alors qu'un chef d'exploitation d'un centre de stockage des déchets sera davantage pris par les aspects réglementaires (conformité aux normes environnementales) et juridiques (conditions de travail des salariés).

En résumé, tous les chefs d'agences rencontrés sont des managers d'hommes en charge de la bonne marche d'une unité du réseau, dont la performance est évaluée en fonction de la réalisation des objectifs définis par le siège et la direction régionale. Cependant, si tous poursuivent les mêmes objectifs de performance et ont globalement les mêmes fonctions, les résultats de l'étude mettent en lumière certaines particularités.

L'autonomie accordée au manager d'unité ne sera pas la même en fonction du secteur d'activité. Dans le secteur de l'hôtellerie, certains directeurs d'hôtels sont très encadrés par le siège, qui peut leur imposer ses choix jusque dans la couleur des serviettes de table. À l'opposé, dans le secteur du conseil par exemple, le réseau est organisé selon la logique du contrôle financier (Goold et Campbell, 1987). C'est-à-dire que le siège se comporte comme un banquier ou un actionnaire fixant des objectifs et allouant un ensemble de ressources (généralement financières) pour atteindre ces objectifs. Le manager d'unité est ensuite libre de gérer cette somme et de s'organiser comme il le souhaite pour atteindre les objectifs.

Ce degré d'autonomie dépend fortement du type de management choisi par l'entreprise. En effet, certaines organisations estiment que l'innovation peut et/ou doit venir du terrain. Les managers d'unités sont ainsi encouragés à développer des actions entrepreneuriales et à innover à leur niveau, le siège étant ensuite prêt à s'approprier une innovation pour la diffuser à l'ensemble du réseau.

En plus du secteur d'activité et de la politique de décentralisation adoptée par chaque entreprise, les responsabilités des chefs d'agences diffèrent également en fonction de l'envergure (effectif et chiffre d'affaires réalisé) de l'agence. Il ne s'agit pas tant de fonctions différentes mais de fonctions amplifiées par la taille de l'unité. Ainsi, le chef d'une agence d'intérim comptant 40 salariés est beaucoup moins en contact avec les clients (intérimaires et entreprises) que le responsable d'une agence de 4 personnes. La charge administrative sera aussi bien différente dans ces deux cas.

La figure ci-après schématise les contacts du responsable d'agence en fonction des quatre facettes qu'il mobilise dans son métier : les facettes hiérarchique, opérationnelle, externe et horizontale (avec ses pairs).

Figure 3 – Les quatre facettes du directeur d'agence

Ce schéma présente un point qui n'a pas été évoqué dans la présentation du rôle du responsable d'agence : son manque de contact avec ses pairs (les autres responsables d'agences). L'étude montre que les managers d'unité ont très peu de relations entre eux, sauf en cas de proximité géographique forte. Ils ne se rencontrent généralement qu'aux réunions organisées par leur directeur régional ; le mode de relation étant alors formel.

Les rôles du directeur régional

L'enquête met en évidence un rôle assez homogène du directeur régional (DR) dans l'ensemble des entreprises analysées. Le DR est ainsi l'interlocuteur privilégié du siège. Il participe à la définition de la stratégie qu'il présente et adapte à son contexte local. Il peut également proposer des innovations qui seront reprises et adaptées par le siège. Le DR assure l'interface entre le réseau d'agences et l'environnement. Ainsi, il exerce un rôle de représentation auprès des acteurs institutionnels de sa région. Par ailleurs, il joue un rôle essentiel en compensant le manque de relations entre les responsables d'agences et en favorisant la circulation d'informations et l'apprentissage. Enfin, le DR se charge du maintien de la cohérence de l'enseigne au niveau de son territoire.

La figure 4 ci-après résume les relations qui rythment le travail du directeur régional au quotidien.

Un maillon du processus stratégique

En tant que cadre intermédiaire dans le réseau, le DR est avant tout un maillon essentiel du processus stratégique. Celui-ci peut être décrit schématiquement par les trois phases suivantes : analyse des informations, prise de décision en fonction des éléments connus, mise en œuvre de cette décision. Selon les entreprises, ce processus stratégique est plus ou moins décentralisé, en donnant plus ou moins d'importance au directeur régional. Dans le cadre d'un processus peu décentralisé, le DR apparaît comme un simple maillon de transmission des décisions prises par le siège. Il a cependant une marge de manœuvre relative pour adapter les objectifs stratégiques nationaux à un contexte régional précis. À partir du moment où le processus stratégique est plus décentralisé, le directeur régional devient un acteur central. Il participe, en amont de la prise de décision, à la collecte d'informations. Il peut intervenir dans la prise de décision et a également la possibilité d'adapter plus finement les objectifs nationaux à son contexte.

Les directeurs régionaux rencontrés se classent dans la seconde catégorie : ils sont de réels acteurs du processus stratégique, leur ancrage local et leur connaissance du terrain leur conférant une véritable légitimité auprès du siège.

Le directeur régional, contrairement au responsable d'agence, est donc l'interlocuteur privilégié du siège. Sur la ligne hiérarchique, il joue le rôle de relais entre les deux extrémités souvent déconnectées : le siège et le terrain. Les directeurs régionaux rencontrés ont des qualités personnelles dignes d'un traducteur : ils doivent en effet traduire les objectifs larges du siège en objectifs plus concrets et en actions ciblées pour les responsables d'agences. Dans l'autre sens, ils sont capables d'écouter les problèmes, revendications, idées et innovations des acteurs de terrain pour les faire remonter au siège. D'un point de vue très pragmatique, le directeur régional participe à la définition des objectifs annuels ou pluriannuels qu'il décline ensuite au niveau de chaque agence.

Un rôle de représentation institutionnelle

Au-delà de ses fonctions de coordination, le directeur régional est également un acteur majeur de l'interface entre le réseau et son environnement institutionnel. Il a souvent pour rôle explicite de représenter l'entreprise auprès d'institutions diverses. Par exemple, les associés dans les cabinets de conseil et d'audit représentent leur entreprise auprès des organismes professionnels en région (ordre régional des experts-comptables par exemple), lieu privilégié pour échanger avec des professionnels concurrents sur des thématiques communes. Les directeurs régionaux sont en contact souvent informel avec des acteurs clés de l'environnement (clients grands comptes, prescripteurs, régulateurs), permettant des échanges d'informations dans des moments privilégiés (événements sportifs, colloques), un jeu d'influences, dans un espace tampon aux limites floues, au formalisme relâché, à la liberté d'action et de pensée sans équivalent.

L'enquête indique que le DR entretient de nombreuses relations latérales avec ses pairs, les autres directeurs régionaux, notamment lors de moments privilégiés comme des formations ou des séminaires internes. À ces occasions, les DR échangent leurs expériences sur des thèmes particuliers (la gestion d'un conflit, les relations avec les fournisseurs…). Ces temps de formation sont souvent utilisés par le directeur régional pour vérifier si sa région est « normale », c'est-à-dire si les difficultés qu'il croit propres à sa zone sont vécues ou non par les autres (et quelles solutions ceux-ci ont pu, le cas échéant, y apporter). Ces échanges, au départ organisés et coordonnés par le siège, lui échappent parfois lorsque les DR établissent entre eux des relations interpersonnelles directes, et se rencontrent de manière informelle. À l'extrême, des connivences et des coalitions peuvent se constituer pour lutter contre certains projets du siège.

Le directeur régional a logiquement des relations avec les chefs d'agences. Il coordonne leur action quotidienne, en cadrant le plan d'action de la semaine, en gérant certaines décisions au niveau des ressources humaines (recrutement, primes) et en suivant la mise en œuvre de certains projets (mise en place d'un nouveau système d'information, ou d'une nouvelle organisation de l'agence).

L'enquête révèle que l'encadrement des relations avec les opérationnels (chefs d'agences) est souple et peu contraignant. Les liens se basent souvent sur une relation de confiance, d'intimité interpersonnelle (on connaît les enfants et la famille des uns et des autres, des amis sont parfois communs, on a des habitudes de loisirs partagées). Le contrôle est alors plus social : le directeur régional attend implicitement l'atteinte de certains objectifs par un contrat d'engagement parfois verbal uniquement. Des fautes ou des objectifs non remplis peuvent être pardonnés, parfois négociés, selon le rapport de force existant entre le DR et ses agences. On constate que le management des responsables d'agences par le directeur régional est souvent paternaliste, rarement formel, et centré sur des objectifs précis. Le directeur régional fait « tampon » avec les objectifs précis du siège. Il communalise les résultats des uns et des autres, insérant les responsables d'agences dans un jeu subtil de contreparties, la mauvaise performance acceptée d'une année devant être suivie d'une meilleure année, et rattrapée par les autres, qui auront logiquement une pression moins forte l'année d'après.

L'étude montre donc qu'à la croisée des chemins entre la facette verticale, la facette externe et la facette opérationnelle, le directeur régional est en charge du maintien de la cohérence de la marque ou de l'enseigne. Le siège (facette verticale) attend du directeur régional qu'il soit un représentant du réseau auprès des acteurs de l'environnement (facette externe) et qu'il s'assure que l'image de marque et les services offerts aux clients soient les mêmes dans toutes les agences (facette opérationnelle).

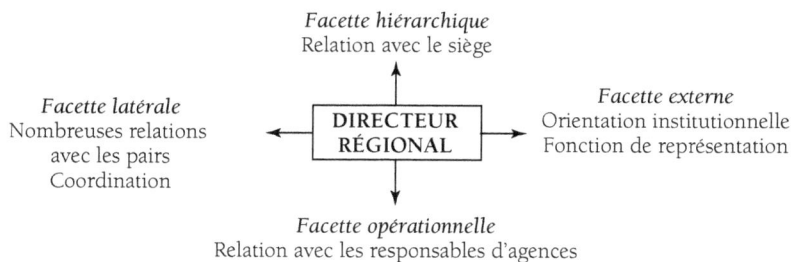

Figure 4 – Les quatre facettes du directeur régional

Les rôles du siège

Se poser la question du rôle du siège dans les entreprises à réseau revient à s'interroger sur l'intérêt de l'existence de plusieurs entreprises indépendantes par rapport à des entreprises appartenant à un réseau. Le siège est-il créateur de valeur additionnelle ou synonyme de lourdeur administrative ? Les résultats de notre étude tendent à montrer que le siège permet bien de créer une valeur supplémentaire à celle engendrée par l'activité des unités décentralisées. Le siège national est donc tout autant légitime que les centres de profit localisés en région. Alors que les unités locales tirent leur légitimité de leur contact avec les clients et de leur connaissance du marché, la légitimité du siège résulte de ses rôles spécifiques : élaboration d'une vision stratégique et d'une stratégie, coordination des activités supports, des ressources et des expertises, management des processus de création de connaissance.

Vision stratégique et allocation de ressources

Si les entreprises de services présentent certaines particularités organisationnelles comme la structuration en réseau, elles demeurent proches des entreprises industrielles classiques, notamment au niveau de l'élaboration de la stratégie. Cette activité reste l'apanage des cadres dirigeants du siège quel que soit le degré de décentralisation verticale[1].

Les managers rencontrés soulignent l'importance d'une vision stratégique globale et homogène dans l'ensemble du réseau. Cette vision stratégique, guidant les acteurs organisationnels et orientant leurs actions pendant parfois plusieurs années, est toujours élaborée et délivrée par le siège. Ce dernier fixe des objectifs qualitatifs et quantitatifs de croissance ou de rentabilité au niveau national. Les directeurs régio-

---

1. Rappelons (voir chapitre sur la stratégie) qu'une entreprise est décentralisée verticalement si, dans le processus stratégique de prise de décision elle implique les managers intermédiaires et opérationnels, c'est-à-dire tous les acteurs de la ligne hiérarchique et pas seulement les cadres dirigeants. À l'opposé, la décentralisation horizontale concerne le caractère collégial de la prise de décision ; elle est évaluée en fonction du nombre de cadres dirigeants participant à la prise de décision.

naux s'approprient ces objectifs globaux et les déclinent en fonction des spécificités de leur contexte d'action.

Le siège joue un rôle majeur dans le maintien de la cohérence et de l'homogénéité du réseau. Par son allocation des ressources de l'entreprise, il répartit les risques, investit dans des innovations rentables à terme et ferme les agences ou des activités qui périclitaient.

Activités supports et expertises

Les responsables d'agences et les directeurs régionaux se représentent essentiellement le siège comme un ensemble d'acteurs fonctionnels (« les experts du siège ») qui peuvent apporter des réponses très précises et intervenir sur des problématiques ponctuelles.

C'est en effet au siège que se concentrent des fonctions supports qui ne seraient pas rentables au niveau local ou régional : marketing, contrôle de gestion, comptabilité, service juridique. L'objectif de cette centralisation est de favoriser les économies d'étendue, proches des économies d'échelle, mais qui consistent à valoriser une même ressource dans des activités différentes. Le service marketing et communication central pourra ainsi élaborer une campagne de communication pour le directeur régional Sud-Ouest et mener simultanément une enquête de satisfaction par questionnaire demandée par le directeur de la région Centre.

Le siège crée donc de la valeur pour les unités décentralisées en mettant des experts à leur disposition. Ces missions supports du siège peuvent être ponctuelles (campagne de communication) ou récurrentes. Ainsi, des directeurs d'hôtels ont accès via l'intranet de leur groupe à des contrats d'embauche préétablis qu'ils n'ont qu'à compléter avec les coordonnées des futurs salariés.

La force de frappe d'un siège est largement supérieure à celle d'une unité décentralisée. En d'autres termes, le siège bénéficie d'un effet de levier notamment au niveau de la négociation avec les fournisseurs et les prestataires qui interviennent dans toutes les unités décentralisées du territoire. Ces achats groupés présentent un double avantage : ils permettent de réduire les coûts grâce à des économies d'échelle et assurent une standardisation des produits favorable à l'homogénéisation et la cohérence dans le réseau.

Management des processus de création de connaissance

L'étude met en lumière le rôle majeur du siège dans l'apprentissage organisationnel. Il remplit une fonction que les responsables d'agences et les directeurs régionaux peuvent difficilement assurer en raison de leur implication dans la gestion quotidienne des sites et du peu de temps disponible pour la prise de recul.

Le siège est le garant de la bonne circulation d'information dans le réseau. Le *reporting* imposé aux directeurs régionaux traduit cette volonté de partage des connaissances. Le siège peut aussi inciter ses collaborateurs à échanger sur leur expérience dans le cadre de journées de formation ou via un réseau intranet.

Ce rôle dans l'apprentissage organisationnel repose sur une logique quelque peu différente des fonctions présentées précédemment, qui découle d'une vision plutôt économiste de maximisation de l'exploitation des ressources existantes (économie d'étendue, coordination des expertises). L'apprentissage organisationnel orchestré par le siège est ainsi vu comme un moyen de maintenir un avantage concurrentiel à long terme en construisant des nouveaux atouts stratégiques. Par exemple, une innovation développée au niveau d'une région pourra être généralisée à l'ensemble du réseau sous la coordination du siège. Le siège a également un rôle normatif en créant des procédures et des standards partagés par tous au niveau financier, du management de ressources humaines et des systèmes d'information.

Au-delà de ces fonctions de coordination du réseau d'unités décentralisées, le siège est aussi responsable de fonctions non spécifiques aux entreprises de services et que, par conséquent, nous ne développerons pas ici : la gestion de la relation avec les actionnaires, la publication du rapport annuel.

Enfin, il est intéressant de noter qu'aucun des managers rencontrés n'a évoqué les critiques traditionnelles envers le siège : lourdeur administrative, rigidité, frein à la réactivité et coût de la structure. Ils ont au contraire insisté sur la qualité d'un support central toujours disponible et rarement contraignant.

■ Le dialogue dans le réseau

Une double conversation et une complémentarité des rôles

Plusieurs managers ont insisté sur l'importance de la circulation d'information entre les trois niveaux hiérarchiques principaux du réseau. Les unités opérationnelles étant décentralisées pour répondre au mieux aux besoins des clients, la circulation d'information est effectivement une condition *sine qua non* du maintien et de la cohérence du réseau.

Les propos tenus par les cadres rencontrés confirment les éléments présentés dans le chapitre précédent sur la stratégie. Une double conversation s'instaure entre les acteurs du réseau : une conversation dite « opérationnelle » entre le responsable d'agence et le directeur régional et une conversation « stratégique » entre le directeur régional et le siège.

La conversation opérationnelle

Établie entre le responsable d'agence et le directeur régional, elle porte essentiellement sur les enjeux opérationnels. Les relations entre ces deux acteurs prennent place dans un cadre souple. Leurs contacts sont généralement hebdomadaires. Les liens se basent souvent sur une relation de confiance.

Les flux ascendants de cette conversation (du responsable d'agence vers son directeur régional) portent sur le quotidien de l'agence (activité commerciale, objectifs de chiffre d'affaires) ou sa vie d'équipe (motivation, gestion des carrières). Pour alimenter ces flux ascendants, le cadre opérationnel se base sur ses relations quotidiennes avec le terrain et les clients (facette externe). Les relations du cadre opérationnel avec son équipe (facette opérationnelle) constituent également une base d'information pour alimenter la conversation opérationnelle avec le cadre intermédiaire.

Les flux descendants de la conversation opérationnelle (du directeur régional vers le responsable d'agence) portent essentiellement sur la communication des objectifs formulés par le siège. Le cadre intermédiaire profite de ces flux pour communiquer sur la cohérence de l'entreprise au niveau national, cohérence parfois mise à mal par les actions locales des « patrons d'agences ».

La conversation stratégique

Les résultats de l'enquête montrent qu'un réel dialogue se noue entre les directions régionales et le siège. Leurs contacts sont généralement mensuels et s'axent sur la présentation des objectifs et le *reporting*. Les relations entre le DR et le siège peuvent aussi être hebdomadaires dans le cadre du lancement ou du suivi d'un projet précis.

Si la conversation opérationnelle porte sur l'adaptation de projets généraux à des contextes locaux, donc sur des enjeux très proches du terrain, le dialogue entre le directeur régional et le siège porte généralement sur des enjeux de long terme au niveau notamment des plans stratégiques et des potentiels de développement d'une activité.

Les allers-retours entre ces deux acteurs ont bien sûr lieu lors de la mise en œuvre du processus stratégique mais aussi dans la phase de décision : le DR peut alors être à l'origine d'un projet de développement repris par le siège.

© Éditions d'Organisation

Une double conversation permise par la complémentarité des rôles

Les deux conversations encastrées permettent un processus stratégique plus adéquat grâce à la re-descente de la ligne hiérarchique jusqu'au niveau d'encadrement le plus proche du terrain. Dans sa conversation opérationnelle avec le directeur régional, le responsable d'agence fait valoir son expertise locale en lui communiquant les informations obtenues grâce à son contact quotidien avec les acteurs et le terrain (flux ascendants). Ces informations glanées permettent au directeur régional de tourner sa propre conversation à son avantage. Il va mieux vendre les initiatives stratégiques qu'il présente à sa hiérarchie et qui tirent leur origine de sa conversation opérationnelle avec les responsables d'agences. Il propose par ce biais des idées ou des pratiques nouvelles appliquées localement et transférables à l'échelle nationale.

L'encastrement des deux conversations autorise une prise de décision par le siège plus éclairée grâce aux informations venant du terrain. De plus, la mise en œuvre de ces décisions est plus réaliste du fait de l'implication préalable des cadres opérationnels. Les deux composantes du processus stratégique sont ainsi améliorées.

Des focus temporels différents

L'enquête confirme que le facteur temporel complexifie la discussion et la circulation d'informations entre les différents niveaux hiérarchiques. En effet, le focus temporel des décisions diffère entre les trois acteurs du réseau (responsable d'agence, directeur régional et siège).

Ainsi, le siège en charge de la vision stratégique, oriente ses décisions et ses actions dans une logique de long terme. À l'opposé de la ligne hiérarchique, le responsable d'agence, en contact avec l'environnement concurrentiel, doit être réactif et s'oriente donc vers des actions et des décisions de court terme. Enfin, le directeur régional, véritable maillon intermédiaire dans la circulation d'informations, se focalise sur le moyen terme pour pouvoir combiner les attentes générales du siège et les besoins de réponses concrètes formulés par les responsables d'agences. Le DR doit porter une attention particulière à ces écarts de vision temporelle pour s'assurer que les objectifs se coordonnent et que le processus stratégique soit synchronisé.

Une autonomie nuancée
selon les structures d'entreprise

Il faut noter que le style de management en vigueur dans une entreprise détermine fortement la possibilité d'implication, l'autonomie et l'influence des managers dans le réseau.

Selon les entreprises, le processus stratégique est plus ou moins participatif : soit une place est laissée aux managers, soit les phases d'évaluation et de décision restent le domaine des cadres dirigeants. En d'autres termes, la décentralisation structurelle de l'entreprise de services (pour être proche du terrain) ne signifie pas forcément une décentralisation du processus stratégique.

Ainsi, malgré leur rôle clé dans le réseau, les managers services ne sont pas systématiquement impliqués dans l'évaluation et la prise de décision. En revanche, quel que soit le style de management choisi par l'organisation, le manager services (et notamment le responsable d'agence) est toujours impliqué dans la phase de mise en œuvre, qui correspond à la gestion quotidienne de l'unité décentralisée. Dans cette configuration, il est la véritable cheville ouvrière, chargée de la bonne marche de l'activité courante et de la réalisation des résultats.

Le tableau 1 résume les différentes configurations possibles concernant l'implication et l'influence des managers en fonction du type de management pratiqué dans les entreprises. On constate ainsi qu'un responsable d'agence n'aura aucun poids dans l'évaluation ou la prise de décision s'il est employé par une organisation qui applique un mode de management uniquement descendant (*top down management*).

Afin de faciliter la lecture de ce tableau récapitulatif, nous définirons dans les paragraphes suivants les concepts[1] de *top down management*

---

1. Ces concepts ont été développés dans les travaux de Nonaka (1998).

(management descendant), *bottom up management* (management ascendant) et *middle up down management* (management participatif).

Acteurs / Processus stratégique	Responsable d'agence	Directeur régional	Siège
Top down management			
– Évaluation	-	*	***
– Décision	-	*	***
– Mise en œuvre	***	*	-
Bottom up management			
– Évaluation	***	***	*
– Décision	*	**	***
– Mise en œuvre	***	***	*
Middle up down management			
– Évaluation	**	**	**
– Décision	*	**	***
– Mise en œuvre	***	***	*

*** Influence/Implication forte
* Influence/Implication faible
** Influence/Implication moyenne
- Aucune Influence/Implication

Le rôle des acteurs dans le processus stratégique

Top down management

Les phases d'évaluation et de prise de décision stratégique se font uniquement au niveau du siège (cadres dirigeants). L'information, les objectifs stratégiques et les indicateurs de contrôle de la performance descendent ensuite la ligne hiérarchique pour être appliqués par les cadres intermédiaires (directeur régional) et les cadres opérationnels (responsable d'agence).

Bottom up management

Les niveaux de management intermédiaire et opérationnel sont considérés comme les sources d'information et d'innovation pertinentes dans l'organisation. Ils ont un rôle véritable à jouer dans l'évaluation des opportunités stratégiques et dans la prise de décision. Le flot d'informations circule donc du bas vers le haut de la ligne hiérarchique. Le manager intermédiaire ou opérationnel se fait le porte-parole de projets innovants issus du terrain.

Middle up down management

Tous les acteurs organisationnels, quel que soit leur niveau hiérarchique, ont un rôle à jouer dans la circulation d'information, l'évaluation et la prise de décision. Les capacités d'analyse de l'environnement et de synthèse des managers sont sollicitées. Dans cette configuration, les managers intermédiaires et opérationnels occupent une place clé : ils sont capables de combiner les objectifs généraux de l'organisation et les attentes spécifiques propres à leur contexte.

Références bibliographiques

GOOLD M. et CAMPBELL A. (1987), *Strategies and Styles : the role of the center in managing diversified corporations*, Blackwell.

KEYS B. et BELL R. (1982), « The four faces of fully functioning middle manager », *California Management Review*, Vol. 24, p. 59-67.

MILLS P.K., CHASE R.B. et Margulies N. (1983), « Motivating the client/employee system as a service production strategy », *Academy of Management Review*, Vol. 8, p. 301-310.

NONAKA I. (1988), « Toward middle-up-down management : Accelerating the information creation », *MIT Sloan Management Review*, Vol. 29, N°3, p. 9-18.

SCHMENNER R.W. (1986), « How can service businesses survive and proper ? », *Sloan Management Review*, Spring, p. 21-32.

Présentation de l'échantillon des directeurs régionaux

Secteur	Formation initiale	Premier poste	Évolution de carrière	Poste actuel	Formation continue	Ancienneté dans le réseau
Banque	Bac	Conseiller clientèle (5 ans)	Directeur d'agence (5 ans) Directeur régional à Lille (3 ans) Bordeaux (4 ans) Marseille (3 ans)	Directeur régional (depuis 2001)	Formation interne : « cursus cadre »	24 ans
Conseil et audit	École de commerce (Bac + 5)	Assistant en conseil et commissariat aux comptes (4 ans)	Assistante (1 an) Senior (1 an) Senior entreprise (1 an) Superviseur (1 an) Manager (2 ans) Senior manager (3 ans)	Associé (depuis 2002)	Non	12 ans
Agences de Voyages	BTS	Vendeur en agence (5 ans)	Auditeur au sein du réseau (6 ans) Analyste financier (7 ans) Chargé de mission dans le réseau de proximité (5 ans)	Directeur régional (depuis 1995)	Non	33 ans
Gestion des déchets	BTS	Commercial (5 ans)	Responsable d'agence (5 ans) Directeur régional (4 ans) Responsable des activités en Asie (3 ans)	Directeur régional (depuis 1999)	Oui (DESS CAAE + formation au management)	23 ans
Hôtellerie d'affaires	BTS et DUT	Responsable adjoint d'un village de vacances	Directeur adjoint d'un hôtel Délégué régional Responsable grands comptes Responsable de la communication en région (2 ans)	Directeur régional Multi-marques (depuis 1997)	Non	10 ans

Secteur	Formation initiale	Premier poste	Évolution de carrière	Poste actuel	Formation continue	Ancienneté dans le réseau
Agence d'intérim	DESS et Master	Poste au service comptabilité du siège (2 ans)	Responsable d'agence (8 ans) Directeur de secteur (3 ans)	Directeur régional (depuis 1982)	Non	36 ans
Conseil et audit	École de commerce (Bac + 5)	Assistant (2 ans)	Senior consultant (3 ans) Manager (4 ans)	Directeur associé (depuis 1992)	Non	22 ans
Agence d'intérim	Bac	Commercial (5 ans)	Chef d'agence (10 ans) Chef de secteur (7 ans)	Directeur régional (depuis 1992)	Oui, formation sur la gestion d'un centre de profit dans une école de commerce et formation interne	35 ans
Banque	Maîtrise	Conseiller dans un organisme de crédit aux particuliers et de leasing (2 ans)	Directeur d'agence (5 ans) Responsable du marché des entreprises et professionnels au siège (5 ans)	Directeur régional (depuis 2000)	Non	15 ans
Agence de voyages	BTS	Vendeur en agence (1 an)	Chef d'équipe (4 ans) Chef d'agence (7 ans)	Adjoint du directeur régional (depuis 2002)	Non	3 ans
Conseil et Audit	École de commerce (bac + 5)	Premier poste en tant que conseiller d'un dirigeant d'entreprise	Analyste (2 ans) Consultant (3 ans) Manager (5 ans)	Partner (depuis 2000)	Non	15 ans

Présentation de l'échantillon des directeurs d'agences

Secteur	Formation initiale	Premier poste	Évolution de carrière	Poste actuel	Formation continue	Ancienneté dans le réseau	Effectif[a] de l'agence
Agence de voyages	BTS	Commercial (2 ans)	Agent de comptoir (3 ans)	Responsable d'une agence (depuis 1998)	Oui, formation interne	10 ans	3 personnes
Gestion des déchets	Bac	Commercial (4 ans)	Responsable d'une équipe commerciale (4 ans) Responsable marketing régional (4 ans)	Responsable de sites (depuis 2000)	Non	17 ans	300 personnes (4 sites)
Agence d'intérim	Bac + 5	Responsable commercial (3 ans)	Attaché commercial (1 an)	Responsable d'agence (depuis 2000)	Non	5 ans	3 personnes
Banque	BTS	Conseiller clientèle (3 ans)	Adjoint d'agence (4 ans)	Responsable d'agence (depuis 2003)	Oui, formation interne	9 ans	5 personnes
Hôtellerie	Licence	Assistant maître d'hôtel (1 ans)	Adjoint d'un directeur d'hôtel (2 ans)	Directeur d'hôtel (depuis 1999)	Non	8 ans	25 personnes
Agence de voyages	Licence	Conseiller de vente (8 ans)	-	Responsable d'agence (depuis 2002)	Non	11 ans	2 personnes
Agence d'intérim	École de commerce (Bac + 5)	Responsable qualité (6 ans)	Responsable grands comptes (2 ans)	Responsable d'agence depuis 2000	Non	5 ans	4 personnes
Banque	Licence	Conseiller clientèle (10 ans)	Adjoint d'agence (3 ans) Responsable d'agence (2 ans)	Responsable d'agences (depuis 2001) 5 agences supervisées	Oui, formation interne	19 ans	28 personnes

© Éditions d'Organisation

Secteur	Formation initiale	Premier poste	Évolution de carrière	Poste actuel	Formation continue	Ancienneté dans le réseau	Effectif[a] de l'agence
Agence de voyages	CAP	Vendeur en agence (4 ans)	-	Responsable d'agence (depuis 1991)	Oui, licence de droit	18 ans	3 personnes
Hôtellerie	École hôtelière (Bac + 4)	Chargé de mission (3 ans)	Restaurateur indépendant (5 ans) Divers postes de directeur d'hôtel (5 ans)	Directeur d'hôtel (depuis 2002)	Non	8 ans	27 personnes
Banque	Deug (Bac + 2)	Chargé d'affaires et de prospection (1 an)	Adjoint d'agence (2 ans) Adjoint d'agence (1 an)	Directeur d'agences (3 agences) depuis 1993	Oui, formation interne	16 ans	30 personnes
Gestion des déchets	Maîtrise	Responsable d'un site de transfert de déchets industriels (2 ans)	Responsable d'exploitation mono-activité (2 ans) Responsable d'exploitation (2 ans)	Responsable d'exploitation (3 sites) depuis 2003	Non	8 ans	340 personnes
Banque	Bac	Agent au guichet (4 ans)	Conseiller clientèle (4 ans) Adjoint d'agence (3 ans)	Responsable d'agence (depuis 1997)	Oui, formation interne	19 ans	14 personnes
Agence d'intérim	Bac + 5	Chargé de mission en agence de communication (3 ans)	Chargé d'affaires (3 ans)	Responsable de deux agences (depuis 2000)	Non	8 ans	6 personnes
Agence de voyages	BTS	Vendeur agence (6 ans)	Responsable de comptoir (6 ans)	Responsable d'agence (depuis 1994)	Non	23 ans	4 personnes

a. Nombre de collaborateurs supervisés par le responsable d'agence.

■ Cinq portraits de managers services

Après avoir présenté les principaux résultats de l'étude réalisée auprès de vingt-six managers services, nous avons sélectionné ici cinq portraits particulièrement contrastés et instructifs. Nous vous proposons de découvrir la variété des histoires personnelles vécues par ces managers services. Cette diversité devrait permettre de comprendre les réalités quotidiennes et concrètes des responsables d'agences et de leurs directeurs régionaux. Pour une bonne compréhension du contexte, chaque portrait est précédé d'une rapide présentation de l'entreprise du manager interviewé.

Entreprise	Poste du manager	Points clés de l'entretien
Banque Populaire	Directeur régional	Les fonctions du directeur régional. Les enjeux liés au vieillissement de la population cadre. Les relations entre le directeur régional et ses responsables d'agences.
Thomas Cook Voyages	Responsable d'agence	Les fonctions du responsable d'agence. L'évolution des habitudes de consommation. L'adaptation des entreprises à l'éthique et au développement durable. L'apparition d'un niveau hiérarchique entre le responsable d'agence et la direction régionale.
Adecco	Directeur de secteur	Les évolutions du secteur du travail temporaire. L'autonomie des directions régionales pour le lancement de projets. La transparence dans le management des collaborateurs. La place des femmes dans les métiers de services.
Kyriad Prestige	Directeur d'hôtel	La politique de place entre les membres d'un réseau. Les relations entre le directeur d'hôtel et son supérieur, le directeur de place.
Sita Mos	Directeur d'agences (4 sites)	Le rôle du siège. L'appropriation d'une stratégie de groupe au niveau local. Le rôle du manager services dans l'innovation.

◼ Directeur régional de la Banque Populaire Loire et Lyonnais

Carte d'identité de l'entreprise[1]

Le Groupe Banque Populaire présente deux visages : c'est à la fois un réseau de vingt-deux banques de proximité (Banques Populaires) et un acteur dans l'investissement international (Natexis). L'activité est organisée en trois pôles :

- le *pôle coopératif* est composé des vingt-deux Banques Populaires (20 Banques Populaires régionales, la CASDEN Banque Populaire et, depuis fin janvier 2003, le Crédit Coopératif).
- le *pôle capitalistique* représenté par Natexis Banques Populaires, société cotée au premier marché d'Euronext Paris, qui intervient dans les métiers de financement, d'investissement et de service.
- le *pôle fédéral* est constitué de la Banque Fédérale des Banques Populaires qui exerce un rôle de contrôle, de coordination et d'animation de l'ensemble du Groupe.

Le Groupe compte 43 200 collaborateurs pour 2 605 agences. La proximité avec les clients fait partie de la culture du Groupe et les agences du réseau sont généralement impliquées dans la vie locale ou régionale. Chacune des 20 banques Populaires est gérée par deux dirigeants :

- *le président,* sociétaire, souvent chef d'entreprise local, élu par ses pairs au sein du conseil d'administration de la Banque.
- *le directeur général,* banquier, dont la nomination par le conseil d'administration est agréée par la Banque Fédérale des Banques Populaires.

---

1. Ces informations sont extraites du site du Groupe.

En 2004, le PNB (Produit Net Bancaire) du Groupe s'élevait à 7 640 millions d'euros contre 7 066 millions d'euros l'année précédente, soit une augmentation de 8 %. La part du pôle coopératif (22 Banques Populaires) représente 66 % de ce PNB contre 34 % pour le pôle capitalistique (Natexis). Le Groupe Banques Populaires se classe dixième sur les 183 institutions bancaires françaises. Le résultat net était de 1,059 milliard d'euros en 2004, soit une augmentation de 24 % par rapport à 2003.

La Banque Populaire Loire et Lyonnais compte 1 313 collaborateurs répartis sur cinq départements : le Rhône, la Loire, l'Isère, l'Ain et l'Ardèche. Ce réseau régional compte près de 90 agences et servait 242 969 clients en 2004.

***

Pouvez-vous nous parler de votre formation et de votre parcours professionnel ?

Après mon bac, j'ai fait des études juridiques, j'ai une maîtrise en droit privé. À la fin de mes études, j'ai intégré le monde financier mais pas bancaire. J'ai travaillé dans un établissement financier, sur la région clermontoise : un établissement spécialisé dans le crédit aux particuliers, le crédit ou le leasing aux entreprises. Suite à cette première expérience, je suis rentré dans le monde bancaire. Après un petit passage au Crédit Mutuel, je suis arrivé aux Banques Populaires en 1990 en ayant eu trois fonctions auparavant. Pendant les cinq premières années chez Banque Populaire, j'ai été directeur d'agence, plus précisément de l'agence centrale qui est ici à Saint-Étienne Hôtel de Ville. Ensuite, j'ai pris un poste au siège : pendant cinq ans, j'ai été responsable du marché des entreprises et des professionnels. En 2000, j'ai pris la responsabilité de la direction régionale Loire qui venait de se créer.

Comment est organisé votre réseau ?

Au niveau du réseau des Banques Populaires, Il y a vingt Banques Populaires régionales auxquelles il faut ajouter la CASDEN et le Crédit Coopératif. Il y a eu beaucoup de fusions depuis trois ans car avant le réseau comptait trente unités. Chaque Banque Populaire est autonome. Nous, nous sommes la Banque Populaire Loire et Lyonnais. C'est une entreprise qui a son bilan, son K-bis, son siège social à Lyon. Si vous prenez la ville de Clermont-Ferrand par exemple, c'est la Banque Populaire du Massif Central. Au niveau national, les vingt Banques Populaires contrôlent le capital de Natexis, qui est l'organisme du Groupe coté en Bourse. Nous avons également une autre entité dépendant aussi du Groupe des Banques Populaires qu'on appelle la Banque Fédérale des Banques Populaires, qui est, je dirais, l'organisme un peu syndical. À savoir qu'on a une Banque Fédérale des Banques Populaires comme le Crédit Agricole a la Caisse Nationale du Crédit Agricole. La Banque Fédérale des Banques Populaires a plusieurs rôles. Elle travaille par exemple en collaboration avec Natexis, donc au niveau du Groupe, pour créer de nouveaux produits ou lancer une campagne de publicité. Elle contrôle les Banques Populaires ; elles sont certes indépendantes, mais elles sont contrôlées. Une inspection existe au niveau national pour vérifier si on marche bien. Il y a aussi un point essentiel à souligner au niveau du réseau : toutes les Banques Populaires sont solidaires. C'est-à-dire que si au niveau de la Banque Populaire Loire et Lyonnais nous faisons des erreurs, nous prêtons aux mauvaises personnes, nos clients ne risquent rien. On est indépendant, mais une Banque Populaire ne pourrait pas déposer son bilan parce que toutes les autres Banques Populaires sont solidaires. C'est cet organisme central qui décide aussi d'une stratégie globale et large, et fait en sorte que cette stratégie, et c'est normal, soit partagée par l'ensemble des banques.

Les banques du réseau ont-elles une certaine latitude ?

Oui, bien sûr. Je prends l'exemple de la privatisation des autoroutes SAP2R. Le Groupe décide par exemple de proposer ou non ce produit. Il valide le choix et prévoit une campagne de communication. Il va encourager les Banques Populaires à proposer ce nouveau produit, mais si deux ou trois Banques Populaires considèrent, pour des raisons précises, qu'elles ne peuvent pas lancer le nouveau produit, elles sont libres de ne pas l'offrir à leurs clients. Globalement, la cohérence est maintenue dans tout le réseau. Il y a quand même des aspects obligatoires pour les différentes unités : pour notre pub télévision, il est certain que toutes les Banques Populaires doivent payer. De même, le bateau Banque Populaire est subventionné par toutes les unités. Contrairement à d'autres banques, comme la Société Générale par exemple, il y a une grande indépendance associée à une solidarité nationale.

Quelles sont vos fonctions à la direction régionale ?

La mission d'une direction régionale consiste à encadrer le réseau d'agences. En ce qui concerne la direction régionale Loire, nous avons 21 agences pour Loire Sud, 11 agences à Saint-Étienne et les autres à l'extérieur. Et on est là pour animer notre réseau d'agences et atteindre les objectifs, que ce soit pour la clientèle « particuliers » ou « professionnels » puisque chaque agence gère à la fois ces deux marchés. Nous avons également la responsabilité de la gestion du personnel : animation, évolution des fonctions, mutations.

Pouvez-vous nous décrire une journée type ?

Tout d'abord, il faut noter qu'il y a souvent des dossiers urgents qui viennent perturber l'emploi du temps. Au niveau des agences, la première tâche entre 8 h 30 et 9 h 30, c'est de gérer les chèques émis sans provision. Ces cas arrivent à la direction régionale entre 9 h 30 et 10 h 30. Nous devons alors nous positionner pour accepter ou refuser le paiement. C'est ce que l'on appelle dans notre jargon, le « paie, paie pas », la décision sur le découvert que mon adjoint ou moi gérons chaque jour. On n'intervient pas sur tous les dossiers : pour les petits montants, les dossiers sont gérés à un niveau hiérarchique inférieur. Par contre, si le montant dépasse 150 000 euros, nous donnons un avis mais la décision finale est prise par la direction des engagements à Lyon. Tout se fait par informatique, les seuils sont fixés clairement.

Une deuxième mission consiste à suivre les indicateurs qui nous envoient des alarmes ou nous indiquent au contraire que tout va bien. Nous sommes aussi en charge de la décision des crédits, lorsque le montant dépasse le niveau de délégation des agences. Toutes les missions évoquées concernent l'engagement et la gestion des risques.

À la direction régionale, nous avons aussi une mission d'animation commerciale. Je définis les objectifs des agences, en accord avec elles. Nous avons également une mission au niveau tarifaire. La direction régionale a des pouvoirs assez étendus pour décider quel effort tarifaire on peut faire sur l'ensemble des produits. Pour un prêt personnel par exemple, nos tarifs sont à 5,90 %. Le directeur d'agence peut valider jusqu'à 5 %, mais en dessous, c'est nous qui validons jusqu'à 4,5 %. Si on est en dessous de 4,5 %, c'est le directeur commercial qui doit valider. Il y a un dernier point qui est peut-être plus spécifique à la direction régionale Loire : nous assurons la représentativité de la banque sur le secteur, c'est-à-dire que nous sommes présents au niveau de la Chambre de Commerce, de leurs réunions, de la Chambre des Métiers, au Comité Local des Banques. À Lyon, les missions de représentation sont faites par des gens du siège, mais ici, à Saint-Étienne, elles sont assurées par la direction régionale.

Quelles sont vos relations avec les agences sur votre territoire ?

En tant que directeur régional, je visite ou j'essaie de visiter chaque agence au moins deux fois par an pour faire un point avec les directeurs.

Mon adjoint est également présent dans les agences assez fréquemment. Il se charge des missions au niveau du risque et de l'engagement, alors que je traite plutôt avec les directeurs d'agences du développement commercial et de la relation avec les collaborateurs. Évidemment, en cas de problème, les visites de mon adjoint ou de moi-même sont beaucoup plus rapprochées. Si une agence a besoin de nous pour un contrat avec une entreprise, nous nous déplaçons et nous allons voir le client ensemble. Autrement, tous les mois, le troisième mercredi de chaque mois à peu près, il y a une réunion ici, à la direction régionale. Je rencontre les vingt-et-un directeurs d'agences ; mon adjoint et le chargé d'affaires sont également présents. Si je remonte un niveau au-dessus, tous les mardis après-midi, le directeur commercial reçoit tous les directeurs régionaux. Donc le mardi après-midi, je suis en réunion à Lyon avec le directeur commercial et les autres directeurs régionaux pour parler surtout des sujets commerciaux. C'est pour cette raison que la réunion avec les directeurs d'agences a lieu le mercredi matin.

Comment fixez-vous les objectifs commerciaux à vos agences ?

J'ai moi-même des objectifs fixés par ma hiérarchie que je dois répartir au niveau de la région et que j'adapte en fonction des contextes. Par exemple, en matière de prêt habitat, je sais qu'il est plus facile de faire du prêt si on est à Andrézieux ou à Veauche, où ça construit, que si on est à la Terrasse ou à Bizillon, qui sont des quartiers qui se vident un petit peu. Donc je fais des corrections. Une fois que l'on s'est mis d'accord avec les agences, les objectifs sont bouclés, et sont remontés au contrôle de gestion. Ensuite, au niveau des agences, chaque directeur met en place sa propre stratégie pour atteindre ces objectifs. Certains disent à leurs collaborateurs : « On a 100 à faire, il faut que les 100, on les ait fait à fin octobre, comme ça, si on a un peu de retard, il nous reste novembre et décembre pour nous rattraper. » Donc ils donnent les bons chiffres mais au lieu de les répartir sur onze ou douze mois, ils le font sur dix mois et ils prennent de l'avance dans leurs tableaux de marche. Il peut aussi y avoir des directeurs d'agences qui disent : « On a 100, mais il ne faut absolument pas qu'on se plante sur cet objectif, donc on va partir sur 110 ». L'essentiel selon moi en matière d'objectifs chiffrés c'est d'être transparent avec ses collaborateurs, parce que par rapport à ces objectifs, nous avons un contrat de développement. C'est-à-dire que chaque agence a ses objectifs annuels pour l'ensemble des risques. Et si l'agence réussit ses objectifs à 90%, 100%, 110%, il y a un intéressement lié à cette réussite. Si l'agence réussit son contrat de développement, ses objectifs de l'année, il y a une prime pour le directeur, pour les chargés de clientèle, et pour les autres employés. Je pense que les directeurs d'agences savent que les objectifs que je leur donne, je n'ai pas l'habitude de les majorer. On a sur la direction régionale 1 200 clients « entreprises » à faire, ce n'est pas 1 100 ou 1 300. Après, dans ma répartition, selon ce qu'a fait le contrôle de gestion, selon ce que j'estime, selon tel et tel point fort, les 1 200 sont répartis comme ça. Il y a parfois de petites corrections en disant : « Mais là, tu m'en as trop mis, je ne peux pas, untel n'est pas formé, l'autre elle est enceinte, elle va partir dans trois mois », donc il y a tout un tas de petites négociations, voire entre eux, entre directeurs d'agences.

Pourriez-vous nous parler des enjeux futurs du secteur bancaire ?

On peut dire que le principal enjeu sera la fidélisation des clients. La concurrence est de plus en plus dure et nous devons conserver nos clients avant d'aller en chercher d'autres. On développe pour cela de nombreux outils pour mieux les connaître. Et si l'on observe de plus en plus de regroupements dans le secteur bancaire, c'est encore parce qu'il faut grandir toujours plus pour faire face à la concurrence.

Un autre enjeu, mais il est plus général, est lié à l'âge de nos collaborateurs. Nous avons beaucoup de collaborateurs entre 40 à 55 ans. Ils ont beaucoup d'expérience, une grande connaissance des clients et des produits. Ils sont très efficaces mais il faudra bien les laisser partir. On commence même à avoir des collaborateurs directeurs d'agences ou adjoints qui partent, et cela va se développer dans les quatre ou cinq ans qui viennent. De notre côté, depuis quatre ou cinq ans, on a mis l'accent sur le recrutement, sur des gens qui ont des niveaux plus élevés, que l'on n'avait pas il y a peut-être vingt ou vingt-cinq ans. La demande de forts potentiels va être croissante dans les années qui viennent. Ce sera même un objectif vital pour le secteur bancaire.

Quelles sont les grandes missions du siège ?

Au niveau du siège, on dispose d'un réseau d'experts (experts dans les échanges commerciaux à l'international, experts patrimoniaux, experts dans l'ingénierie sociale ou la promotion immobilière). Il y a aussi des experts techniques dans tout ce qui est internet, connectique et télé-transmission. On a des technico-commerciaux siège qui, à la demande des agences, viennent en appui terrain. Une autre mission principale du siège consiste à contrôler les risques et niveaux d'engagement. Et, évidemment, c'est le siège qui nous fixe, à nous les directions régionales, des objectifs au niveau de la clientèle ou des produits.

■ Responsable de point de vente de l'agence Thomas Cook

Carte d'identité de l'entreprise[1]

Thomas Cook est historiquement connu sous le nom d'Havas Voyages, l'un des plus anciens groupes de voyages en France. Havas Voyages appartenait au Groupe Havas (propriété de Générale des Eaux) mais ne représentait qu'une faible part du chiffre d'affaires du Groupe essentiellement tourné vers l'édition, la communication et la publicité. En

---

1. Source de données : Site internet de Thomas Cook www.thomascook.fr.

1997, American Express et Havas Voyages associent leurs activités de voyages d'affaires en France pour créer Havas Voyages American Express. En 1998, le Groupe Vivendi (anciennement Générale des Eaux), propriétaire du Groupe Havas, se désengage du secteur voyages permettant la poursuite du rapprochement avec American Express qui rachète 100% du Groupe Havas Voyages. En 2000, la branche Grand Public, c'est-à-dire 100% de l'activité loisirs du réseau d'agences Havas Voyages, est vendue à Condor & Neckerman, un tour-opérateur allemand. Havas Voyages American Express demeure à 100 % filiale d'American Express et devient le premier réseau en France entièrement dédié au voyage d'affaires.

En 2000, suite à ce rachat, Condor & Neckerman se trouve confronté au problème de l'utilisation sur le marché français de la marque « Havas ». Le tour-opérateur allemand opte alors pour un nom commun à toutes ses agences européennes : « Thomas Cook », marque anglaise qui bénéficie d'une forte notoriété. Thomas Cook est aujourd'hui le deuxième réseau européen d'agences de voyages et le troisième acteur mondial.

En France, Thomas Cook compte aujourd'hui 1 581 salariés et détient environ 25 % du marché des loisirs dans les agences de voyages. Le réseau comporte 435 agences dont 299 en propre. En 2002, le chiffre d'affaires de l'entreprise s'élève à 938 millions d'euros, réalisé à 59 % en forfaits tourisme, et à 41 % par l'activité de billetterie.

***

Quelles sont vos fonctions en tant que responsable d'agence ?

Nous sommes une agence de trois personnes, mes deux collaboratrices et moi. Je ne peux donc pas me cantonner à mon bureau. Je passe 90 % de mon temps derrière le comptoir à faire de la vente avec mes collaboratrices. Cela me permet d'être au fait de l'actualité de mon agence. Plus largement, je gère la comptabilité. Je ne fais pas systématiquement les caisses car tout le monde est impliqué, mais je veille au bon déroulement des opérations comptables. J'interviens aussi pour tout ce qui concerne l'animation de l'agence, la communication. Sur ce point, il faut noter qu'au niveau des vitrines, la communication est la même pour toutes les agences : la politique de communication se fait au niveau national. Enfin, je suis chargé d'animer l'équipe, de la motiver, de fixer des objectifs, même si, comme pour la communication, les objectifs sont fixés par la hiérarchie.

Avez-vous constaté des évolutions majeures dans votre secteur ou votre métier ces dernières années ?

Il faut d'abord noter que nous faisons partie d'un secteur, le tourisme, qui est très largement soumis à la conjoncture internationale. Alors, évidemment, des événements comme les attentats du 11 septembre 2001, l'épidémie de SRAS ou la guerre en Irak nous affectent fortement. Mais au-delà de cela, je soulignerai deux changements majeurs : des changements dans la distribution avec les ventes par internet et la concurrence des hypermarchés qui vendent du voyage ; et des changements dans le comportement des consommateurs. Au niveau des consommateurs, les voyages se sont démocratisés et les mentalités ont évolué. Mais je dirais qu'aujourd'hui, les gens ne savent plus voyager. Avant, un client entrait dans l'agence et savait ce qu'il voulait. Maintenant, les clients nous consultent, ils ont un budget en tête mais ne savent pas s'ils veulent partir à Marrakech ou en Irlande. Ce que ces « nouveaux touristes » recherchent, c'est une opportunité, un prix, une promotion. Nous, en agence, on arrive quand même à se démarquer d'internet et des grandes surfaces parce que nous pouvons fournir un conseil en plus du prix. Grâce à notre connaissance des pays, nous pouvons communiquer au client une adresse, un site à visiter ou les formalités pour se rendre dans tel pays. C'est le conseil et la proximité qui font notre valeur ajoutée.

Dans les destinations que vous proposez, prenez-vous en compte les problématiques de développement durable et d'écotourisme ?

Ce type de problématique est géré au niveau du Groupe. Nous adhérons au projet CARE International en proposant par exemple des brochures en papier recyclé en agence mais aussi en versant au niveau Groupe des sommes qui serviront à financer des écoles ou améliorer les infrastructures dans certains pays. Nous sommes aussi très préoccupés par le tourisme sexuel dans les pays d'Asie. Dans nos carnets de voyages sur ces pays, nous mettons beaucoup d'informations pour prévenir clairement les touristes.

Quelles sont vos relations avec votre hiérarchie ?

J'ai des réunions mensuelles avec la direction régionale durant lesquelles on nous informe sur les chiffres, les nouvelles politiques ou les nouveaux objectifs. Ces informations, je les communique ensuite à mes collaboratrices en agence. Ces réunions mensuelles ne sont pas mon seul contact avec ma hiérarchie. Depuis deux ans et demi dans notre Groupe, un nouvel acteur est apparu : le coach. Il est chargé de faire l'intermédiaire entre l'agence et la direction régionale et de nous assister au niveau de la politique commerciale. Il se déplace dans les agences de la région et observe les bonnes pratiques pour ensuite les communiquer à tous les autres responsables d'agences du secteur. Au départ, je dois avouer que l'on n'a pas très bien perçu les enjeux et l'intérêt de ce nouvel acteur. Il y avait quand même une certaine appréhension. Mais, depuis que les directeurs régionaux gèrent une zone beaucoup plus étendue (de Dijon à Bastia), les coachs (également appelés chefs de ventes) sont nos interlocuteurs directs et on ne s'adresse à la direction régionale qu'en cas de gros problème.

Avec le siège, on a peu de contacts directs. Parfois, des gens de la direction générale viennent à nos réunions au niveau régional pour nous présenter des changements majeurs dans l'entreprise, comme la phase de restructuration que nous sommes en train de vivre. L'intranet est un autre moyen de contact avec le siège : nous recevons des informations, des rapports sur des destinations qui nous permettent d'être réactifs.

Quelles sont les missions du siège chez Thomas Cook ?

À l'heure actuelle, nous sommes en phase de restructuration pilotée par le siège : il vérifie le bon déroulement des changements et l'adhésion des employés. Il faut s'assurer que la restructuration décidée au siège est bien mise en œuvre malgré tout. Au-delà de cette mission de gestion du changement, le siège se charge de l'animation du réseau. Comme je l'ai dit précédemment, le marketing et la communication sont gérés au niveau central. Le siège nous fournit tous les supports de communication, les brochures et les catalogues. Il réalise également des opérations de mailing, des enquêtes qui nous font gagner beaucoup de temps et nous fournissent des informations très riches. À notre tour, nous lui communiquons ce que nous observons sur le terrain. Les gens du siège sont demandeurs de nos données. Ces informations sont très importantes dans notre métier où on fonctionne en réseau.

Participez-vous à la prise de décision dans ce réseau ?

Indirectement oui, grâce aux données que nous fournissons au siège, et qui, je pense, sont prises en compte, car autrement le siège n'aurait aucun intérêt à mettre en place cette politique au niveau du terrain. Ceci est d'autant plus vrai qu'avec la nouvelle politique de restructuration, le siège encourage l'esprit entrepreneurial et le développement de projets. Mais, à mon niveau, je ne peux pas dire que je participe à la prise de décision. Le siège décide et nous agissons, cela ne sert à rien de trop tergiverser. De toute façon, ils savent ce qu'ils font. Je crois que l'on peut avoir confiance en leurs décisions et qu'elles ne sont pas prises au hasard. Les gens à la direction sont généralement passés par le terrain. Ils connaissent donc notre réalité, ils savent ce qui se passe en agence, ils ont voyagé et connaissent les clients. Donc, quand une décision émane de la hiérarchie, on l'applique et on la répercute auprès de notre équipe. On agit, tout simplement.

Quels sont les projets que vous développez à votre niveau ?

Par exemple, nous organisons des soirées où nous invitons nos clients. Ces soirées ont un double avantage : pour les clients, cela leur permet de se rencontrer, d'échanger leurs expériences, leurs envies de voyages ; et pour nous, ces soirées sont un outil de fidélisation. C'est un autre moyen d'être au contact de la clientèle. On fait des animations, on leur parle de nos nouvelles offres, on répond à leurs questions dans une ambiance décontractée. C'est agréable pour eux et pour nous. Ce type de soirée est réalisé à partir d'une enveloppe allouée par le siège, cela fait partie des actions entrepreneuriales qu'il encourage.

▪ Directeur de secteur Adecco

Carte d'identité de l'entreprise[1]

En 1964, Philippe Foriel-Destezet crée Inter Ecco qui deviendra Ecco en 1971. Dès 1984, Ecco devient le numéro un du travail temporaire en France et s'installe au Japon après être entré sur les marchés anglais et américain. L'expansion internationale de la société lui permet de devenir deuxième acteur mondial en 1994. Le rapprochement avec Adia le 20 août 1996 donne naissance au nouveau leader mondial du travail temporaire : Adecco, qui vole la première place à Manpower. La marque Adecco sera lancée au niveau mondial le 12 janvier 1997, sauf en France où les deux enseignes Adecco et Adia coexistent. En 2000, Adecco rachète Oslten et devient ainsi numéro un ou deux sur 12 des 13 principaux marchés mondiaux du travail temporaire qui représentent 95 % du chiffre d'affaires du secteur.

Adecco TT est en 2004 leader mondial sur le marché de l'intérim avec 5 800 agences dans 63 pays. L'activité travail temporaire réalisait un chiffre d'affaires de 17,3 milliards d'euros tous pays confondus en 2002, ce qui représentait une part de marché mondiale de 12 %.

La France constitue un marché clé pour Adecco, sa part de marché y atteignant près de 24 % en 2003. Trois marques du Groupe se partagent le territoire : Adecco Travail temporaire, Adia France et Quick Médical Service (enseigne spécialisée dans les missions médicales et paramédicales). L'activité travail temporaire (les trois marques confondues) réalisait un chiffre d'affaires d'un peu plus de 4 milliards d'euros en 2003.

L'enseigne Adecco, avec 1 000 agences, dispose du premier réseau à l'échelle nationale. Ces agences sont de deux types : généralistes (dans les petites villes) et spécialisées (dans les agglomérations). En fonction des zones géographiques et des spécialisations (plus de quarante

---

1. Ces informations sont extraites des documents de communication institutionnelle du Groupe Adecco.

spécialisations), la taille et les effectifs des agences peuvent varier. Généralement, une agence est composée de 3 ou 4 personnes :

- le ou la responsable d'agence supervise l'exploitation de l'unité (action commerciale, développement et gestion d'équipe) ;
- le ou la responsable du recrutement reçoit les intérimaires et analyse les besoins des clients ;
- l'assistante gère la fonction administrative liée au fonctionnement d'une agence (ce poste n'existe pas dans toutes les agences) ;
- l'attaché(e) commercial(e) prospecte et démarche les entreprises clientes (ce poste est surtout présent dans les agences de grande taille).

Le réseau Adecco, fortement décentralisé, compte 22 directions régionales. Les responsabilités d'un chef d'agence sont généralement plus importantes que chez les concurrents.

***

Pouvez-vous nous présenter votre formation ?

J'ai eu mon bac en 1970. Je fais partie de l'ancienne génération, c'est-à-dire que j'ai eu mon bac à une époque où seulement 25 % de la population avaient accès à ce diplôme. Je n'ai pas fait d'études supérieures et je suis immédiatement entré dans la vie active à un poste commercial, dans une entreprise qui n'existe plus aujourd'hui. Suite à cette première expérience, je suis rentré chez Adecco, qui s'appelait encore Ecco. Je suis arrivé sur le secteur de l'est lyonnais comme chef d'agence. Je suis ensuite devenu chef d'agences au pluriel, puis directeur d'agence, et ensuite directeur de secteur.

Quelle est la différence entre chef d'agence et chef d'agences ?

C'était une terminologie propre à l'entreprise. À l'époque, un chef d'agence gérait une seule unité. Un chef d'agences était responsable de deux sites. À partir du moment où il fallait gérer plus de deux unités, on devenait directeur d'agences. Mais cette terminologie a beaucoup évolué et les responsabilités de chaque poste ont changé.

Comment êtes-vous arrivé à votre poste actuel de directeur de secteur ?

J'ai bénéficié du parcours de formation interne à Adecco au fur et à mesure de mes années de présence dans le Groupe. Ce parcours de formation interne est assez classique pour les employés qui ont un profil comme le mien. Par contre, entre 1986 et 1987, j'ai suivi une formation continue à l'EM.LYON sur la gestion des centres de profit. Cet ensemble de formations m'a permis d'arriver jusqu'à mon poste actuel.

Durant votre parcours au sein d'Adecco, quelles évolutions avez-vous constatées ?

Tout d'abord, il y a eu une évolution au niveau du nombre d'agences dans une stratégie de proximité des bassins d'emploi, des bassins économiques, et dans la spécialisation des agences. Mais l'évolution majeure pour moi, c'est le nouveau service que nous proposons : des solutions de parcours d'accompagnement dans l'emploi, avec des diagnostics, des évaluations d'aptitudes et de compétences, de l'ingénierie de formation. Je vais être plus précis : depuis quatre ans, j'ai la responsabilité Emploi-Formation des ressources intérimaires avec une structure « Espace Emploi » qui est une terminologie propre à l'entreprise. Au départ, cette entité « Espace Emploi » était en quelque sorte une vitrine de nos savoir-faire. Nous ne gérions pas de clients en direct. Nos clients étaient les autres unités du réseau puisqu'il s'agissait d'une fonction de représentation. Depuis quatre ans, nous avons eu la volonté avec le directeur régional de réellement utiliser tout le potentiel de cette entité « Espace Emploi ». C'est chose faite car aujourd'hui cette structure n'a plus uniquement un rôle de présentation des savoir-faire : elle produit des services d'évaluations entre autres en sous-traitance pour l'ANPE.

Quels sont ces services d'évaluations ?

Il s'agit des ECCP : évaluations de compétences et de capacités professionnelles. Dans notre entité, nous faisons passer mille à mille cinq cents évaluations annuelles pour le compte de l'ANPE et mille autres pour le compte d'Adecco. C'est une activité qui est en plein essor.

Quelles sont les personnes qui passent ces évaluations ?

Ce sont des intérimaires. Il faut préciser que nous menons une action spécifique au niveau régional. En résumé, pour éviter que les personnes souhaitant devenir intérimaires soient testées en agence, où l'on n'a pas toujours le temps, les évaluations de compétences et de capacités professionnelles se font dans notre entité. Chez Adecco, nous avons créé une série de tests de compétences, allant du test très basique en bureautique à des tests plus élaborés comme des tests de langues ou de comptabilité. Nous avons aussi des tests d'aptitudes (dextérité, vision dans l'espace, rapidité). Pour les métiers manuels, nous disposons de simulateur pour tester des capacités de conduite (conduite d'engins, poids lourds, transport en commun…) de manière aussi réaliste que possible.

Cette entité spécifique existe-t-elle aussi dans d'autres directions régionales ?

Non, c'est vraiment propre à notre région en terme d'organisation. Cela résulte uniquement de la volonté de notre directeur régional. Notre directeur souhaitait avoir une vitrine vers l'extérieur qui permette de montrer aux collectivités locales, au service public de l'emploi et aux entreprises, que nous pouvions aussi avoir une action pertinente dans ce domaine de l'évaluation de compétences et d'accompagnement dans l'emploi. Il voulait montrer que nous, société de travail temporaire, sommes capables avec nos savoir-faire de réaliser du recrutement et de l'accompagnement dans l'emploi. C'est un choix autonome. Nous faisons partie d'une société très décentralisée, où tous les directeurs régionaux ne conduisent pas nécessairement les mêmes actions et ne font pas toujours les mêmes choix d'organisation, mais restent néanmoins dans le cadre d'une politique générale d'entreprise.

Mais la législation vous autorise-t-elle à proposer des services de recrutement ?

Jusqu'à la loi de programmation pour la cohésion sociale, nous étions effectivement obligés de passer par une solution de contrat de travail temporaire. C'est à travers ce contrat que l'entreprise pouvait, si elle le souhaitait, recruter le personnel délégué à la fin de la mission. La durée de la mission de travail temporaire pouvait servir à rémunérer le service de présélection apporté. Il est certain qu'un enjeu majeur pour nous c'est l'évolution actuelle de la législation et la fin du monopole de l'emploi de l'ANPE. Nous pouvons désormais effectuer des placements sans passer par un contrat de travail temporaire, au même titre qu'un cabinet de recrutement.

Quels changements pourraient être consécutifs à l'arrêt de ce monopole ?

Aujourd'hui, le paysage du recrutement est assez ouvert. L'avantage d'un changement dans la législation, c'est que certaines pratiques expérimentales régionales qui ont cours actuellement vont être officialisées. Par exemple, il existe depuis trois ans des accords cadres conclus entre la direction générale de l'ANPE et les sociétés de travail temporaire, et déclinés en plans d'action au niveau régional avec des pratiques plus au moins homogènes. Ces pratiques ont tendance à se généraliser au niveau d'Adecco Groupe.

Concernant les changements concrets, si l'on prend la population de personnes en recherche d'emploi qui s'adressent à l'ANPE et qui s'inscrivent en même temps en intérim chez nous, cela ne changera pas grand-chose au niveau de notre activité commerciale. Par contre, notre chiffre d'affaires pourra être augmenté grâce à des missions confiées par l'État ou les collectivités locales auxquelles nous n'avions pas accès auparavant : la recherche d'emploi, l'accompagnement dans l'emploi...

Il faut bien noter que la fin du monopole de l'ANPE ne signifie pas la mort de cette institution. L'ANPE et les entreprises de travail temporaire doivent coexister car elles sont complémentaires. Par exemple, nous ne savons pas faire de l'accompagnement social. Lorsqu'une personne a un bon niveau d'employabilité, nous savons lui offrir une mission. Par contre, nous n'avons pas les capacités pour gérer les personnes à faible employabilité ayant besoin d'un accompagnement social. L'ANPE est compétente dans ce domaine.

Sur le marché du recrutement, d'autres acteurs sont déjà présents (les cabinets de recrutement par exemple). Quels sont selon vous les atouts d'Adecco TT par rapport à ces cabinets spécialisés ?

Tout d'abord, notre connaissance du terrain, des entreprises, des bassins d'emploi spécifiques. Deuxièmement, nos 1 000 agences en France, nos 4 500 collaborateurs, la spécialisation de notre réseau et une base de données de plus d'un million de candidatures.

© Éditions d'Organisation

Je suis sûr que nos collaborateurs seraient très intéressés pour prendre de nouvelles fonctions orientées vers le recrutement. Nous avons aussi un nombre de professionnels du recrutement assez considérable. Enfin, comme nous serons un nouvel entrant sur ce marché, nous pourrons amener de l'innovation, une nouvelle manière de voir et de faire les choses.

Quelles sont vos relations avec vos collaborateurs ?

Dans le management d'un réseau je pense qu'il faut allier deux aspects : l'individuel et le collectif dans le cadre d'une politique géné-rale. Le management individuel permet de développer de la complicité, de la compréhension et de répondre aux attentes individuelles de chacun pour assurer la motivation. Le management collectif est utile pour faire passer les messages, favoriser l'échange et faire avancer notre réflexion à tous. Quand on a fait passer un message au niveau collectif, le management individuel permet de s'assurer que la personne en question a bien compris ce message. Cet aller-retour entre individuel et collectif permet de valider la communication et de vérifier qu'il n'y a pas d'incompréhensions. Quand je parle du management individuel et collectif, je fais référence à la relation avec les N-1. Ensuite, il y a communication au N-2 ; celle-ci ne se fait pas directement mais par l'intermédiaire du N-1. le N-2 devant pouvoir communiquer avec son N+1 pour se sentir écouté et reconnu.

Quelles sont vos fonctions actuelles ?

Mon poste présente deux responsabilités. J'ai tout d'abord un rôle hiérarchique avec l'animation et le développement d'un réseau d'agences. Puis, j'ai une mission Emploi Formation, mission transver-sale fonctionnelle au niveau de la direction régionale du Rhône, sous la responsabilité d'un directeur régional.

Chez Adecco, nous avons un rituel annuel : la direction fixe les objec-tifs qualitatifs et quantitatifs au niveau national. Ensuite, ces objectifs sont déclinés au niveau des directions opérationnelles, puis des direc-tions régionales, et enfin des agences. Par rapport à ces objectifs, nous faisons un plan de développement à chaque niveau (région, secteur, agence) suivi d'un plan de progression par collaborateur. Celui-ci est un outil de suivi, c'est-à-dire que l'on se rencontre trois fois par an pour faire le bilan, avec une évaluation en fin d'année.

À côté de ces objectifs nationaux déclinés aux divers niveaux du réseau, il y a les points agences, et des réunions hebdomadaires et mensuelles portant à la fois sur le fonctionnement, sur l'activité et sur les réalisations par rapport aux objectifs. Nous cherchons à savoir où en est l'agence par rapport à ses objectifs, d'évoquer les problèmes d'organisation, de trouver au niveau de l'équipe des solutions et la mise en œuvre de plans d'action et aussi des prévisions de la semaine à venir. En résumé, on essaie de s'arrêter périodiquement à la semaine ou au mois afin de prendre du recul, notamment s'il y a des problèmes de fond afin de les solutionner en équipe.

Comment partagez-vous votre temps entre vos deux fonctions ?

Ma fonction a évolué. Il y a quelque temps, j'ai voulu consacrer plus de temps à la mission Emploi Formation et j'ai souhaité avoir moins d'agences sous ma responsabilité. J'aurais pu demander à ne plus avoir aucune agence à superviser, mais je pense qu'il est important de garder un contact terrain. Donc, suite à ces changements, je suis aujourd'hui plus accaparé par le réseau notamment avec le projet dont j'ai parlé au début de cet entretien (l'entité « Espace Emploi »), mais cela me convient tout à fait.

Quelles sont vos relations avec les autres directeurs de secteur ?

Comme je l'ai dit précédemment, j'ai deux casquettes alors que les autres responsables de secteur sont principalement centrés sur le développement de leur secteur et de leurs agences. Ils ont des réseaux plus importants que le mien puisqu'ils gèrent entre 10 et 12 agences. Ils sont également parties prenantes dans les échanges ou dans le projet « Espace Emploi ». C'est le directeur de secteur qui doit faire en sorte qu'il y ait des échanges réguliers sur les nouveaux projets. Mais il faut noter que l'outil « Espace Emploi » n'est pas un outil secteur mais un outil région. C'est-à-dire que sur ce projet, je ne suis pas un pair pour eux, mais j'interviens comme un fonctionnel de la direction régionale (fonction support proposée par la région).

Y a-t-il un point essentiel de votre métier que vous aimeriez évoquer ?

Oui, j'aimerais donner ma vision du management. Premièrement, je pense qu'il faut essayer d'être le plus proche possible des individus. Ensuite, il faut faire en sorte que les collaborateurs s'épanouissent et nous avec eux. Troisièmement, dans la communication, il ne faut pas qu'il y ait de sujet tabou. De même, les collaborateurs ont tout à fait le droit de ne pas être d'accord avec moi. Enfin, en tant que manager, il faut être le plus transparent possible dans les rapports avec les collaborateurs.

Comment faites-vous pour tout dire ?

On peut tout dire quand il y a de la confiance entre les collaborateurs. Les gens s'expriment facilement. Selon moi, une qualité essentielle du manager est de savoir écouter ses collaborateurs. En matière de techniques de communication, que l'on fasse de l'action commerciale, du recrutement ou du management, cela répond toujours aux mêmes techniques d'entretien : savoir écouter l'autre, savoir le faire s'exprimer, savoir comprendre son point de vue.

Dans une communication interpersonnelle, il faut toujours parler de faits, de situations mais jamais de la personne. Il faut plutôt dire : « Les ventes ont baissé depuis deux mois » que « êtes-vous conscient que les ventes de votre agence ont baissé depuis deux mois ? ». Quand on parle de la personne, de son comportement, on la touche, on la blesse.

Concernant la transparence, moi, je n'ai aucun problème à ce qu'on me dise « je ne suis pas d'accord avec vous ». C'est vrai que c'est plus sympathique d'être gentil, d'être aimé de ses collaborateurs mais parfois, il faut savoir ne pas être aimé. Il faut savoir dire les choses pour faire avancer un projet ou débloquer une situation de tension. Mon expérience me fait dire pour conclure qu'effectivement, quelle que soit la situation, un mode de communication transparent permet aux collaborateurs et donc à l'entreprise d'avancer.

Quelle est la place des femmes dans votre secteur d'activité ?

Les métiers de services sont très féminisés. Au niveau des agences, les postes demandent des compétences généralistes comme la fibre commerciale, et des aptitudes comme le relationnel, le sourire, l'écoute et la disponibilité, le sens du service. Dans les postes d'encadrement opérationnel, il y a plus de femmes que d'hommes au niveau des agences (chefs d'agences). Sur les quatre directeurs de secteur de la direction régionale Rhône, il y a deux femmes et deux hommes. Je pense que cette proportion doit être à peu près la même sur l'ensemble du réseau. Par contre, comme dans beaucoup d'entreprises de services ou même industrielles, les postes d'encadrement supérieur (direction générale) sont surtout occupés par des hommes.

■ Directeur d'hôtel Kyriad Prestige

Carte d'identité de l'entreprise

Les hôtels Kyriad sont les hôtels trois étoiles du Groupe Envergure, intégrés au Groupe Concorde dans la nouvelle entité Louvre Hôtels en mars 2004. Ce nouveau Groupe comptait, en 2004, 900 établissements pour 67 000 chambres. Le Groupe Envergure se positionnait dans l'entrée et le milieu de gamme avec des enseignes comme Campanile, Bleu Marine ou Kyriad, alors que Concorde offrait une hôtellerie haut de gamme en palaces.

L'enseigne Kyriad s'est d'abord construite avec l'intégration du réseau d'hôtels Clarine, puis en se développant rapidement pour atteindre 200 établissements dans toute l'Europe. Elle se caractérise, dans l'univers des chaînes standardisées, par un équilibre entre garantie de qualité (apportée par la chaîne et le niveau national) et charme de la diversité (forte autonomie des gérants locaux). Les hôtels sont donc opérés par des indépendants ayant une forte autonomie dans leur mandat de gestion.

L'enseigne Kyriad a récemment développé une nouvelle enseigne, Kyriad Prestige, positionnée trois étoiles haut de gamme. Ce réseau ne compte encore qu'une dizaine d'établissements, mais vise à terme une cinquantaine d'hôtels.

***

Quel est votre parcours professionnel ?

Après mon baccalauréat scientifique, j'ai suivi des cours à l'université pendant six mois. Mais cela ne me correspondait pas du tout, alors j'ai arrêté pour entrer dans la vie active. Après quelques petits boulots, j'ai intégré l'institut VATEL de Lyon. Cet institut propose des formations supérieures de trois ans dans la gestion d'entreprise et plus particulièrement dans l'hôtellerie et la restauration.

Lors de ces années d'études, j'ai pu effectuer un premier stage dans la restauration, un second dans l'hôtellerie en Angleterre, puis un dernier en Californie, en tant qu'assistant de direction. Ce stage a duré six mois mais je m'y suis tellement plu que j'y suis resté 6 mois de plus. Suite au rachat de cet hôtel par un groupe, je suis rentré en France où j'ai effectué mon service militaire. Ensuite, je suis allé à Lyon où j'ai travaillé dans un hôtel quatre étoiles comme assistant maître d'hôtel pendant six mois.

J'ai intégré le Groupe Envergure en 1996 à Paris. Enfin, en 1999, j'ai pris mon premier poste de direction à Lyon.

Sur la gamme des hôtels, comment situez-vous le vôtre ?

Cet hôtel Kyriad est situé entre plusieurs classes d'hôtel. Si l'on se place sur la gamme complète de prestations dont un client peut bénéficier, cet hôtel est au-dessus des hôtels dits « économiques » (sans étoiles jusqu'à deux étoiles) et en dessous des hôtels quatre étoiles et des palaces. En résumé, l'hôtel Kyriad est dans une zone charnière entre ces deux groupes. C'est un hôtel trois étoiles destiné à une clientèle plutôt de type « affaire ». Généralement, à chaque hôtel correspond une CSP (catégorie socioprofessionnelle) ou un type de clientèle.

Quelles sont les spécificités de cette clientèle affaire ?

Il faut d'abord noter que nous travaillons essentiellement en semaine, puisque la clientèle affaire, par définition, ne travaille pas le week-end. Notre clientèle est principalement composée d'ingénieurs, de cadres, de commerciaux. Ce sont des personnes habituées à loger à l'hôtel et que nous avons intérêt à fidéliser.

Quels sont vos principaux concurrents sur la place lyonnaise ?

Nous sommes en concurrence avec tous les hôtels trois étoiles de la zone. Plus précisément, en raison de notre situation géographique,

285

nous sommes quelque peu étranglés entre deux gros pôles d'activité lyonnaise : la presqu'île, cœur historique et d'affaires, et la zone de la Part Dieu où la gare assure un trafic important de personnes tout au long de l'année. L'implantation géographique est un facteur déterminant pour un hôtel. Pour notre clientèle affaire, c'est souvent pratique d'être proche du lieu de rendez-vous car cela évite trop de déplacements et de fatigue. De même, pour les hôtels qui visent une clientèle de touristes, il faut obligatoirement être situé dans une zone possédant une certaine richesse historique. La clientèle d'hôtels trois étoiles aime être proche des zones où elle doit se rendre, que ce soit pour le plaisir où les affaires.

Un autre facteur concurrentiel peut être la présence ou l'absence de restaurant au sein de l'hôtel. Ainsi, nous sommes en concurrence avec certains des hôtels du centre-ville, proposant un service d'hébergement de qualité quatre étoiles mais n'ayant pas de restaurant.

Est-ce que votre taux de remplissage est directement lié à l'activité de vos concurrents ?

Inévitablement. Comme je l'ai déjà dit, les gens choisissent leur hôtel par affection et praticité. C'est-à-dire qu'ils préfèrent être situés à proximité de leur lieu d'activité plutôt que de prendre le tramway pour aller jusqu'à leur hôtel. Étant donné que nous sommes entre les deux pôles, plus ces hôtels concurrents dégorgent, plus nous remplissons le nôtre.

Êtes-vous un salarié d'Envergure ?

Je suis effectivement salarié du Groupe Envergure. Toutefois, j'ai la particularité de posséder le statut de « cadre dirigeant ». C'est-à-dire que j'assume l'ensemble des responsabilités administratives qui incombent directement à la gestion de l'hôtel.

Pouvez-vous préciser l'étendue de ce statut de « cadre dirigeant » ?

En tant que cadre dirigeant, j'ai plusieurs responsabilités administratives, notamment concernant les normes sanitaires et d'hygiène.

Je dois m'assurer du respect de l'ensemble des lois et normes qui régissent notre activité. Si bien qu'en cas de problème ou d'infraction à ces normes, je suis le premier responsable. Il faut noter qu'il existe tout de même un partage des responsabilités. En effet, mon activité est placée sous la tutelle d'un directeur régional, qui peut également intervenir en cas de problème ou d'infraction.

Au-delà de ces aspects réglementaires, quelles sont vos autres missions ?

Je pense avoir les missions d'un véritable chef d'entreprise. La seule différence c'est que je n'ai pas de responsabilités financières. En effet, tout ce qui concerne le fond de roulement ou les investissements n'est pas de mon ressort. Dans le Groupe, il y a des investisseurs, c'est-à-dire des gens qualifiés qui gèrent les finances. Ils sont en charge de diverses opérations comme la prise de décision concernant les immobilisations, les achats ou les rénovations qui doivent être faites.

Mes missions sont essentiellement liées à l'exploitation quotidienne de l'hôtel. Je dois par exemple m'assurer de la réalisation des résultats en fonction des objectifs fixés. En matière de budget, j'établis des engagements que le Groupe valide. Si ces engagements ne sont pas tenus, je dois comprendre les raisons de cet échec et les exposer à mes hiérarchiques.

En matière de recrutement, êtes-vous seul en charge de cette tâche ?

Non car j'ai la chance de pouvoir être aidé par les chefs de service. Il faut préciser que je suis responsable d'un hôtel qualifié de moyen porteur ; contrairement aux hôtels plus importants qui sont des gros porteurs. La capacité d'accueil de cet hôtel est moyenne et le personnel présent est de l'ordre de vingt-cinq personnes. L'avantage de ce type de structure, c'est la présence de chefs de service dont je parlais précédemment. En fonction du profil de poste, le recrutement sera effectué par le chef de service qui est spécialisé, et donc très compétent, dans un domaine. Si l'on prend par exemple le cas du recrutement d'une femme de chambre, je ne vais pas m'en occuper directement. Une personne dans mon équipe se charge de ce type de recrutement et s'occupe également de l'ensemble des papiers à faire lors d'une embauche. Je ne rencontre la nouvelle femme de chambre qu'une fois qu'elle est officiellement intégrée au personnel de l'hôtel.

Il faut cependant noter que les embauches se décident en fonction du budget. Les chefs de service n'embauchent pas sans me consulter. Il peut arriver qu'en raison d'une hausse soudaine de l'activité et du remplissage, ils me demandent l'autorisation de recruter du personnel supplémentaire pour une période déterminée. Je peux accepter ou refuser et leur demander alors de faire le maximum avec le personnel disponible.

Quelles sont vos relations avec vos supérieurs hiérarchiques ?

Avant tout, il faut noter que l'organigramme du Groupe est très simple. Chaque région commerciale, plus ou moins étendue selon la densité de la population et le nombre de villes, est gérée par un directeur régional. Il est en charge de l'encadrement et de la coordination d'une quinzaine de centres de profit. Mon supérieur hiérarchique direct est donc le directeur régional. Nos échanges sont réguliers comme pour toute relation hiérarchique. L'objectif étant que tout le monde dispose d'informations factuelles, le plus rapidement possible sur des sujets précis. Dans notre Groupe, les responsables d'hôtels ont beaucoup d'autonomie en matière d'exploitation. Mon directeur régional n'a pas de responsabilité opérationnelle sur la quinzaine d'hôtels qu'il coordonne. Il n'a pas la signature pour les dépenses, il n'a pas de pouvoir décisionnel au niveau de l'exploitation de l'hôtel. Chaque directeur est responsable de l'exploitation de son site. Par contre, il y a beaucoup de remontées d'informations qui lui permettent de connaître les problèmes et de les sanctionner le cas échéant. Mais cette circulation d'informations lui permet surtout de faire bénéficier les différents responsables d'hôtels de ce qu'il apprend. Je pense que le métier de directeur régional est avant tout un métier de diplomatie. Il faut savoir faire passer les messages auprès des responsables d'hôtels supervisés.

Pouvez-vous expliciter le rôle de coordination du directeur régional ?

Ce rôle de coordination se fait au niveau de la place. La place dans le jargon de l'hôtellerie, c'est une zone qui regroupe plusieurs hôtels. Les places sont plus ou moins étendues en fonction de la densité de population. Par exemple, on parle de la place de Lyon.

Quand il y a des événements spécifiques à une place, le rôle du directeur régional est de collecter de l'information et de coordonner les différents hôtels du Groupe.

À mon niveau de responsable de l'hôtel Kyriad Prestige de Guillotière, je peux passer des accords avec des entreprises pour qu'elles envoient leurs cadres dans mon hôtel. Mais si cette même entreprise est également intéressée par un hôtel Campanile de la place, je ne peux rien faire, même si les hôtels Campanile et les hôtels Kyriad appartiennent au même Groupe, Envergure. C'est à ce niveau que le directeur régional intervient : il peut entamer une discussion avec la société en question et décider de tarifs pour envoyer une partie des cadres chez nous et une partie dans un hôtel Campanile. Le directeur régional assure une cohérence au niveau de la place que nous, responsables d'hôtels, nous ne pouvons pas assurer étant pris par notre rôle dans l'exploitation quotidienne de chaque site.

Est-ce que votre directeur régional peut vous imposer des décisions ?

Si lors d'une de ses visites sur site, il dit : « ceci est sale », je dois m'exécuter, c'est mon rôle de contrôler que mon hôtel soit parfaitement présentable. D'une manière générale, mon directeur régional pourra donner son sentiment sur le management, la stratégie commerciale ou le marketing. Mais ce n'est qu'un avis, il n'a pas les reines. Je disais précédemment que le directeur régional doit être diplomate, j'entends par là qu'il doit tenir compte des objectifs et de la personnalité du directeur d'hôtel lorsqu'il fait des préconisations. Mais il faut savoir que si j'ai besoin d'embaucher une personne, je le ferai.

Comment communiquez-vous avec votre directeur régional ?

Comme je le disais, l'information circule très bien entre nous : nous utilisons toute la panoplie de médias disponibles. Le courrier électronique est la meilleure manière d'échanger rapidement aussi bien de manière ascendante que descendante. Au-delà de ces contacts virtuels, nous avons des entrevues mensuelles. Ces rencontres sont complétées par des appels téléphoniques sur des sujets précis ou des opérations ponctuelles comme la consolidation des budgets. Le but de ces communications sur la consolidation des budgets est de faire en sorte qu'ils soient présentés en fonction de ce que le Groupe attend.

Fixez-vous vous-même votre budget ?

Oui, j'établis moi-même mon budget. Ensuite je le commente et je justifie mes choix. Généralement, si mon analyse correspond aux analyses et aux prévisions faites par mes homologues sur la place, c'est un signal pour moi. La convergence des avis évite de faire des erreurs d'estimations. Il faut noter que, d'une manière générale, nous sommes libres d'établir nos budgets. Évidemment, il peut toujours y avoir ensuite une intervention au niveau de la direction ou des investisseurs. Ils peuvent me donner une consigne et m'indiquer, en fonction des informations dont ils disposent, de revoir légèrement mes prévisions.

Les consignes de votre hiérarchie portent-elles plutôt sur votre chiffre d'affaires ou sur la marge ?

Nous travaillons plutôt par rapport à la marge. Mais le levier chiffre d'affaires est également pris en compte. Les prévisions et les éventuelles consignes sont établies en comparant nos résultats avec ceux des autres hôtels trois étoiles de la place. Ce qui est très important pour moi, c'est que j'ai la chance de faire partie d'un groupe où les chiffres sont réalisables et atteignables et cela est de plus en plus vrai.

Avez-vous des relations avec les employés du siège d'Envergure ?

Notre structure est décentralisée et régionalisée. Mon supérieur hiérarchique, le directeur régional, fait partie de l'équipe de la direction régionale Est. Au niveau de cette dernière, il existe des services supports comme les achats, le marketing, la gestion administrative ou la gestion des ressources humaines. Donc, en cas de problème technique, au niveau d'un contrat par exemple, j'entre en relation directement avec la personne compétente. Je n'ai pas besoin de passer par le chef de secteur. Je n'ai pas de contact avec le siège puisque tous les services supports qui peuvent nous aider dans le cadre de notre exploitation quotidienne sont également présents au niveau de la région.

Des services supports comme l'information, la communication, la commercialisation nationale et internationale existent quand même au niveau du siège. Mais, en matière de commercialisation par exemple, chaque établissement décide de son offre commerciale et construit son plan d'actions commerciales. Les choix commerciaux dépendent évidemment du budget disponible sur chaque site, mais aussi des initiatives prises par le responsable de l'hôtel.

Que se passe-t-il lorsqu'une prévision ou un objectif commercial ne vous semble pas réalisable ?

Nous pouvons tout à fait le faire remarquer à notre hiérarchie, mais cela ne signifie pas forcément qu'il sera modifié. La direction réagit généralement lorsque la remarque faite par un responsable est également formulée par d'autres responsables d'établissements sur la même place.

Existe-t-il des impératifs auxquels vous devez faire face ?

Du fait de notre appartenance à un groupe, il y a des choses auxquelles on ne peut déroger. Il existe des normes à respecter au niveau de la prestation, des normes d'accueil, de propreté, sanitaires… Nous avons un cahier des charges qui est établi et consulté par des intervenants extérieurs à tous les niveaux : qualité d'accueil, propreté, disponibilité. C'est très simple : la concurrence est forte et si un client n'apprécie pas notre produit, il ne reviendra pas. On ne peut pas se permettre de transiger sur ces normes. Les normes font partie de notre métier. Comme le Groupe nous laisse travailler de manière indépendante, il lui faut des outils de contrôle pour être sûr du niveau de qualité de tous les hôtels Kyriad Prestige.

Pouvez-vous fixer vos prix de manière autonome ?

Oui, tout à fait, nous avons les mains libres. Le Groupe a quand même un droit de regard sur nos prix car, par exemple, nous n'avons pas le droit de vendre nos chambres moins cher que celles des hôtels Campanile. Il faut conserver une cohérence au niveau des positionnements de marques des diverses enseignes du Groupe. Il doit également y avoir une cohérence de place : les différents hôtels du groupe échangent leurs tarifs pour savoir ce que chacun fait ou prévoit de faire en matière de politique commerciale et de politique de prix. Ces échanges ont évidemment lieu entre membres du Groupe et non avec la concurrence !

Au-delà d'une cohérence au niveau du prix, développez-vous des synergies entre les hôtels du Groupe, sur une même place, autres que sur les tarifs ?

Je vais répondre oui et non : oui sur Lyon ; non en Île-de-France. Les hôtels étant relativement indépendants, ce n'est pas très fédérateur et les synergies dépendent beaucoup de la personnalité des dirigeants. Les préoccupations d'un directeur d'un hôtel à Paris sont différentes des miennes. Sur notre région, les directeurs s'entendent plutôt bien. Je pense que nous sommes assez fédérés, que nous nous coordonnons bien et que nous proposons une offre globale. Mais cette coordination et ces échanges au niveau d'une place ne sont pas systématiques et sont souvent difficiles à mettre en œuvre.

■ Directeur d'agences Sita Mos

Carte d'identité de l'entreprise

Sita est née en 1912 en développant une activité de transports de passagers à Paris (réseau de bus). Elle a ensuite été précurseur dans la collecte des déchets, pour se centrer uniquement sur ce métier. Rachetée en 1972 par la Lyonnaise des Eaux, elle a commencé son développement national puis européen sous la houlette de ce Groupe. La fusion entre la Lyonnaise des Eaux et la compagnie financière de Suez en 1996 a renforcé ses positions (notamment en Belgique) et lui a surtout permis de bénéficier de la puissance financière du nouvel ensemble, qui s'est concrétisé par le rachat des filiales hors USA du numéro un mondial, Waste Management. Le Groupe Sita a alors pratiquement doublé de taille et a vu son internationalisation s'accélérer.

Filiale aujourd'hui de Suez Environnement, le Groupe Sita collecte les déchets ménagers et industriels, les trie, les traite et les valorise pour le compte des collectivités locales, des entreprises et des professionnels de la santé.

Le Groupe Sita a réalisé un chiffre d'affaires de 5,5 milliards d'euros en 2003 dans vingt-quatre pays. Il représente un peu moins de la moitié de Suez Environnement (12,3 milliards d'euros en 2003, avec 83 000 personnes), qui représente lui-même moins d'un tiers de Suez (40 milliards d'euros de chiffre d'affaires en 2003). Dans cet ensemble, Sita France est la principale filiale du Groupe Sita, avec 2,2 milliards d'euros de chiffre d'affaires en 2003 et un effectif de 17 000 collaborateurs répartis dans treize filiales régionales de services. Sita France a adopté une structure décentralisée, « *synonyme de proximité, d'autonomie et d'esprit d'entreprise* »[1].

Sita Mos est l'une des plus importantes filiales, couvrant Rhône-Alpes et l'Auvergne. Elle emploie 1 200 personnes sur une trentaine d'implantations, regroupées en six agences. Elle a réalisé un chiffre

---

1. Source : site web de l'entreprise.

d'affaires de 118 millions d'euros en 2002. Le siège régional coordonne l'action commerciale des agences, offre des services supports, comme la paie, la gestion des ressources humaines, la gestion des investissements (camions, nouveaux sites, développement de sites), l'informatique, la comptabilité et la facturation.

Une agence collecte les déchets des collectivités, des entreprises et des hôpitaux (certaines agences sont spécialisées). Pour ce faire, elle maîtrise le plus souvent son exploitation, c'est-à-dire sa flotte de camions et ses chauffeurs et « ripeurs » (personnel qui amène les poubelles jusqu'à la benne). Mais son activité principale est centrée sur le commercial et la relation avec les clients. Un responsable d'agence est donc souvent mobilisé par le commercial, déléguant la gestion des hommes aux agents de maîtrise, et l'exploitation au responsable d'exploitation. Les agences n'ont pas toutes la même taille. Celle-ci a eu tendance à augmenter ces dernières années, passant de quelques dizaines de personnes à cent, voire deux cents personnes à gérer, avec un chiffre d'affaires allant de moins de dix millions à plus de trente millions d'euros.

***

Pouvez-vous présenter votre cursus ?

J'ai commencé ma carrière à un poste de commercial dans une entreprise de transformation de matières plastiques. Je suis ensuite rentré chez Sita, en ayant alors une mission de constitution d'équipes commerciales. Plus tard, j'ai pris les responsabilités de direction générale dans une petite entreprise que le Groupe Sita avait rachetée dans le Sud de la France. Après cet épisode dans le Sud, je suis revenu à Lyon pour prendre un poste à la direction du marketing. Enfin, depuis quatre ans maintenant, je gère cette agence.

Quelles sont vos fonctions aujourd'hui ?

Mes missions ici sont réellement plurielles. Je fais du management, c'est ma mission première. J'ai également des fonctions commerciales et je dois aussi résoudre des problématiques sociales et techniques. Donc j'interviens en tant que généraliste sur tous ces points : le commercial, le technique, le social ; mais je ne prétends pas être un spécialiste. Par contre, j'essaie d'être spécialiste en management, étant donné que c'est mon rôle majeur. Ma fonction est très diversifiée et très riche.

Combien de personnes encadrez-vous à ce poste ?

Je suis responsable de plusieurs sites, quatre pour être précis. Sur chaque site, le nombre de salariés est variable, mais globalement ce sont 300 personnes réparties sur l'ensemble des sites. Je connais très bien les chefs de sites, les responsables commerciaux et les responsables qualité avec qui je travaille régulièrement et qui sont mes N-1.

Comment managez-vous ces 300 personnes ?

Il faut savoir que notre organisation est très décentralisée, ce qui implique que je ne manage pas directement ces 300 personnes. Ce ne serait d'ailleurs pas concrètement réalisable. Je travaille donc en étroite collaboration avec les chefs de chaque site, les responsables commerciaux et les responsables de la qualité et la sécurité. Il faut bien noter que les responsables de sites sont très autonomes dans leurs missions quotidiennes et ne reviennent vers moi que lorsqu'ils rencontrent un problème. Par exemple, lorsqu'il y a un sujet à trancher qui nécessite une certaine connaissance et qui pourrait impacter notre fonctionnement ou celui de notre client, à ce moment-là, on en discute et on tranche ensemble.

Au-delà de ces décisions ponctuelles et précises, nous faisons un point hebdomadaire avec les deux chefs de centres, le responsable commercial et le responsable qualité. Lors de ces réunions nous nous intéressons à l'évolution de l'activité et nous faisons si nécessaire des focus sur des points plus complexes.

Vos collaborateurs participent-ils à l'élaboration du budget ?

C'est évident ! Comme je le disais précédemment, Sita est une entreprise fortement décentralisée. Par exemple, les chefs de centres ont leur propre budget territorial et moi je ne fais que consolider ces budgets ; ce sont eux qui sont les premiers acteurs de l'élaboration du budget. Lorsqu'ils ont fait un premier jet, nous en discutons et nous le retravaillons ensemble. C'est vraiment un travail d'équipe dans lequel chacun a, au départ, une grande autonomie.

Comment se passe la remontée d'information ?

En général, les informations me sont transmises par les chefs de centres. Ils me présentent par exemple de nouvelles tendances ou des constats qu'ils ont faits sur le terrain. Je collecte aussi de l'information lorsque je suis en contact direct avec les clients. Ensuite, fort de ces discussions en interne et des informations collectées auprès des clients, je fais remonter mes synthèses à la hiérarchie.

Quelles sont vos relations avec le siège ?

Je considère le siège comme une fonction support. Il a un double rôle : c'est à la fois le préalable à tout projet et c'est aussi lui qui vient en soutien pour aider les structures décentralisées. Je suis en contact avec le siège essentiellement lorsqu'il faut régler des problèmes très précis auxquels ni moi, ni le chef de site, ni le responsable commercial ne pouvons répondre ; nous faisons alors appel au siège qui cherche la compétence. Les experts du siège peuvent ainsi intervenir sur des problématiques juridiques, techniques, financières ou comptables, mais toujours en support. Le siège n'a qu'un rôle de *back-office*, il n'est jamais en première ligne dans notre activité. En plus des actions de soutien ponctuelles, je suis également en contact avec le siège lors des réunions du comité de direction qui ont lieu une fois par mois. Mais il faut bien noter que ce comité de direction n'est pas là pour régler les problèmes quotidiens, il a pour objet de pendre des décisions stratégiques qui touchent au management global de l'entreprise. Lors de ces réunions, chacun peut s'exprimer et donner son avis sur les orientations ou sur les décisions à prendre.

Pensez-vous que les fonctions du siège aient évolué ces dernières années ?

Effectivement, si je fais référence à quinze ans en arrière, il est évident que le rôle du siège a évolué. Tout d'abord, les fonctions supports qu'il propose se sont structurées. Avant, nous contactions le siège qui nous orientait à nouveau vers ses spécialistes, maintenant nous avons une personne contact pour chaque problématique. Je constate une évolution vers plus de savoir-faire, plus de connaissance. Aujourd'hui, tous les dossiers, qu'ils soient économiques, techniques ou sociaux sont plus complexes ; cela demande de fait plus d'expertise. Il est donc normal que le siège se soit structuré vers plus d'expertise et de spécialisation.

La stratégie décidée par le siège est-elle directement applicable à votre niveau ?

Elle n'est pas élaborée par le siège, elle est discutée, c'est une nuance essentielle. À l'échelle du Groupe, nous avons un certain nombre d'axes précis. Ces axes sont déclinés dans les régions. Il faut bien remarquer que dans chaque région, le directeur général va mettre sa note, sa touche personnelle. En d'autres termes, il va décliner la stratégie. Au niveau régional, nous allons discuter de manière élargie de cette stratégie. Notre but est de faire concorder les axes donnés par le Groupe et les attentes de nos clients. Par exemple, sur les quatre ou cinq axes énoncés par le siège, nous en privilégions deux ou trois qui nous paraissent particulièrement pertinents et importants pour nous et nous nous lançons dans ces axes. Plus précisément, nous partons des axes choisis, nous les adaptons localement tout en essayant de les dénaturer le moins possible par rapport aux attentes du Groupe.

Au-delà des axes de développement proposés par le siège, avez-vous la possibilité d'initier et de développer des projets localement ?

Tout à fait, nous pouvons développer des initiatives locales. Nous le faisons essentiellement au niveau des méthodes de travail. Par exemple, nous avons essayé d'adapter nos équipages aux charges de travail qui nous sont confiées afin d'améliorer la productivité.

Nous avons une grande marge de manœuvre pour innover. Dans notre entreprise, l'innovation remonte plutôt du terrain vers le siège, elle n'est généralement pas imposée par le siège. L'innovation circule dans le réseau. À notre niveau, nous faisons beaucoup d'expérimentation par exemple sur du matériel nouveau. Parmi mes collaborateurs, il y a un chef de centre qui est très intéressé par l'innovation et les nouveaux matériels ou outils de travail. Il a donc mené les premiers essais sur des véhicules tri-compartimentés alors que nous n'avions jusqu'à cette date que des véhicules bi-compartimentés. Grâce à ce chef de centre nous avons aujourd'hui un camion sur lequel le gros caisson arrière est partagé en deux parties et entre la cabine et le caisson, il y a une troisième zone de chargement possible sur le côté du véhicule.

Par ailleurs, au-delà de l'innovation développée localement, nous recevons parfois des projets émanant du siège pour lesquels on nous demande si nous souhaitons être pilote dans une phase de test. Libre à nous d'accepter ou de refuser. En matière de développement de nouveaux projets, les flux d'innovation peuvent être locaux ou nationaux.

Parmi les grands axes stratégiques proposés par le siège, y a-t-il des éléments que vous ne pouvez pas amender ?

Oui, c'est essentiellement au niveau des fondamentaux de notre métier. Nous ne pouvons pas transiger sur la transparence pour le client, la sécurité pour les employés et la rentabilité pour l'actionnaire. Pour tout le reste, nous sommes assez libres.

Au niveau commercial, pouvez-vous développer des relations privilégiées avec des entreprises locales ou êtes-vous contraint par le siège ?

C'est assez variable. Nous avons la chance d'avoir une grande entreprise de production de véhicules utilitaires à deux pas de notre site. Logiquement, nous travaillons avec eux. Parfois, ils nous appellent pour nous dire qu'ils viennent de recevoir un nouveau type de matériel et qu'ils souhaiteraient que nous venions leur donner notre avis. Pour ce genre de contact commercial, nous travaillons en direct. Nous ne pouvons pas risquer de louper une opportunité.

Quels sont les enjeux actuels dans votre métier ?

Aujourd'hui, nous percevons une attente forte des clients en matière de transparence. En raison des évolutions du secteur mais aussi des scandales qui ont eu lieu dans d'autres secteurs d'activités, nos clients ont un besoin accru en matière de *reporting*. Ils ressentent la nécessité de se prémunir contre le risque pénal. De mon point de vue, ces enjeux législatifs et de protection sont centraux dans notre métier à l'heure actuelle. Est-ce que ce seront les enjeux de demain ? Je ne sais pas. Dans notre secteur, comme dans les autres domaines d'activités, les nouveaux enjeux et les nouveaux acquis s'empilent sur les anciens ; on ne fait jamais table rase du passé.

Concernant les enjeux futurs, je pense qu'ils porteront essentiellement sur la maîtrise des coûts et des budgets. Un enjeu plus technique sera la valorisation des boues biologiques, c'est un vrai besoin pour nos clients. Donc, il y aura selon moi des enjeux liés à l'organisation de la profession vers encore plus de cadrage administratif et juridique mais il y aura également des enjeux en lien avec les techniques de notre métier, que ce soit au niveau de la collecte, du traitement ou de la valorisation.

Postface en l'honneur de Jean-Paul Flipo

Ce livre est dédié à notre collègue Jean-Paul Flipo qui, depuis trente ans, enseigne le marketing et particulièrement le marketing des services à l'École de Management de Lyon. Jean-Paul commence une nouvelle activité cette année (c'est comme cela qu'il préfèrerait parler de sa retraite) et ce livre est, en quelque sorte, notre cadeau collectif.

Pour décrire l'apport de Jean-Paul, on peut tout d'abord s'en tenir aux chiffres : huit livres en tant qu'auteur ou éditeur (dont cinq aux Éditions d'Organisation), la participation à quatre ouvrages collectifs, une vingtaine d'articles dans des revues académiques françaises et internationales, une douzaine de communications dans des conférences et colloques universitaires.

Mais ces chiffres ne révèlent qu'une petite partie de sa contribution à la communauté scientifique. J'utiliserais volontiers les mots de « pionnier », de « défricheur » et de « critique » pour faire comprendre son état d'esprit en tant que chercheur et, plus largement, en tant qu'homme.

Pionnier, il le fut et le demeure dans le domaine du marketing et du management des services. Auteur du premier livre francophone sur ce sujet en 1984, il est un des auteurs français les plus cités au niveau mondial dans cette discipline. La traduction de son livre fondateur en espagnol, ses articles en anglais, en espagnol et en hollandais, ses enseignements en tant que professeur visitant à l'université de Toronto, à l'ESADE (Barcelone) et à l'université de Lausanne, ont contribué fortement à sa notoriété internationale. Si on relit l'ensemble de ses publications, on ne peut qu'être frappé par la dimension humaine qui les sous-tend : l'homme au cœur des démarches de qualité de service, l'homme sujet de prédilection du marketing interne, l'homme qui sait vendre tout en instaurant et en méritant la confiance du client, l'homme qui est à l'origine des innovations et qui doit en bénéficier et non les subir. L'ensemble des auteurs du présent ouvrage espèrent être dignes de cette conception humaniste du management des services.

Défricheur, il contribua fortement à l'irruption du marketing dans de nouveaux domaines d'application : le marketing d'affaires et de projets, le marketing des associations, le marketing territorial, et même le marketing de l'Église lui doivent leurs premières conceptualisations. J'ai eu le plaisir de défricher avec lui certains de ses champs et je n'ai eu qu'un seul regret, celui que de perpétuels nouveaux horizons de recherche nous empêchent parfois de labourer ensemble.

Critique enfin, au sens noble de celui qui refuse les phénomènes de mode et ne s'en laisse pas compter. Son dernier article en date sur le développement durable (dans *Décisions Marketing* de juin 2004) exprime bien cette attitude. Jean-Paul se méfie des évidences et tente de les déconstruire. Il analyse lucidement les pratiques parfois contestables de sa discipline. « Le marketing vu par l'envers du décor », « Les paradoxes du marketing », « Pouvoir et marketing » : les titres de certains de ses articles reflètent cette volonté critique.

Mais ces différentes caractéristiques ne suffisent pas à décrire Jean-Paul. Il est avant tout un honnête homme, fidèle en convictions et en amitiés. Toujours prêt à s'enflammer lorsque la justice lui semble bafouée, il préfère le dialogue à l'affrontement. Ses nombreuses responsabilités, depuis le comité d'entreprise d'EM.LYON jusqu'à la vice-présidence de l'Association française du marketing pendant quatre ans, ont manifesté cette capacité viscérale à s'engager d'une manière constructive.

Jean-Paul n'a jamais sacrifié l'action à la réflexion. Diplômé de l'ESSEC, il a commencé sa carrière en pratiquant le marketing, tout d'abord chez Publicis puis dans d'autres sociétés de services. Ce goût du concret l'amena également à participer à la création d'une entreprise de service dans le domaine de l'art urbain (une aventure à laquelle il est très attaché) et à conduire, en parallèle de son métier d'enseignant-chercheur, de nombreuses missions de conseil.

Son dernier domaine d'intérêt, qu'il souhaite continuer à approfondir pendant sa retraite officielle, résume bien le personnage. Il s'agit de l'éthique. Jean-Paul, nous n'avons donc pas fini de te lire et nous n'avons pas fini de t'apprécier.

Nous espérons que ce livre te fera plaisir. Il te doit beaucoup.

François MAYAUX

REGARDS CROISÉS

Index

www.ingramcontent.com/pod-product-compliance
Lightning Source LLC
Chambersburg PA
CBHW061135220326
41599CB00025B/4246